Couverture :
Maquette réalisée par « Ateliers Image in », Paris.

N° 3 **COMPORTEMENTS** 1985

ÉTUDIER L'ENFANT DE LA NAISSANCE À 3 ANS

les grands courants méthodologiques actuels

publié sous la direction de

Pierre-Marie BAUDONNIÈRE

avec la participation de

BAUDONNIÈRE P.M., BLOCH H., BRESSON F., BULLINGER A., GOUIN DECARIE T., HAITH M., HAUERT C.A., LEGENDRE A., MALCUIT G., MOUNOUD P., NADEL J., POMERLEAU A., RICARD M., ROCHAT Ph., de SCHONEN S., STRAYER F. F., TRUDEL M., VINTER A., ZAZZO R.

ÉDITIONS DU
CENTRE NATIONAL DE LA RECHERCHE SCIENTIFIQUE
15, quai Anatole France - 75700 PARIS
1985

ISBN 2-222-03692-5

Comportements, n° 3, 1985, 5-7.

INTRODUCTION

PIERRE-MARIE BAUDONNIÈRE

Laboratoire de Psychobiologie de l'Enfant,
41, rue Gay-Lussac, Paris 75005, France.

Les « faits » sont peu de chose si l'on n'est pas au clair sur la manière dont ils ont été obtenus : tel pourrait être le sous-titre de ce livre.

Si les études sur la prime enfance ne sont pas nouvelles en psychologie, ce n'est que depuis quelques années que des méthodes expérimentales ou quasi expérimentales y sont utilisées de manière systématique.

Longtemps démunis, face à cet être fluctuant dans ses états de vigilance et labile dans ses centrations d'attention, les chercheurs ne disposaient que d'observations plus ou moins anecdotiques pour fonder leurs théories. Les études psychométriques ont constitué un progrès dans la mise en place de normes de développement. Mais c'est principalement grâce au « bébé boom » aux Etats-Unis, et à un degré moindre avec l'émergence de l'éthologie humaine en Angleterre, que se sont transformées les méthodes d'investigation et, en retour, nos connaissances sur la prime enfance humaine.

Il n'est pas question ici, que le lecteur ne s'y trompe pas, de faire un bilan des connaissances disponibles sur les trois premières années de la vie ; tel n'était pas notre objectif, même si les différents auteurs, dans leurs contributions, ne se contentent pas d'une présentation méthodologique, et opèrent un va-et-vient entre objets d'études, méthodes et résultats. Les ouvrages dont l'objectif est de proposer un bilan des connaissances actuelles sur la prime enfance sont nombreux, mais ils ne consacrent, pour la plupart, que peu de place à l'exposé des méthodes, y compris lorsqu'il s'agit de manuels.

Longtemps on a considéré cette période du développement comme surdéterminante pour le devenir. Ce point de vue n'est plus prévalant actuellement, et il ne faudrait pas y rechercher la cause du découpage proposé : De la naissance à 3 ans. Les raisons sont principalement d'ordre méthodologique plus que théorique.

Entendons-nous bien, les problèmes méthodologiques traités ici ne concernent pas les aspects macro-méthodologiques. Il ne sera pas question des grands débats, où sont évalués les mérites comparés de l'expérimentation versus l'observation, ni des études transversales versus longitudinales, ni non plus des plans d'expérience au sens strict.

L'enfant avant trois ans parle peu, et il est pratiquement impossible de le questionner directement et verbalement sur ce qu'il voit, entend, sent, ressent ou sur ce qu'il pense... Lorsqu'on parvient à le faire, il est peu raisonnable d'accorder une valeur précise aux réponses verbales qu'il fournit. Cette contrainte interdit donc au chercheur le recours aux méthodes dites classiques de la psychologie.

Si l'absence de parole ne constitue pas un obstacle à la connaissance scientifique du vivant, il n'en demeure pas moins vrai que certaines des méthodes utilisées en biologie animale pour des problématiques voisines, ne sont pas applicables à l'étude du très jeune enfant humain.

Privé du verbe, et requérant une attention déontologique particulière, l'objet d'étude que constitue le bébé nécessitait, de la part des chercheurs, de faire preuve d'imagination afin d'être en mesure de décrire et si possible d'expliquer les débuts du développement dans l'espèce humaine. C'est au prix de méthodologies spécifiques et originales, différentes selon les âges considérés, et souvent délicates à utiliser de manière heuristique, que commence à se dessiner un réel corps de connaissances.

Cette spécificité et cette originalité méritent donc que l'on s'y arrête. Ces méthodes (certains préfèreront le terme de « paradigmes », d'autres celui de « techniques »), sont utilisées depuis suffisamment d'années et par un nombre suffisamment important d'équipes de recherches dans le monde, pour qu'une synthèse soit envisageable afin de dégager le domaine de validité de chacune d'elles. C'est ce qui est tenté dans ce livre, sans prétendre à l'exhaustivité, grâce à la collaboration de 18 chercheurs américains, canadiens, suisses et français que je tiens à remercier vivement pour leur contribution.

L'objectif de cet ouvrage est donc triple :

1) Cerner la fécondité des méthodes les plus utilisées ces dernières années et tenter d'en délimiter le domaine de validité, ce d'un double point de vue. Tout d'abord en fonction des âges auxquels ces méthodes sont non seulement applicables mais encore particulièrement appropriées, ensuite en fonction des questions et/ou des problématiques pour lesquelles elles se sont avérées les plus pertinentes.

2) Encourager les chercheurs, quand cela est possible, à réduire la dispersion des paradigmes expérimentaux afin de rendre les études plus comparables entre elles. Trop souvent, le nombre des différences entre études est si grand qu'aucune comparaison n'est possible. On se trouve alors en présence de résultats qu'il est impossible de relier les uns aux autres, ce qui est pour le moins regrettable.

3) Transmettre dans une collection française ce bilan à tous les chercheurs et étudiants intéressés par l'étude scientifique de la prime enfance.

Les douze contributions que comporte cet ouvrage, rendent compte de la diversité des intérêts théoriques qui cohabitent pour tenter de comprendre le développement de l'enfant humain dès les premières heures de sa vie et au cours des toutes premières années. Certains auteurs privilégient l'étude des processus et des mécanismes qui sous-tendent les comportements observables, d'autres focalisent leur attention sur les adaptations que l'enfant est susceptible de réaliser à des périodes particulières du développement. Autant de courants de recherche que l'on ne saurait répartir strictement entre analyse du développement cognitif d'un côté et analyse du développement social de l'autre, tant il semble vrai, qu'à ces âges au moins, social et cognitif ne sont pas aisément dissociables.

La présentation du livre en deux parties ne se justifie ni du point de vue théorique, ni en raison de la nature des questions posées aux comportements. Elle provient uniquement de la différence dans les méthodes utilisées. Les comportements du nouveau-né et du nourrisson ne sont, en effet, pas interrogeables de la même manière que ceux du « toddler » ou du jeune enfant, comme on pourra le constater à la lecture de ces deux parties.

On pourrait s'étonner qu'un ouvrage qui se propose de présenter les méthodes d'étude de la prime enfance, n'accorde pas de place spécifique aux interactions mère-enfant. Ceci provient de la centration méthodologique et non thématique des différents chapitres. La plupart des méthodes présentées sont susceptibles d'être utilisées pour des problématiques fort différentes, allant, sur le plan visuel par exemple, de la discrimination des formes jusqu'à la reconnaissance de sa mère.

Au terme de cette brève présentation, je voudrais remercier A.M. Fontaine pour la relecture attentive qu'elle a réalisée de cet ouvrage collectif. Enfin, je tiens à saluer les responsables de la nouvelle collection « Comportements » pour la confiance qu'ils ont bien voulu m'accorder.

Comportements, n° 3, 1985, 9-32.

CHAPITRE PREMIER

LE RYTHME CARDIAQUE

Gérard MALCUIT et Andrée POMERLEAU

Département de Psychologie, Université du Québec à Montréal
C.P. 8888, Succursale A, Montréal, P.Q., Canada H3C 3P8.

MALCUIT G. et POMERLEAU A. — Le rythme cardiaque. In : *Etudier l'enfant de la naissance à 3 ans*. Edité par P.M. Baudonnière, Collection Comportements, Paris, CNRS, 1985, p. 9-32.

Ce chapitre vise à examiner l'utilité de la mesure cardiaque comme indice de réponse de l'organisme aux événements qui l'affectent. Avant d'aborder l'étude proprement dite des variations de l'activité cardiaque pour connaître les interactions du jeune organisme avec son milieu, nous présentons des aspects techniques de la mesure cardiaque, les modes de calcul du rythme cardiaque ainsi que les facteurs internes de variations de l'activité cardio-vasculaire. Le rythme cardiaque des nourrissons est mesuré de trois façons : étude du niveau tonique, étude de sa variabilité, étude du niveau phasique. Cette dernière est la plus courante. Elle sert à mesurer la réactivité du nourrisson aux stimulations externes et ses habiletés de discrimination. La réponse cardiaque aux stimuli est cependant déterminée en partie par le niveau tonique préalable, c'est pourquoi des procédures ont été élaborées pour tenir compte de l'effet du niveau pré-stimulus. Le second grand usage de la mesure cardiaque constitue à inférer des états comportementaux, un niveau de fonctionnement neurologique ou des construits psychologiques à partir des réponses cardiaques observées. Ici, la direction de la réponse (décélération-accélération) prend une valeur particulière. On parle alors de processus d'attention ou de défense, de cycles d'état, de développement et d'individualité, d'anormalité et risques, d'apprentissage et finalement d'émotion. Cette utilisation du rythme cardiaque comme indice de processus internes est de plus l'objet de controverses. De l'ensemble des travaux, il ressort surtout que l'étude de l'activité cardiaque ne peut être adéquate sans considérer sa fonction biologique propre.

Mesure cardiaque - Variations toniques et phasiques - Accélération - Décélération - Perception - Attention - Emotion.

MALCUIT G. and POMERLEAU A. — Cardiac rhythm. In: *Studying the preschooler from birth to three years of age.* Edited by P.M. Baudonnière. Collection *Comportements,* Paris, CNRS, 1985, p. 9-32.

The objective of this chapter was to examine the use of the cardiac measure as an index of the organism's response to the environment. Prior to analyzing the cardiovascular processes in order to gain information about infants' interactions with their milieu, an examination of the technological aspects of cardiac measure, the computations of cardiac rhythm, and the internal factors of cardiovascular activity has been presented. Infants' heart

* *Ce travail a été rendu possible grâce à des subventions du Conseil de recherches en sciences naturelles et en génie du Canada et du Fonds FCAR du Québec.*

rate may be measured in three ways: tonic level, variability, and phasic response. The study of the latter is the most common. It measures infants' reactivity to external stimulations and their discriminative ability. However, as cardiac responses to stimuli are partly determined by prior tonic activity level, procedures have been elaborated to control for pre-stimulus heart-rate. Another use of cardiac measures is to infer from the observed cardiac responses behavioral states, neurological functioning or some psychological constructs. In this instance, the direction of the response (deceleration-acceleration) gains special significance. It may refer to attention and defense response, cyclic states, developmental level and individuality, risk factors, learning, and emotion. This use of the cardiac measure as an index of internal processes is the most controversial. On the whole, the study of cardiovascular activity may be adequate only if it takes into account its primarily biological function.

Cardiac measure - Tonic and phasic activity - Acceleration - Deceleration - Perception - Attention - Emotion.

Il peut sembler trivial d'écrire que le nourrisson se trouve dans un état d'immaturité organique. De ce fait, les chercheurs intéressés à l'étude des capacités perceptives ou cognitives du bébé et à leur évolution au cours de cette période de la petite enfance ne disposent que d'un nombre restreint d'unités de réponses pour les mesurer. L'absence de communication verbale et d'un répertoire de comportements observables différencié chez le nourrisson, a fortiori chez le nouveau-né, rend impraticable le recours aux moyens traditionnels pour déterminer ce qu'il parvient à percevoir et distinguer. Aussi a-t-on vu ces dernières années le développement de techniques et paradigmes expérimentaux originaux pour pallier ces contraintes en se servant au mieux des unités de réponses présentes (voir les autres sections). L'état d'immaturité neuromusculaire du bébé ne lui permet pas beaucoup de comportements basés sur l'activité bien coordonnée des muscles striés et par le fait même limite sérieusement la gamme des comportements moteurs susceptibles d'être utilisés. Par contre, il existe d'autres unités de réponses de systèmes physiologiques relativement fonctionnels dès la naissance qui peuvent rendre compte de ses capacités et compléter l'information fournie par les réponses comportementales. Ainsi, le système cardiovasculaire répond à des stimulations, à des changements de conditions externes et d'états internes par des variations rapides dans plusieurs de ses composantes avant même la naissance [38]. Il s'agit en effet d'un système déjà fonctionnel au cours de la vie intra-utérine. Le cœur commence à battre vers la quatrième semaine qui suit la conception et les systèmes nerveux sympathique et parasympathique exercent un certain contrôle sur son activité dès la naissance, et sûrement avant [19], ce qui permet des variations rapides de son activité à la suite de stimulations externes.

Précisons d'emblée que la distinction entre « comportemental » et « physiologique » n'implique surtout pas une dichotomie de fonctionnement ni même un ordre hiérarchique dans l'importance de l'une ou l'autre classe de réponses pour rendre compte des capacités psychologiques du nourrisson. Les réponses physiologiques — variations du rythme cardiaque comprises — prennent essentiellement, pour de nombreux chercheurs, valeur d'indice de l'existence ou de la mise à contribution de processus psychologiques autrement inaccessibles. Comme nous en discuterons plus loin, il s'agit là de l'usage le plus controversé des réponses physiologiques, usage que certains qualifient d'a-biologique [51]. Il convient plutôt d'accorder aux variations de l'activité physiologique une valeur de réponses internes aux événements qui affectent l'organisme. Elles reflètent comment l'organisme réagit et s'ajuste à ces événements. Elles fournissent alors un complément d'information (souvent crucial) à ce qu'apportent les autres unités de réponses ; l'ensemble décrit comment l'organisme interagit avec son environnement [54].

I. — LA MESURE DE L'ACTIVITÉ CARDIAQUE

Parmi toutes les mesures physiologiques de la réactivité du nourrisson aux stimulations de son milieu, la plus utilisée et par conséquent la mieux documentée est celle du rythme cardiaque. Il s'agit en effet d'une activité physiologique facile à capter à la surface du corps, avec un minimum d'intrusion. Sa mesure peut être exécutée de manière très objective avec du matériel de routine et des programmes de décodage-analyse adaptables à la plupart des petits ordinateurs de laboratoire. De façon générale, on fixe trois mini-électrodes — deux actives et une de mise à la masse (ou seulement deux actives avec transmission télémétrique) — en configuration triangulaire sur le thorax du bébé pour réduire les artéfacts causés par les mouvements des membres. Les phases successives de dépolarisation-repolarisation du myocarde sont amplifiées et ces signaux électriques servent d'unités de mesure. Le calcul de l'intervalle temporel entre deux ondes de dépolarisation — onde R, à pente rapide et de grande amplitude — qui coïncident avec les contractions ventriculaires, constitue la mesure de la période cardiaque (en d'autres mots, le temps en millisecondes entre deux battements successifs). Les chercheurs, habituellement, transforment la mesure de la période cardiaque exprimée en « temps cardiaque », c'est-à-dire la période cardiaque de battement en battement, en mesure de la période cardiaque moyenne exprimée en temps réel, c'est-à-dire la moyenne des périodes et fractions de périodes cardiaques qui surviennent durant chaque seconde (ou fraction de seconde) successive. Souvent aussi, ils procèdent à une deuxième transformation de la période cardiaque moyenne par unité de temps réel en *rythme* cardiaque à chacune de ces unités. Le rythme est l'inverse de la période et, multiplié par 60, décrit l'activité cardiaque en nombre de battements/minute.

Le choix entre période ou rythme cardiaque, exprimés en unités de temps réel ou de temps cardiaque, n'est pas complètement arbitraire, et soulève des problèmes de nature statistique. Le rythme et la période ne sont pas des mesures interchangeables si l'on considère les conséquences au niveau de l'erreur de mesure et des propriétés statistiques de leur distribution. Par exemple, il n'y a pas de relation linéaire entre période et rythme. Autrement dit, une même différence (ou erreur) entre deux mesures de période ne se traduit pas par la même différence de rythme à divers niveaux de période, et vice-versa. A titre d'illustration, une différence de 50 ms entre une période de 400 ou 450 ms donne une différence de 17 battements alors qu'entre 800 et 850 ms, elle n'est que de 5 battements. Graham [26, 27] a systématiquement comparé les diverses méthodes de calcul de l'activité cardiaque et leurs implications au plan statistique. En résumé, selon elle, les considérations statistiques devraient pousser à opter pour le rythme cardiaque comme base de mesure dans les recherches avec le nourrisson. Dans ces cas particuliers, les mesures en rythme permettent de mieux rencontrer les postulats de distribution normale et d'homogénéité des variances inhérents aux tests usuels d'inférence statistique. En choisissant le rythme cardiaque, il convient alors d'utiliser des unités de temps réel, c'est-à-dire calculer le rythme cardiaque seconde à seconde, par exemple, et non de battement à battement. Il en résulte un avantage de taille puisque cela rend possible la mise en rapport de l'activité cardiaque avec les événements expérimentaux qui, eux, s'expriment en temps réel. Il devient également possible de comparer l'activité cardiaque en réponse à ces événements chez des nourrissons qui auraient des périodes cardiaques différentes.

II. VARIATIONS TONIQUES, VARIABILITÉ ET VARIATIONS PHASIQUES

Le rythme cardiaque des nourrissons est affecté par de nombreux événements ou conditions externes et internes. Les chercheurs ont mesuré ses variations de trois façons, qui ne sont pas nécessairement exclusives les unes des autres. Il existe, en premier lieu, des variations lentes ou persistantes qui coïncident souvent à des états différents. Ainsi, le rythme cardiaque ne se situe pas au même niveau selon que le bébé se trouve en état de sommeil calme, d'éveil alerte ou de pleurs. On parle alors de niveau *tonique* de l'activité cardiaque. On l'estime en calculant le rythme cardiaque sur une grande unité de temps (par exemple, 1 mn) en faisant la moyenne du rythme obtenu à ces secondes consécutives ou en calculant le nombre de battements et fractions de battements durant l'unité de temps choisie. De nombreux chercheurs mesurent aussi le niveau tonique à partir du rythme cardiaque calculé durant des unités brèves de temps, à des intervalles réguliers, hors de moments de stimulations particulières. Cette mesure s'appelle alors le niveau de base pré-stimulus ; elle porte généralement sur les quelques (ou *la*) secondes juste avant la présentation de stimulations. Elle permet de vérifier si le bébé se maintient ou non dans le même état au cours d'une séance expérimentale, ou encore, de manière complémentaire, si les « ingrédients » de cette séance (ou la séance elle-même) ont un quelconque impact sur le niveau cardiaque du bébé. Des chercheurs [76] ont récemment montré que la mesure du niveau tonique pouvait servir d'indice de la consommation d'oxygène (VO_2) chez le nouveau-né, donc serait un moyen simple pour estimer ses dépenses d'énergie.

Une deuxième façon d'utiliser les variations du rythme cardiaque en relation avec des conditions externes ou d'autres mesures consiste à s'intéresser à la variabilité en tant que telle du rythme au cours d'unités de temps assez longues (au moins de quelques secondes) comme variable dépendante. Ainsi, par exemple, la recherche a montré qu'il existait, à niveau tonique à peu près équivalent, une plus grande variabilité du rythme durant le sommeil actif que durant le sommeil calme [31]. Ce mode de calcul a mis aussi en évidence une relation directe entre le degré de variabilité cardiaque pré-stimulus et l'amplitude des réponses cardiaques déclenchées par des stimuli visuels et auditifs chez le nourrisson [59]. Dans le même groupement de faits, une moindre variabilité pré-stimulus serait associée à une moindre persistance des réponses cardiaques déclenchées par des stimuli auditifs chez le fœtus [38].

Les deux premières façons de concevoir les variations du rythme cardiaque ont fourni des données importantes sur les modes d'interactions du nourrisson avec son milieu. Pourtant, la procédure la plus largement utilisée et certainement la plus fertile en faits nouveaux consiste à mesurer les réponses cardiaques phasiques brèves déclenchées par des stimulations particulières, ou réponses cardiaques évoquées. Comme son nom l'indique, il s'agit de la mesure des variations du rythme cardiaque (ou de la période) calculé en de brèves unités de temps (à la seconde ou la demi-seconde) à partir du moment précis du début d'un stimulus. Il faut pouvoir montrer que la réponse cardiaque évoquée en dépendance temporelle stricte d'un stimulus est différente de variations spontanées du rythme cardiaque. En d'autres termes, il est essentiel de s'assurer que la réponse phasique est bel et bien fonction du stimulus. A cette fin, on répète la stimulation plusieurs fois et/ou chez plusieurs bébés, et l'on calcule la moyenne du rythme cardiaque à chacune des unités de temps choisies. Comme dans le cas du potentiel cortical évoqué, on obtient une courbe de réponse où seules les variations constantes dépendantes de l'interaction organisme-stimulus ressortent. En raison des nombreuses variations spontanées du rythme cardiaque chez le nouveau-né, il est souhaitable, à titre de précaution supplémentaire, de calculer le rythme cardiaque à des essais « blancs » (sans stimulation) de façon à bien distinguer le patron de réponse évoquée par les stimuli d'une éventuelle courbe de variations aléatoires. De plus, pour éviter de cumuler des effets de réponses successives, il convient d'espacer les stimulations. Il faut attendre que la courbe de réponse cardiaque revienne à son niveau de base avant de présenter une nouvelle stimulation si l'on tient à identifier la réponse évoquée par un stimulus donné qui ne soit plus affectée par la stimulation précédente. Chez le nouveau-né et le nourrisson, l'intervalle minimal requis entre les stimuli se situe entre 15 et 30 secondes, selon le type de stimulation, sa durée et la présence ou non d'effet de rebond à sa cessation [29].

L'intérêt particulier d'étudier les variations du rythme cardiaque se comprend mieux si l'on considère que le cœur, en réponse à des stimulations discrètes, réagit rapidement en accélérant ou en décélérant son rythme. Ces réponses rapides liées au stimulus indiquent minimalement que l'organisme « reçoit » les stimulations. La direction à la hausse ou à la baisse de l'activité cardiaque laisse supposer la contribution de systèmes centraux différents dans la réception et le traitement des stimuli. Très vite, on a assigné aux réponses différenciées du rythme cardiaque non seulement valeur d'indication que l'organisme est affecté par un événement, puisqu'il y répond, mais aussi valeur d'*indice* de l'intervention de processus psychologiques supérieurs (attention, préférence, émotion, apprentissage, etc.). Ainsi, la direction de la réponse cardiaque fait déduire à plusieurs que le bébé porte attention ou non à une stimulation particulière, ou encore qu'il a appris ou non la relation de dépendance conditionnelle entre deux événements. Nous allons décrire ces deux grandes classes de travaux qui se servent de la réponse évoquée soit comme unité de réponse, au même titre qu'une réponse motrice, pour signaler perception et discrimination de stimuli, soit comme indice de la mise à contribution de processus ou construits hypothétiques situés à un autre niveau conceptuel.

Avant cela, il faut tenter de régler trois classes de problèmes fortement reliés entre eux, communs à tout usage de la réponse cardiaque évoquée. La première renvoie à l'impact déterminant du niveau tonique sur lequel viennent s'inscrire les réponses phasiques. En effet, la réponse évoquée par un stimulus est en partie déterminée par le niveau du rythme cardiaque présent avant l'introduction du stimulus. Ainsi, la réponse observée comprend une part de variance expliquée par le niveau préalable qui s'ajoute à celle entraînée par la manipulation expérimentale. La constatation répétée que la forme de la réponse, ou sa direction, pouvait être modifiée selon les niveaux pré-stimulus a entraîné la formulation de la loi des valeurs initiales [74, 75]. Par la statistique, les chercheurs ajustent les données des réponses évoquées en fonction des divers niveaux toniques observés. Une deuxième classe de problèmes concerne, en plus de la variation des niveaux, la variabilité à l'intérieur même de chacun des niveaux pré-stimulus. Troisièmement, le recours à des moyens statistiques pour analyser la réponse évoquée et tenir compte des problèmes précédents occasionne une autre série de controverses.

Pour résoudre ces difficultés, les chercheurs ont imaginé plusieurs stratégies aux vertus inégales. Tout d'abord, il y a le choix de ne présenter la stimulation que lorsque le rythme cardiaque tonique se situe à un niveau spécifique et avec un taux donné de variabilité. L'inspection des tracés de l'électrocardiogramme, ou mieux un contrôle interactif par ordinateur, rend possible un tel procédé. On peut aussi considérer ces variations de niveaux et ces variabilités internes non plus comme « erreur de mesure » qu'il faut corriger ou réduire, mais comme mesures dépendantes intéressantes en elles-mêmes. Ainsi, par exemple, ces variations coïncideraient avec des différences d'état du bébé, et la forme, la direction ou l'amplitude des réponses évoquées reflèteraient ces divers états [56]. Un troisième moyen consiste en la transformation statistique des réponses évoquées pour y inclure une fonction du niveau pré-stimulus [53, 74, 75]. D'autres recourent à des analyses statistiques qui corrigent ou tiennent compte du niveau pré-stimulus, telles les analyses de covariance, de séries temporelles et les analyses multivariées (sur les mesures répétées). La plupart de ces moyens statistiques sont inclus dans les progiciels usuels (BMDP, SPSS, SAS, etc.). Le choix d'un mode de traitement statistique plutôt qu'un autre est un motif de controverses qui touchent surtout les contraintes liées aux mesures répétées (non-indépendance des mesures successives de la réponse évoquée, inflation des degrés de liberté, etc.). On trouvera ailleurs la présentation des avantages et limites des principales méthodes statistiques pour traiter les données cardiaques [68] ainsi que leurs applications à la recherche sur le nourrisson [63].

III. — LE RYTHME CARDIAQUE COMME MESURE DE PERCEPTION

A. Réponse aux stimulations

L'usage le plus courant — et certainement le mieux approprié — de la réponse cardiaque évoquée se situe dans le cadre d'étude des capacités perceptives du nouveau-né et du nourrisson. L'obtention répétée d'une réponse évoquée en stricte dépendance temporelle avec le début d'un stimulus présenté à une intensité donnée, et sa non-apparition à une intensité juste inférieure, laisse supposer que l'on a trouvé le seuil sensoriel de réponse pour ce stimulus. Il faut naturellement considérer que l'apparition d'une variation du rythme cardiaque coïncide effectivement avec la plus petite intensité perceptible, ce qui demeure discutable [6]. Une concordance relative avec d'autres réponses physiologiques (dont les potentiels évoqués) et cette même concomitance « seuil sensoriel et réponse cardiaque » chez l'adulte valideraient en quelque sorte cette procédure de détection. De la même façon, la réponse cardiaque évoquée est utilisée dans la détermination des seuils sensoriels pour des aspects spécifiques d'une stimulation (comme la fréquence, la complexité, la quantité de contrastes, la qualité spectrale, etc.). Cette démarche de recherche se retrouve surtout avec le nouveau-né en vue de déterminer au plus juste ses capacités perceptives.

Sans s'attarder spécifiquement à la détermination d'un seuil absolu de réponse, de nombreux chercheurs se sont penchés sur l'identification des stimuli susceptibles d'être perçus par le nouveau-né en recourant à la réponse cardiaque évoquée. Des stimulations adressées à la plupart des modalités sensorielles ont été utilisées dans cette optique : stimulations vestibulaires [53, 56], olfactives [44], tactiles [42, 53, 58, 64], gustatives [45] et, comme il se doit, visuelles et auditives [1, 53, 66].

L'usage de la réponse cardiaque évoquée pour déterminer si oui ou non le nouveau-né perçoit (ou est affecté par) les stimulations pose certaines difficultés. Il est en effet quelquefois impossible de dégager un patron de réponses cardiaques cohérent, déclenchées par un stimulus, sans pour autant pouvoir conclure avec certitude que le bébé ne perçoit pas ce stimulus. En effet, un même stimulus est susceptible de déclencher des réponses dont la forme varie (pente, amplitude, etc.) et même la direction s'inverse au cours d'une séance expérimentale. Ceci rend le calcul d'une réponse évoquée « moyenne » impossible à distinguer des fréquentes variations spontanées notées chez le nouveau-né. Il existe une grande variabilité des réponses évoquées selon les états et même selon les moments à l'intérieur d'un cycle d'éveil [17]. Aussi, prenant en considération des facteurs tels que l'oscillation rapide des états chez le nouveau-né, la variabilité du système de réponse à l'intérieur d'un même état, les fréquentes variations spontanées du rythme sur lesquelles risquent de se superposer les réponses évoquées, et la nécessité d'espacer les stimulations requises pour le calcul d'une réponse évoquée (ce qui augmente la probabilité d'un changement d'état), on peut comprendre la difficulté d'obtenir des réponses cardiaques non équivoques. Ceci explique certainement les résultats parfois divergents entre les études et entre les mesures de perception.

B. Discrimination

En réponse à une stimulation neutre d'intensité modérée, le rythme cardiaque du bébé, comme celui de l'adulte, marque une diminution phasique assez rapide qui dure quelques secondes. Il s'agit de la réponse cardiaque d'orientation dont nous discuterons plus loin. Dans leur quête des stimuli aptes à déclencher ce type de réponse chez le nouveau-né et le tout jeune nourrisson, les chercheurs ont constaté (entre autres choses) qu'en apportant des modifications à des caractéristiques des stimuli, ils entraînaient parfois une transformation de la réponse évoquée. Une réponse accélérative pouvait devenir décélérative, et vice-versa. Si deux stimuli le long d'un continuum paramétrique donné déclenchent des réponses distinctes, on peut supposer qu'ils affectent l'organisme de façon différente et qu'en quelque sorte l'organisme les discrimine. Ainsi, la recherche a montré qu'une diminution de l'intensité d'un son [5], de sa fréquence [2], le passage de son continu à son pulsé [9, 14] transforment une réponse accélérative en réponse décélérative d'orientation. La forme même d'une réponse évoquée peut être changée par suite de variations des paramètres des stimuli. Par exemple, hauser la complexité spectrale de sons continus et de sons pulsés s'accompagne d'une accentuation des réponses cardiaques accélératives et décélératives [14]. De la même manière, il est possible de prolonger ou d'accentuer la réponse décélérative en accroissant la densité des contours [47] ou la complexité [32] d'une stimulation visuelle.

La détermination des capacités discriminatives du bébé par l'obtention de réponses évoquées différentes ou opposées ne représente qu'un aspect accessoire des travaux cités. De façon générale, comme nous le verrons dans la partie suivante, les objectifs des chercheurs étaient tout autres. Pour étudier la discrimination chez le nourrisson, la recherche fait usage de la méthode d'habituation-déshabituation de la réponse cardiaque d'orientation et d'une variante que l'on pourrait qualifier de ré-activation de la réponse d'orientation. L'une et l'autre méthodes se trouvent surtout (mais non exclusivement) utilisées dans les recherches en discrimination auditive et avec des nourrissons âgés de 1 à 6 mois. Cette spécificité d'utilisation s'explique sûrement par le fait qu'en discrimination visuelle (l'autre modalité sensorielle privilégiée), on dispose de la très heuristique méthode d'habituation-déshabituation mesurée par la durée des fixations visuelles sur une cible et leur diminution au cours d'essais successifs. Manifestement, il semble peu approprié d'étudier la discrimination auditive de cette façon. A l'inverse, cependant, les méthodes que l'on utilise principalement avec l'audition seraient facilement adaptables pour étudier d'autres modalités sensorielles. Le fait que l'on retrouve surtout ces méthodes avec des nourrissons de 1 à 6 mois s'explique en partie par la difficulté de mettre en évidence des réponses cardiaques décélératives chez le nouveau-né. Les deux méthodes se fondent sur l'atténuation ou le retour vers le niveau de base des réponses évoquées avec la présentation répétée ou maintenue d'une même stimulation. Le nouveau-né manifeste surtout des réponses accélératives qui marquent une tendance à persister et à peu changer avec la simple répétition des stimuli [29]. Finalement, les nourrissons de plus de 6 mois supportent avec difficulté la monotonie de ces méthodes.

La méthode d'habituation-déshabituation de la réponse évoquée d'orientation consiste à présenter une stimulation discrète et à mesurer la réponse cardiaque. La stimulation (habituellement un son), d'une durée fixe (selon les recherches, de 5 à 10 sec) est présentée un certain nombre de fois (6 à 10 essais), avec des intervalles temporels variables entre les présentations (de 25 à 60 sec). Les réponses évoquées deviennent de moins en moins décélératives avec la répétition. Il s'agit de l'habituation de la réponse d'orientation. Suite à cela, la stimulation est changée (par exemple, augmentation de la fréquence du son) et présentée lors d'un ou deux essais. La réapparition d'une réponse évoquée signale « déshabituation », donc discrimination. Si la stimulation demeurait inchangée ou n'était pas perçue comme différente, la réponse évoquée plus ou moins atténuée (« habituée ») des essais précédents continuerait à se produire. Il est souhaitable d'avoir un groupe témoin avec présentation de la même stimulation tout au long des essais pour écarter les explications concurrentes (effet de sensibilisation, variations spontanées coïncidentes du rythme cardiaque, etc.).

Cette méthode a produit des données intéressantes dans l'étude des capacités discriminatives du bébé [4, 11, 37]. Cependant, si la présence d'un changement de réponse cardiaque phasique à un deuxième stimulus permet de considérer, après les précautions déjà énoncées, que le bébé discrimine bien les deux stimuli, l'absence de changement ne signifie pas nécessairement qu'il les confond. A titre d'illustration, cette méthode n'a pas permis de mettre en évidence la discrimination de deux types de syllabes ([bu] vs [gu] synthétisées à l'ordinateur) appartenant à deux catégories phonémiques que la méthode de réponse opérante de succion a démontrée [49]. Il est concevable que le bébé perçoive des sons comme étant dissemblables sans que cela soit suffisant pour déclencher une réponse cardiaque différente de la précédente [25]. On a aussi émis l'hypothèse que l'intervalle entre les présentations du stimulus « habitué » et du nouveau stimulus pouvait être trop long pour les capacités mnémoniques du bébé. En d'autres mots, le délai de 25 à 60 secondes entre les deux stimulations imposé par la méthode ne permettrait pas au nourrisson de conserver en mémoire à court terme les caractéristiques du premier stimulus au moment où le second apparaît [37, 49].

Pour tenir compte de cette éventuelle contrainte, des chercheurs utilisent une variante sans délai de la méthode précédente. Cette deuxième méthode consiste à présenter un train continu de stimuli répétés (par exemple, [ba]) durant 20 à 30 secondes, suivi sans aucune interruption d'un second train constitué de stimuli différents (par exemple, [pa]). La réponse cardiaque évoquée par le premier train, après décélération initiale, s'estompe peu à peu au cours de ce temps de sorte que le rythme cardiaque est revenu à son niveau de base avant le début du second train. Si la différence entre les stimuli des deux trains est perçue, alors l'activité cardiaque est susceptible de laisser apparaître une nouvelle réponse d'orientation en dépendance temporelle avec le début du second train. Dans le cas contraire, la courbe du rythme cardiaque se maintient autour du niveau de base. On répète habituellement plusieurs fois la présentation des stimulations, en intercalant des essais témoins sans changement de stimuli au second train en guise de contrôle et à fin de comparaison. La répétition des essais augmentant la probabilité d'un conditionnement temporel, il est suggéré de varier la durée des trains d'un essai à l'autre. Il faut naturellement que le premier train dure assez longtemps pour que le rythme cardiaque ait pu retrouver son niveau pré-stimulus avant de présenter le second. Le cumul éventuel des réponses évoquées rendrait difficile l'identification de la deuxième réponse d'orientation.

Ces deux méthodes pour évaluer les capacités discriminatives du bébé possèdent des avantages certains. Contrairement aux autres méthodes, celle utilisant la succion par exemple, elles exigent peu du bébé. Aussi sont-elles les méthodes de choix avec le très jeune nourrisson [48]. La seconde méthode, surtout, permet d'obtenir rapidement des données : un seul essai, à la rigueur, peut suffire pour montrer que le bébé discrimine. La brièveté des séances expérimentales rend possible l'observation du nourrisson à l'intérieur d'un même état. Elle serait, selon certains, la méthode idéale pour étudier où se situent les contrastes phonémiques chez le bébé [48, 49]. D'un autre côté, plus le nourrisson vieillit et plus vite il se lasse de ces méthodes « passives ». La même difficulté que précédemment demeure dans le cas d'obtention de résultats nuls. Ne pas observer de réponse cardiaque au début du deuxième train ne peut signifier de façon univoque que le bébé ne discrimine pas. Comme nous l'avons écrit, beaucoup de facteurs interviennent dans la difficulté de dégager une réponse évoquée claire.

IV. — LE RYTHME CARDIAQUE COMME INDICE DE PROCESSUS INTERNES

En psychologie du nourrisson, les réponses cardiaques sont souvent utilisées comme indices indirects d'états comportementaux, de fonctionnement neurologique normal ou de construits psychologiques [6, 51]. La direction de la réponse, sa latence, son amplitude permettent d'interpréter l'implication du bébé dans la situation en fonction de son niveau de développement, de son degré de normalité, de ses états, de la demande de la tâche et des réactions affectives qu'elle suscite. Des modèles théoriques étayés de nombreuses données expérimentales font participer le système cardiovasculaire au processus d'attention portée aux stimulations externes, au traitement de l'information, aux activités cognitives, aux états psychologiques, aux modes d'action que l'organisme projette et dans lesquels il s'engage [12, 28, 29, 36, 50]. Les modifications de l'activité cardiaque tonique et phasique signalent l'effet de l'environnement sur l'organisme et, réciproquement, le type de relation que l'organisme entretient avec lui [57]. Dans ce cadre, nous avons regroupé les utilisations du rythme cardiaque comme indice de processus internes chez le bébé en quatre grands secteurs : indice d'attention, de fonctionnement normal et dépistage, d'apprentissage et d'émotion.

A. Attention

La première réaction d'un organisme à un stimulus ou à un changement dans l'environnement est généralement analysée en termes de réponses d'orientation et de défense [52, 69]. Les modifications phasiques du rythme cardiaque par allongement ou diminution des périodes cardiaques provoquées par une stimulation discrète ont souvent permis de distinguer ces deux classes de réponse. Selon le modèle de Graham et Clifton [28], la réponse d'orientation se caractérise par une diminution du rythme cardiaque et la réponse de défense par une accélération. L'accélération indiquerait que l'organisme se protège contre les stimulations externes, car, d'après le modèle, elle entraînerait une inhibition de l'activité corticale aux zones de projection, donc une réduction de la sensibilité aux stimuli [36]. Par contre, la décélération cardiaque signifierait que l'organisme porte attention à la stimulation et se met dans un état de détection des événements. La réponse d'orientation indique donc attention et réaction positive à l'environnement. Elle serait la condition prérequise de l'acquisition de l'information sensorielle sur laquelle se greffe tout processus d'apprentissage. Bref, la réponse d'orientation signale prise d'information et intégration de l'événement externe. D'autre part, la réponse de défense protègerait l'organisme en limitant les effets potentiellement perturbateurs de la stimulation.

S'appuyant sur cette base conceptuelle, des psychologues ont tenté de retrouver, avec l'indice cardiaque, ces deux classes de réponses chez le nourrisson et le nouveau-né, ainsi que les événements et circonstances particulières susceptibles de les provoquer [29]. Si l'on a pu démontrer sans équivoque des capacités d'orientation à divers stimuli (auditif, visuel, tactile, etc.) chez le nourrisson de 3 mois et plus, avant cet âge, et surtout chez le nouveau-né, cette démonstration paraissait moins évidente. Le nouveau-né produit des réponses cardiaques accélératives à des stimuli qui déclenchent l'orientation chez les nourrissons plus âgés [6, 29]. De nombreux travaux ont été menés pour déterminer quelles contraintes de l'environnement et de l'organisme pouvaient rendre compte de cette différence. Il en ressort que l'utilisation de la réponse cardiaque en tant qu'indice unitaire du mode de réaction risque d'être inadéquate. L'ensemble du contexte d'interaction, incluant les types de stimuli présentés et leur valeur biologique, les états spécifiques du bébé et ses autres réponses collatérales (rotation de tête, succion, activité motrice générale), devait être inclus pour interpréter avec justesse la direction de la réponse cardiaque [6, 16, 29, 53, 56, 58]. Par exemple, les fixations visuelles du nouveau-né sur des cibles s'accompagnent d'accélération cardiaque quand il y a activité de succion concomitante, mais d'aucun changement cardiaque particulier en l'absence de succion [30]. De façon analogue, des nourrissons de 3 mois ont des niveaux cardiaques toniques plus élevés face à un autre nourrisson que devant leur propre image au miroir [23]. A ces niveaux plus élevés coïncident des sourires et vocalisations plus fréquents. Des nourrissons de 5 mois produisent une réponse phasique accélérative devant un objet tri-dimensionnel qu'ils regardent avec attention [54, 55]. Dans ces situations, et avec ces divers âges, l'accélération cardiaque peut difficilement être interprétée comme indice de réponse de défense.

La décélération cardiaque apparaîtrait dans des contextes où le bébé fait face à des stimuli d'intensité modérée qui suscitent peu d'activation et d'implication somatique précise de sa part. Pour plusieurs auteurs aussi, l'amplitude de la décélération cardiaque indiquerait un niveau d'implication cognitive. Ainsi, un stimulus de déshabituation de divergence modérée par rapport au stimulus d'habituation suscite des décélérations cardiaques plus grandes qu'un stimulus très divergent ou peu divergent [34]. Des stimuli visuels plus complexes (plus grande densité de contours) entraînent des fixations plus longues et des décélérations cardiaques plus accentuées [32, 33, 47]. Par contre, l'accélération cardiaque n'est pas toujours l'indice d'une réponse de défense. L'association activité comportementale-activité cardiaque doit être considérée. L'étude de la direction de la réponse cardiaque comme indice d'attention ou de défense démontre par ailleurs que certains phénomènes développementaux méritent une investigation plus poussée. Il semble également préférable d'utiliser la mesure cardiaque comme indice d'un fonctionnement plus général de l'organisme en cours de croissance.

B. Fonctionnement et dépistage

Le rythme cardiaque est globalement associé avec un niveau d'activité de l'organisme. Il permet de préciser les variations des cycles d'état, le développement et l'individualité des patrons d'attention. Il fournit aussi des indications sur des modes probables de fonctionnement anormal.

V. — CYCLES D'ÉTAT

Les changements rapides de niveaux d'éveil, ou les variations des cycles d'état du nourrisson, modifient ses réactions au milieu. Des indices comportementaux (ouverture ou fermeture des yeux, activité motrice) et des indices physiologiques (mouvements rapides des yeux, rythme respiratoire, électroencéphalogramme, rythme cardiaque) permettent d'identifier de façon complémentaire ces cycles d'état. Après 30 semaines d'âge conceptionnel, l'activité cardiaque varie en fonction des états. Chez le nouveau-né, un rythme cardiaque de 135 battements est généralement associé avec un état d'endormissement ou un état transitoire avant le sommeil calme ou actif. Au cours du sommeil, il diminue à 120 battements ou moins. Le niveau cardiaque tonique ne différencie pas les deux états de sommeil, mais il est plus variable pendant le sommeil actif. A l'état d'éveil, le rythme cardiaque se situe aux environs de 140 battements pour atteindre 180 battements et plus pendant les pleurs [6, 16]. Cependant, la relation entre rythme cardiaque et état n'est pas telle que l'on puisse inférer l'état d'éveil à partir du *seul* niveau cardiaque [12]. De plus, des bébés qui présentent les mêmes niveaux ne sont pas nécessairement dans le même état. L'identification des états chez le nourrisson est complexe parce que les patrons d'activité des divers indices ne sont pas encore suffisamment développés, ni leur interrelations stables.

L'identification des états est importante à deux niveaux. Elle permet tout d'abord de décrire leur évolution au cours du développement et aussi de mieux comprendre les changements de direction et de forme des réponses évoquées par les stimuli. On a pu ainsi différencier les réponses du fœtus à un stimulus sonore selon son état présumé d'éveil [38]. Dans cette recherche, l'état d'éveil est inféré à partir de la variabilité de l'activité cardiaque avant la stimulation, variabilité qui détermine l'amplitude de la réponse du fœtus. Dans une telle situation, la mesure cardiaque s'avère nécessaire pour identifier les niveaux d'activité tonique de l'organisme. Sans cet indice, l'étude de la réactivité aux stimulations serait trompeuse. Lorsqu'il est correlé à d'autres indices physiologiques et comportementaux, le rythme cardiaque sert à bien décrire et préciser l'état de l'organisme ou encore, dans les cas où les indices observables sont rares ou absents, il permet de spécifier des facteurs de variation des réponses aux stimuli.

VI. — DÉVELOPPEMENT ET INDIVIDUALITÉ

La réponse cardiaque déclenchée par de mêmes stimuli se modifie au long de l'ontogénèse. Cette évolution des réponses permettrait ainsi de préciser le niveau de fonctionnement de l'organisme. Le nourrisson de plus de 1 mois (surtout vers 3-4 mois) manifeste de grandes décélérations cardiaques en réponse à diverses stimulations et en de multiples conditions, tandis que le nouveau-né ne produit ces réponses que dans un nombre restreint de conditions. Des variations subtiles d'état modifient sa réponse cardiaque aux stimuli [17]. De plus, chez le très jeune organisme, la relation entre la réponse cardiaque et la réponse somatique déterminerait la direction de la réponse cardiaque encore plus que le stimulus externe [6]. Il est probable aussi que le nouveau-né parvienne plus difficilement que le nourrisson de 3 mois à inhiber son activité motrice pour porter attention au stimulus. En réponse au bercement, par exemple, il manifeste une décélération cardiaque quand il y a baisse concomitante d'activité motrice, alors qu'une hausse d'activité motrice s'accompagne d'accélération [54, 56]. Si les mêmes relations entre les réponses se retrouvent à 1 mois, elles s'estompent vers 3 mois : les nourrissons ont une réponse de décélération cardiaque au bercement accompagnée ou non de diminution de l'activité motrice [46]. L'effet changeant des variables d'état et de l'association cardio-somatique sur la réponse cardiaque pourrait indiquer une modification des mécanismes centraux de réaction au milieu [6]. De même, l'habituation de la réponse cardiaque change en cours d'ontogénèse. Elle s'établit plus rapidement chez les bébés plus âgés [41]. Les modifications précoces de la réactivité cardiaque pourraient ainsi servir à déterminer le niveau de développement somatique et cognitif selon le mode spécifique de réponses [12, 16].

Des changements de direction de la réponse cardiaque ont également été mis en relation avec le développement d'une habileté perceptivo-motrice (saisie d'un objet) [55]. Les bébés de 1 à 3 mois attentifs devant l'objet, mais incapables de le saisir, produisent des réponses décélératives. Par contre, ceux de 5 mois ont des réponses accélératives face aux objets qu'ils parviennent ensuite à saisir. Les nourrissons de 4 mois occupent une position intermédiaire : décélération cardiaque à une première présentation, puis des réponses surtout accélératives à une seconde présentation des objets. De telles données cardiaques semblent refléter le développement de la capacité de moduler son comportement d'approche et de saisie d'un objet. L'accélération cardiaque des bébés plus âgés pourrait s'interpréter comme un indice de préparation et d'intention de prendre l'objet [55].

Tout comme la réponse cardiaque aux stimuli révélerait le niveau de fonctionnement cognitif du bébé, elle permettrait, dans la même foulée, d'étudier les différences inter-individuelles. Par exemple, une recherche a porté sur les différences individuelles de capacité précoce de réponse d'orientation à des stimuli auditifs dans un échantillon de nourrissons de 6 et 9 semaines [11]. Le nombre restreint d'études et l'absence de validation par des mesures répétées sur une longue période ne permettent encore pas de conclure à l'utilité de la mesure cardiaque comme indice d'individualité.

VII. — ANORMALITÉ ET RISQUES

La mesure du rythme cardiaque est utilisée comme moyen de dépistage pour déterminer les effets de facteurs de risque telles la prématurité, la malnutrition, la médication donnée à la mère pendant l'accouchement, etc. [6, 12, 16, 73]. Les recherches sur le développement d'enfants vulnérables se sont multipliées au cours des dix dernières années. Une bonne part de ces travaux se fonde sur l'ensemble des connaissances que l'on a du développement normal de l'attention pour évaluer et prédire le développement cognitif de cette population particulière. Notre connaissance des réponses cardiaques habituelles du nourrisson quand il porte attention à des stimuli et de celles lors de l'habituation et de la déshabituation à des stimuli spécifiques permet d'analyser de manière comparative les réponses des enfants vulnérables. Toute déviation marquée à la norme usuelle prend alors valeur indicative de fonctionnement divergent et de risques probables de développement. La réponse cardiaque serait un meilleur indice de réactivité de l'enfant vulnérable qu'une réponse motrice telle la succion ou la rotation de tête puisque celle-ci est probablement atténuée par la condition médicale ou l'immaturité de l'organisme. La réponse cardiaque permet d'évaluer la sensibilité de l'organisme à divers stimuli et, par le fait même, de déterminer ceux qui l'affectent [64]. L'étude du rythme cardiaque sert aussi à évaluer la présence et/ou l'étendue des dommages causés par certaines situations dangereuses pour le nourrisson, ainsi que l'efficacité d'interventions correctives. En ce secteur, on retrouve trois domaines principaux de recherche axés sur des problèmes particuliers : les carences alimentaires, la médication pendant l'accouchement, la prématurité [73]. On peut aussi ajouter les études (assez récentes) de la réactivité cardiaque du fœtus pendant l'accouchement. Par contre, celles sur la réactivité cardiaque de populations « psychologiquement marginales », tels les bébés nés de parent schizophrène [67], nous semblent peu prometteuses. Leur rationnel paraît insuffisant pour justifier les procédures utilisées.

On connaît maintenant l'activité cardiaque du fœtus lors des contractions utérines à l'accouchement. Des analyses multivariées rendent possibles la description des effets du stress de la naissance et la détection éventuelle des fœtus dont le système nerveux serait particulièrement sensible et vulnérable à ce stress [20, 60]. On a ainsi rapporté des corrélations multiples entre l'activité cardiaque fœtale et des mesures du comportement du nouveau-né à l'échelle de Brazelton [10] tels l'orientation-attention et les niveaux d'éveil [21, 22]. Les mesures de l'activité cardiaque du fœtus in utero auraient pour utilité clinique de prédire le développement ultérieur du bébé. Les données actuelles ne semblent toutefois pas devoir justifier les prédictions. On peut également se questionner sur la pertinence de la mesure cardiaque quand elle se trouve fortement corrélée à d'autres mesures plus aisées à recueillir, comme le score Apgar, le poids à la naissance et des mesures comportementales. Alors, sa valeur comme outil de dépistage et prédiction ne paraît guère essentielle.

Lecanuet et al. [38] proposent pour leur part que la réactivité cardiaque fœtale à des stimuli sonores pourrait servir d'outil diagnostique de la souffrance fœtale. Toutefois, l'observation d'une relation entre réactivité et état préalable (voir plus haut) démontre qu'il est encore nécessaire de spécifier les facteurs impliqués dans la réactivité du fœtus aux stimulations et leurs interactions, avant d'en dégager des indices de bon ou mauvais fonctionnement. L'étude de l'activité cardiaque fœtale comme mesure de fonctionnement en est à ses débuts. Il n'est pas encore sûr qu'elle puisse avoir la valeur méthodologique que certains lui accordent.

Parmi les événements péri-natals, des travaux ont montré que la médication donnée à la mère pendant l'accouchement entraînait des déficits chez le bébé au niveau des cycles d'éveil, de l'attention et de l'habituation. Les quelques tentatives de relier ces déficits comportementaux à la réactivité cardiaque du nouveau-né et du jeune nourrisson ont été peu probantes [73]. Les effets de la médication (très probablement transitoires et variables chez les bébés) sur les processus cognitifs devraient être minimes. Les observations sur la réactivité cardiaque ont peu ajouté à ce champ d'étude.

L'utilité de l'indice cardiaque pour analyser chez les enfants prématurés les capacités perceptives et de prise d'information semble par contre bien établie. Il a servi dans la comparaison de leurs réponses à des stimuli tactiles et auditifs avec celles de bébés nés à terme [24, 35, 64], et dans l'évaluation d'interventions particulières sur leur réactivité aux stimuli [65]. Les recherches ont pu montrer que les bébés prématurés à haut risque (avec complications médicales nombreuses) ont des réponses cardiaques évoquées distinctes de celles de bébés à moindre risque et de bébés nés à terme. Comme il se doit, les bébés sont tous examinés au même âge conceptionnel afin d'équivaloir les niveaux de maturité neuro-physiologique. Les bébés à haut risque sont les moins réactifs. Ils ne démontrent pas, comme les autres, une habituation de la réponse cardiaque avec la répétition des stimuli. Les prématurés ne présenteraient pas tous les mêmes risques de déficits dans leur développement cognitif [35]. Une intervention sous la forme de stimulations quotidiennes pendant les premiers jours permet de développer chez les plus vulnérables une réactivité cardiaque identique à celle d'enfants normaux [65]. L'étude de l'activité cardiaque a surtout permis de préciser en quoi diffère le mode de fonctionnement du nourrisson prématuré : son seuil de réactivité aux stimuli est plus élevé, mais par contre, une fois la réponse enclenchée, elle s'atténue moins rapidement avec la répétition du stimulus [35].

L'ensemble de ces observations a pu être réalisé à l'aide de la mesure cardiaque, puisque l'étude des comportements manifestes du bébé prématuré était insuffisante.

Dans le champ d'étude des facteurs d'anormalité et de risques, celle des effets des carences alimentaires sur le rythme cardiaque constitue un domaine restreint mais aux résultats clairs. Des chercheurs ont noté chez des enfants guatémaltèques de 1 an affligés de malnutrition sévère une réponse cardiaque atténuée au stimulus auditif, peu ou pas d'habituation à sa présentation répétée et l'absence de réponse à un changement de fréquence sonore. Par contre, les enfants de la même population qui ont reçu une alimentation adéquate manifestent le patron habituel de réponses [39, 40]. Le mode de réactivité cardiaque divergent des enfants du premier groupe confirmerait l'hypothèse d'un développement déficient des capacités de perception et d'acquisition d'information dans les cas de malnutrition sévère au cours de la petite enfance.

A. Apprentissage

Chez le bébé, les processus d'apprentissage étudiés à l'aide du rythme cardiaque sont l'habituation et le conditionnement classique. Dans le cadre des études sur les capacités d'apprentissage du nouveau-né et du nourrisson, les chercheurs se servent de la méthode d'habituation non plus comme simple outil méthodologique pour mettre en évidence autre chose (la discrimination, par exemple) mais pour examiner le processus d'habituation en tant que forme simple d'apprentissage entraîné par l'interaction avec l'environnement. La diminution graduelle de la réponse cardiaque déclenchée par un stimulus présenté de façon répétitive traduit un effet de l'expérience. Elle signale que le stimulus a perdu son caractère de nouveauté, que le bébé a acquis suffisamment d'information sur sa signification. Le nourrisson aurait ainsi appris à inhiber la réponse. Pour plusieurs, la démonstration de l'habituation des réponses cardiaques serait l'indice d'habiletés cognitives fondamentales [17, 39, 41].

Le rythme cardiaque a été étudié aussi dans des tentatives plus ou moins fructueuses d'obtenir des réponses cardiaques conditionnelles d'anticipation ou de préparation à l'introduction d'un stimulus inconditionnel. Clifton [15] rapporte trois tentatives relativement décevantes pour conditionner une réponse cardiaque à des sons couplés avec l'ingestion d'eau sucrée ou avec une stimulation vestibulaire chez le nouveau-né et le nourrisson. Le seul indice que les bébés apprennent quelque chose de cette relation conditionnelle se retrouve dans l'observation d'une réponse décélérative au début d'une phase d'extinction, au moment où le stimulus inconditionnel était présenté au préalable.

L'interprétation de cet indice de conditionnement demeure discutable [15, 72]. Les seuls autres résultats d'un quelconque effet d'apprentissage sont également très difficiles à interpréter [18]. De façon générale, le rythme cardiaque ne s'est pas avéré un bon indice d'apprentissage.

B. Émotion

Les recherches sur l'émotion chez le bébé ont utilisé l'observation des comportements et des expressions faciales pour inférer le type d'affect vécu par l'enfant. Les variables observables ne sont pas cependant toujours suffisantes pour distinguer certaines variations fines de ses expériences [12, 70]. L'étude du rythme cardiaque concomitant est devenue une addition heureuse pour déterminer les processus affectifs en jeu dans les diverses mises en situation. Elle a souvent permis de révéler un mode de réaction émotive non perceptible autrement.

Lipsitt et ses collaborateurs [3, 43] observent, par exemple, que le nouveau-né diminue son rythme de succion quand on lui donne une substance sucrée. Par ailleurs, l'activité cardiaque s'accélère. Une plus forte concentration en sucre accentue les différences. Le ralentissement de la succion serait, selon les auteurs, signe que le bébé savoure la substance. Le rythme cardiaque accélératif traduirait un état de plaisir ou d'hédonisme chez le nouveau-né. Cependant, l'amplitude et la force des mouvements de succion peuvent avoir été plus importantes avec les solutions sucrées, d'où une plus grande dépense d'énergie et une activité cardiaque plus élevée [16]. Quoi qu'il en soit, le nouveau-né démontrerait grâce à ces indices, son « plaisir » à goûter du sucre. L'étude des affects positifs et de leur concomitant cardiaque est par ailleurs peu développée. On note, dans une autre recherche, des décélérations cardiaques non significatives associées à des expressions de joie et d'intérêt chez des enfants de 9 et 12 mois [62].

La plupart des études sur l'émotion avec le rythme cardiaque portent sur les réactions de peur en deux situations : la falaise visuelle (*visual-cliff apparatus*) et l'approche d'une personne étrangère. Le but de ces recherches consistait à décrire le développement des réactions de peur à partir d'indices comportementaux et cardiaques.

Dans les recherches avec la falaise visuelle chez les bébés de 2 à 9 mois, l'indice cardiaque montre qu'entre 2 et 5 mois ils discriminent bien le côté « profond » de l'appareil. Leur rythme cardiaque décélère seulement quand on les place sur la surface vitrée du côté profond. Ils portent donc attention au stimulus [8, 12]. L'indice cardiaque révèle surtout que même s'ils distinguent à cet âge la profondeur, ils n'en auraient pas peur. Par contre, les bébés de 9 mois placés du côté profond manifestent une réponse cardiaque accélérative. Les réactions différentes des bébés sont interprétées comme l'indice d'un changement ontogénétique allant de l'absence de peur chez les plus jeunes à son apparition chez les plus âgés. La réponse cardiaque a permis dans cette situation de noter un indice de détresse alors que les mesures comportementales n'apportaient rien de significatif. Les chercheurs interprètent avec prudence leurs résultats en insistant sur la nécessité de valider l'indice cardiaque par l'ajout d'autres indices [7]. Les études sur les réactions à la personne étrangère seraient en ce sens plus concluantes.

En cours d'ontogénèse, les nourrissons manifestent des changements dans leurs réactions aux personnes étrangères analogues à ceux que l'on note avec la falaise visuelle. Vers 3-5 mois, ils sont attentifs à la personne qui s'approche d'eux et, plus tard, vers 8-9 mois, ils manifestent souvent des réponses de peur. Les mesures du rythme cardiaque dans cette situation montrent que les bébés de 5 mois décélèrent et ceux de 9 mois accélèrent quand la personne s'approche et plus encore quand elle parvient à proximité et tend les bras. Le rythme cardiaque est encore plus accélératif si la mère est absente[13]. Ces données démontreraient, selon certains auteurs [12, 13, 61], la sensibilité de la réponse cardiaque à la valeur menaçante de la situation. Les expressions faciales varient de façon cohérente avec la mesure cardiaque. Les auteurs soulignent le lien entre l'accélération cardiaque et la peur. On a observé une relation similaire chez des enfants de 9 et 12 mois devant la personne étrangère [61]. Ceux qui réagissent de façon positive ont un rythme cardiaque décélératif et ceux qui réagissent de façon négative, un rythme accélératif. L'accélération serait plus accentuée en situation de laboratoire que lors d'un test à la maison [71]. A la lumière de ces données le lien entre la peur et l'accélération cardiaque semblerait bien direct.

De cette utilisation de la mesure cardiaque comme indice d'émotion, il faut relever cependant l'ambiguïté : une même accélération cardiaque accompagnerait selon les diverses recherches, peur, détresse, hédonisme et rire. La réponse cardiaque seule ne peut suffire pour identifier l'émotion, il faut connaître l'ensemble du contexte, c'est-à-dire les éléments de la situation et les autres comportements observables (activité motrice, expressions faciales, vocalisations, etc.).

CONCLUSION

La mesure des variations du rythme cardiaque, comme nous l'avons vu, présente de grands avantages pour l'étude du nourrisson. Tout d'abord, elle sert à évaluer de façon précise les capacités perceptives et discriminatives des nouveau-nés et nourrissons. On l'utilise aussi beaucoup comme indice du fonctionnement de processus et états internes de l'organisme. Dans le premier cas, les recherches paraissent concluantes. Dans la mesure où toutes les précautions méthodologiques et statistiques sont prises, les modifications du rythme cardiaque à la présentation d'un stimulus permettent d'évaluer et de préciser à quoi le bébé réagit, quelles distinctions il perçoit et quels éléments du milieu sont les plus susceptibles de l'affecter. L'avantage de cette technique est encore plus probant dans l'évaluation des capacités perceptives de bébés chez qui le répertoire de réponses observables est plus limité (nouveau-nés, enfants prématurés, handicapés, etc.). On peut relier à ce premier usage l'étude comparée de la réactivité cardiaque de bébés à risque et normaux. Il demeure cependant le problème des résultats nuls. Si des variations du rythme cardiaque permettent de conclure à la perception ou à la discrimination d'événements, leur absence ne peut signifier de façon univoque que le bébé ne perçoit pas ou ne discrimine pas. Beaucoup d'autres facteurs interviennent et, faut-il le rappeler, le cœur n'est pas un organe sensoriel. Il importe de se questionner sur la fonction *biologique* des variations de l'activité cardiaque, après avoir reconnu leur valeur méthodologique. Ceci nous amène directement à la seconde classe d'utilisation de la mesure cardiaque.

Utiliser les variations du rythme cardiaque comme indice de processus internes pose des problèmes au niveau du rationnel méthodologique et à celui de l'interprétation. Il s'agit de se servir de la *direction* de la réponse cardiaque pour distinguer entre eux des états motivationnels et émotifs particuliers, sans considérer souvent la fonction biologique de l'activité cardiaque. De plus, les chercheurs qui s'inscrivent dans un cadre interprétatif donné font rarement référence aux autres paradigmes et autres hypothèses explicatives. Les ralentissements et accélérations du rythme cardiaque participent au fonctionnement biologique de l'organisme et doivent être considérés de cette façon plus globale [51]. Pour bien comprendre les associations potentielles entre accélération-décélération cardiaque, défense-orientation et telle ou telle qualité d'expériences émotives, il importe avant tout de saisir comment l'activité du système cardiovasculaire, impliquée dans des processus métaboliques vitaux (fournir de l'oxygène aux tissus, éliminer des déchets métaboliques, maintenir la balance des fluides et des électrolytes, régler la température du corps, etc.), peut rendre compte de ces processus. Le système cardiovasculaire est probablement sensible à des variations d'états motivationnels et émotionnels si des variations dans ces états internes réclament des modifications dans les fonctions vitales. Par exemple, telle émotion requiert une mobilisation musculaire accrue, ou encore, être attentif à un événement nécessite une cessation des mouvements en cours. Mais diverses émotions (et plus encore d'états non liés aux émotions) requièrent la mise en jeu de modifications similaires des fonctions vitales, et l'accomplissement de bien des tâches autres que celles d'être attentif réclament une cessation de mouvements. Le rythme cardiaque seul ne permet pas de distinguer ces divers contextes. Ils doivent être évalués en eux-mêmes, d'abord par la connaissance de la situation où se trouve l'enfant et aussi par la connaissance de l'implication de l'organisme qu'elle suscite. Une situation qui produit une demande métabolique accrue entraîne à la fois accélération cardiaque, tension musculaire, consommation d'oxygène et parfois aussi activité motrice générale. Une situation qui nécessite relaxation musculaire, détente motrice, ralentissement du système efférent, produit plutôt une décélération cardiaque. En ce sens, l'étude de l'activité cardiaque et de ses liens avec l'activité somatique du nourrisson en diverses situations ajoute à notre compréhension du comportement de l'enfant, au niveau biologique et psychologique [16].

BIBLIOGRAPHIE

[1] ADKINSON C.D. and BERG W.K. — Cardiac deceleration in newborns : habituation, dishabituation, and offset responses. *Journal of experimental child psychology, 21,* 46-60, 1976.

[2] APPLETON T., CLIFTON R.K. and GOLDBERG S. — Behavioral competence in infancy. In: *Review of Child Development Research,* Vol. 5, edited by F.D Horowitz. Chicago: University of Chicago Press, 1975.

[3] ASHMEAD D.H., REILLY B.M. and LIPSITT L.P. — Neonates' heart rate, and sucking amplitude as a function of the sweet taste. *Journal of experimental child psychology, 29,* 264-281, 1980.

[4] BERG W.K. — Habituation and dishabituation of cardiac responses in 4-month-old, alert infants. *Journal of experimental child psychology, 14,* 92-107, 1972.

[5] BERG W.K. — Cardiac components of defense response in infants. *Psychophysiology, 12,* 224, 1975.

[6] BERG W.K. and BERG K.M. — Psychophysiological development in infancy: state, sensory function, and attention. In: *Handbook of Infant Development,* edited By J.D. Osofsky. New York: Wiley, 1979.

[7] BERTENTHAL B.I. and CAMPOS J.J. — A reexamination of fear and its determinants on the visual cliff. *Psychophysiology, 21,* 413-417, 1984.

[8] BERTENTHAL B.I., CAMPOS J.J. and BARRETT K.C. — Self-produced locomotion: an organizer of emotional, cognitive, and social development in infancy. In: *Continuities and Discontinuities in Development,* de R. EMDE et R. HARMON. New York: Plenum, 1984.

[9] BOHLIN G., LINDHAGEN K. and HAGEKULL B. — Cardiac orienting to pulsed and continuous auditory stimulation: a developmental study. *Psychophysiology, 18,* 440-446, 1981.

[10] BRAZELTON T.B. — *Neonatal Behavior Assessment Scale.* (Clinics in developmental medicine, no. 50). Philadelphie: Lippincott, 1973.

[11] BROWN J.W., LEAVITT L.A. and GRAHAM F.K. — Response to auditory stimuli in six-and nine-week-old human infants. *Developmental psychobiology, 10,* 255-266, 1977.

[12] CAMPOS J.J. — Heart rate: a sensitive tool for the study of emotional development in the infant. In: *Developmental Psychobiology,* edited by L. Lipsitt. Hillsdale, N.J.: Erlbaum, 1976.

[13] CAMPOS J.J., EMDE R., GAENSBAUER T. and HENDERSON C. — Cardiac and behavioral interrelationships in the reactions of infants to strangers. *Developmental psychology, 11,* 589-601, 1975.

[14] CLARKSON M. and BERG W.K. — Cardiac deceleration in neonates is influenced by temporal pattern and spectral complexity of auditory stimuli. *Psychophysiology, 5,* 284 (résumé), 1978.

[15] CLIFTON R.K. — Cardiac conditioning and orienting in the infant. In: *Cardiovascular Psychophysiology: Current Issues in Response Mechanisms, Biofeedback, and Methodology,* edited by P.A. Obrist, J. Brener, L. Dicara et A.H. Black. Chicago: Aldine, 1974.

[16] CLIFTON R.K. — The relation of infant cardiac responding to behavioral state and motor activity. In: *Minnesota Symposia on Child Psychology, 11,* 64-97, edited by W.A. Collins. 1978.

[17] CLIFTON R.K. and NELSON, M.N. — Developmental study of habituation in infants: the importance of paradigm, response system and state. In: *Habituation: Perspectives from Chilk Development, Animal Behavior, and Neurophysiology,* edited by T.J. Tighe et R.N. Leaton. Hillsdale N.J.: Erlbaum, 1976.

[18] CROWELL D.H., BLURTON L.B., KOBAYASHI L.R., McFARLAND J.L. and YAND R.K. — Studies in early infant learning: classical conditioning of the neonatal heart rate. *Developmental psychology monograph, 12,* 373-397, 1976.

[19] EICHORN D. — Physiological development. In: *Carmichael's Manual of Child Psychology*, edited by P.H. Mussen. New York: Wiley, 1970.

[20] EMORY E.K., CRUZ A. and WALKER E.F. — Fetal heart rate part I: factor analysis. *Psychophysiology, 19*, 673-679, 1982.

[21] EMORY E.K. and NOONAN J.R. — Fetal cardiac responding: a correlate of birth weight and neonatal behavior. *Child development, 55*, 1651-1657, 1984.

[22] EMORY E.K., WALKER E.F. and CRUZ A. — Fetal heart rate part II: behavioral correlates. *Psychophysiology, 19*, 680-686, 1982.

[23] FIELD T. — Differential behavioral and cardiac responses of 3-month-old infants to a mirror and peer. *Infant behavior and development, 2*, 179-184, 1979.

[24] FIELD T.M., DEMPSEY J.R. HATCH J., TING G. and CLIFTON R.K. — Cardiac and behavioral responses to repeated tactile and auditory stimulation by preterm and term neonates. *Developmental psychology, 15*, 406-416, 1979.

[25] GRAHAM F.K. — Habituation and dishabituation of responses innervated by the autonomic nervous system. In: *Habituation: Behavioral Studies and Physiological Substrates*, edited by H.V.S. Peeke et M.J. Herz. New York: Academic Press, 1973.

[26] GRAHAM F.K. — Normality of distributions and homogeneity of variance of heart rate and heart period samples. *Psychophysiology, 15*, 487-491, 1978.

[27] GRAHAM F.K. — Constraints on measuring heart rate and period sequentially through real and cardiac time. *Psychophysiology, 15*, 492-495, 1978.

[28] GRAHAM F.K. and CLIFTON R. — Heart-rate change as a component of the orienting response. *Psychological bulletin, 65*, 305-320, 1966.

[29] GRAHAM F.K. and JACKSON J.C. — Arousal systems and infant heart rate response. In: *Advances in Child Development and Behavior (Vol. 5)*, edited by L.P. Lipsitt et H.W. Reese. New York: Academic Press, 1970.

[30] GREGG C, CLIFTON R.K. and HAITH M. — A possible explanation for the frequent failure to find cardiac orienting in the newborn infant. *Developmental psychology, 12*, 75-76, 1976.

[31] HARPER R.M., HOPPENBROUWERS T., STERMAN M.B., McGINTY D.J. and HODGAM J. — Polygraphic studies of normal infants during the first six months of life: I. Heart rate and variability as a function of state. *Pediatric research, 10*, 945-951, 1976.

[32] KAGAN J. and LEWIS M. — Studies of attention in the human infant. *Merrill-Palmer quarterly, 11*, 95-127, 1965.

[33] KARMEL B.I. — Contour effects and pattern preferences in infants: a reply to Greenberg and O'Donnell. *Child development, 45*, 196-199, 1974.

[34] KINNEY D.K. and KAGAN J. — Infant attention to auditory discrepancy. *Child development, 47*, 155-164, 1976.

[35] KRAFCHUK E.E., TRONICK E.Z. and CLIFTON R.K. — Behavioral and cardiac responses to sound in preterm neonates varying in risk status and a hypothesis of their paradoxical reactivity. In: *Infants Born at Risk: Physiological and Perceptual Processes*, edited by T.M. Field et A.M. Sostek. New York: Grune et Stratton, 1983.

[36] LACEY B.C. and LACEY J.I. — Studies of heart rate and other bodily processes in sensorimotor behavior. In: *Cardiovascular Psychophysiology*, edited by P.A. Obrist, A.H. Black, J. Brener et L.V. DiCara. Chicago: Aldine, 1974.

[37] LEAVITT L.A., BROWN J.W., MORSE P.A. and GRAHAM F.K. — Cardiac orienting and auditory discrimination in 6-week-old infants. *Developmental psychology, 12*, 514-523, 1976.

[38] LECANUET J.P., GRANIER-DEFERRE C., COHEN H., BUSNEL M.-C. and SUREAU C. — Fetal alertness and reactivity to sound stimulation. Communication présentée à l'International Conference on Infant Studies, New York, 1984.

[39] LESTER B.M. — Cardiac habituation of the orienting response to an auditory stimulus in infants of varying nutritional status. *Developmental psychology, 11*, 432-442, 1975.

[40] LESTER B.M., KLEIN R.E. and MARTINEZ S.J. — The use of habituation in the study of the effects to infantile malnutrition. *Developmental psychobiology, 8*, 541-546, 1975.

[41] LEWIS M. — A developmental study of the cardiac response to stimulus onset and offset during the first year of life. *Psychophysiology, 8*, 689-698, 1971.

[42] LEWIS M., DODD C. and HARWITZ M. — Cardiac responsivity to tactile stimulation in waking and sleeping infants. *Perceptual and motor skills, 29*, 259-269.

[43] LIPSITT L.P. — Developmental psychobiology comes of age: a discussion. In: *Developmental Psychobiology,* edited by L.P. Lipsitt. Hillsdale, N.J.: Erlbaum, 1976.

[44] LIPSITT L.P. and JACKLIN C.N. — Cardiac deceleration and its stability in human newborns. *Developmental psychology, 5,* 535, 1971.

[45] LIPSITT L.P., REILLY B.M., BUTCHER M.J. and GREENWOOD M.M. — The stability and interrelationships of newborn sucking and heart rate. *Developmental psychobiology, 9,* 305-310, 1976.

[46] MALCUIT G., POMERLEAU A. and BROSSEAU N. — Infants' heart rate responses to two speeds of lateral rocking: behavioral correlates and development (document inédit), 1984.

[47] McCALL R.B. and MELSON W.H. — Complexity, contour and area as determinants of attention in infants. *Developmental psychology, 3,* 343-349, 1970.

[48] MILLER C.L. and MORSE P.A. — The « heart » of categorical speech discrimination in young infants. *Journal of speech and hearing research, 19,* 578-589, 1976.

[49] MILLER C.L., MORSE P.A. and DORMAN M.F. — Cardiac indices of infant speech perception: orienting and burst discrimination. *Quarterly journal of experimental psychology, 29,* 533-545, 1977.

[50] OBRIST P.A. — The cardiovascular-behavioral interaction — as it appears today. *Psychophysiology, 13,* 95-107, 1976.

[51] OBRIST P.A. — *Cardiovascular psychophysiology. A perspective.* New York: Plenum, 1981.

[52] PAVLOV I.P. — *Conditioned reflexes.* Londres: Oxford, 1927.

[53] POMERLEAU A. and CLIFTON R.K. — Neonatal heart-rate response to tactile auditory, and vestibular stimulation in different states. *Child development, 44,* 485-496, 1973.

[54] POMERLEAU A. et MALCUIT G. — Les compétences du nourrisson : indices cardiovasculaires et comportementaux. *L'année psychologique, 80,* 391-410, 1980.

[55] POMERLEAU A. and MALCUIT G. — Development of cardiac and behavioral responses to a three-dimensional toy stimulation in one- to six-month-old infants. *Child development, 51,* 1187-1196, 1980.

[56] POMERLEAU A. and MALCUIT G. — State effects on concomitant cardiac and behavioral responses to a rocking stimulus in human newborns. *Infant behavior and development, 4,* 163-174, 1981.

[57] POMERLEAU A. et MALCUIT G. — *L'enfant et son environnement. Une étude fonctionnelle de la première enfance.* Québec : Presses de l'Université du Québec et Bruxelles : Mardaga, 1983.

[58] POMERLEAU A., MALCUIT G. and CLIFTON R.K. — An attempt to elicit cardiac orienting and defense responses in the newborn to two types of facial stimulation. *Psychophysiology, 12,* 527-535, 1975.

[59] PORGES S.W. — Heart rate indices of newborn attentional responsivity. *Merrill-Palmer quarterly, 20,* 233-254, 1974.

[60] PORGES S.W. — Spectral analysis of the fetal heart rate: a potential method for the detection of fetal distress. In: *Infants born at risk,* edited by T.M. Field, A.M. Sostek, S. Goldberg et H.H. Shuman. New York: SP Medical and scientific books, 1979.

[61] PROVOST M. et GOUIN DÉCARIE T. — Modification du rythme cardiaque chez des enfants de 9-12 mois au cours de la rencontre avec la personne étrangère. *Revue canadienne des sciences du comportement, 6,* 154-168, 1974.

[62] PROVOST M.A. and GOUIN DÉCARIE T. — Heart rate reactivity of 9- to 12-month-old infants showing specific emotions in natural setting. *International journal of behavioral development, 2,* 109-120, 1979.

[63] RICHARDS J.E. — The statistical analysis of heart rate: a review emphasizing infancy data. *Psychophysiology, 17,* 153-166, 1980.

[64] ROSE S.A., SCHMIDT K. and BRIDGER W.H. — Cardiac and behavioral responsivity to tactile stimulation in premature and full-term infants. *Developmental psychology, 12,* 311-320, 1976.

[65] ROSE S.A., SCHMIDT K., RIESE M.L. and BRIDGER W.H. — Effects of prematurity and early intervention on responsivity to tactual stimuli. A comparison of preterm and fullterm infants. *Child development, 51,* 416-425, 1980.

[66] SAMEROFF A.J., CASHMORE T.F. and DYKES A.C. — Heart rate deceleration during visual fixation in human newborns. *Developmental psychology, 8,* 117-119, 1973.

[67] SCHACHTER J., KERR J., LACHIN J.M. and FAER M. — Newborn offspring of a schizophrenic parent: cardiac reactivity to auditory stimuli. *Psychophysiology, 12,* 483-492, 1975.

[68] SIDDLE D.A.T. and TURPIN G. (Eds.). — Measurement, quantification and analysis of cardiac activity. In: *Techniques in Psychophysiology,* edited by I. Martin et P.H. Venables. Chichester: John Wiley & Sons, 1980.

[69] SOKOLOV E.N. — *Perception and the Conditioned Reflex.* New York: MacMillan, 1963.

[70] SROUFE L.A. and WATERS E. — Heart rate as a convergent measure in clinical and developmental research. *Merrill-Palmer quarterly, 23,* 3-27, 1977.

[71] SROUFE L.A., WATERS E. and MATAS L. — Contextual determinants of infant affective response. In: *The Origins of Fear,* sous la direction de M. Lewis et L. Rosenblum. New York: Wiley, 1974.

[72] TURCO T.L. and STAMPS L.E. — Heart rate conditioning in young infants using a visual conditional stimulus. *Journal of experimental child psychology, 29,* 117-125, 1980.

[73] VON BARGEN D.M. — Infant heart rate: a review of research and methodology. *Merrill-Palmer quarterly, 29,* 115-149, 1983.

[74] WILDER J. — Modern psychophysiology and the law of initial values. *American journal of psychotherapy, 12,* 199-221, 1958.

[75] WILDER J. — Basimetric approach (law of initial value) to biological rhythms. *Annals of the New York academy of sciences, 98,* 1211-1220, 1962.

[76] WOODSON R., FIELD T. and GREENBERG R. — Estimating neonatal oxygen consumption from heart rate. *Psychophysiology, 20,* 558-561, 1983.

Comportements, nº 3, 1985, 33-54.

CHAPITRE II

L'HABITUATION

Henriette BLOCH

Laboratoire de Psycho-Biologie de l'Enfant L.A. — C.N.R.S. 315
41, rue Gay-Lussac, 75005 Paris.

BLOCH H. — L'habituation. In: *Etudier l'enfant de la naissance à 3 ans.* Edité par P.M. Baudonnière, collection *Comportements* Paris, CNRS, 1985, p. 33-54.

Examen de la méthode d'habituation comportementale et exposé du problème et des difficultés spécifiques que soulève son application au nourrisson humain. Les différentes lectures des résultats recueillis au cours de la première année de la vie sont rapportées aux modèles explicatifs des mécanismes nerveux sous-jacents. Le statut adaptatif ou cognitif des habituations précoces et la valeur prédictive qu'on attache à leur rythme et à leur taux sont analysés en fonction des procédures adoptées et des distributions de réponse rencontrées.

Extinction - Réponse conditionnelle - Force de réponse - Récupération - Sensibilisation - Etat comportemental - Mémorisation - Plasticité - Pronostic.

BLOCH H. — Habituation. In: *Studying the preschooler from birth to three years of age.* Edited by P.M. Baudonniere, collection *Comportements,* Paris, CNRS, 1985, p. 33-54.

Habituation methods in behavioral studies of human newborns and infants are explored in order to specify problems and difficulties such as response choice, behavioral states, etc. Results which were obtained during the first year of life may be discussed in reference to several models of central nervous mechanisms. Early habituation, viewed as an adaptative or a cognitive ability and prediction, funded on rythm and peak, are analysed along procedures and response distributions.

Extinction - Conditioned response - Recuperation - Senzitivation behavioral state - Memory - Plasticity - Predictive value.

I. — LE PHÉNOMÈNE D'HABITUATION

L'organisme humain se montre, dès la naissance, ouvert aux stimulations du monde extérieur et le manifeste par des réactions réflexes spécifiques et des réponses complexes dont la réaction d'orientation offre un exemple. La maturation fonctionnelle des systèmes extérocepteurs : vision, audition, olfaction, autorise des discriminations de position et des perceptions de forme qui, bien sûr, s'affineront, s'étendront, se transformeront ensuite, mais qui, déjà, aux premières semaines de la vie font considérer le bébé ainsi que le dit Lipsitt « comme un être cognitif » [51].

Quand une stimulation entraînant une réponse perdure, constante, ou se répète, la réponse qui lui était primitivement accordée se modifie au cours du temps : elle va s'affaiblissant. Cette diminution de la force d'une réponse, on l'appelle *extinction* quand elle affecte une réponse acquise, conditionnelle ; on la nomme habituation [23], qui en langue française devrait s'énoncer *accoutumance*, quand il s'agit d'une réponse spontanée, inconditionnelle. Pas plus que l'extinction, l'habituation n'aboutit à un effacement total. On s'en convainc aisément lorsque, l'affaiblissement obtenu, on fait appel à la même réponse, en changeant un ou plusieurs aspects de la stimulation ou en la renouvelant tout à fait. La réponse survient alors avec une force restaurée.

Cette *récupération* prouve qu'elle n'avait fait que s'atténuer.

De très nombreuses réponses s'avèrent habituables, à rythmes et taux différents. Certaines le sont aussi très tôt, les doutes qu'entretenait à ce propos l'école soviétique ont cédé devant la masse des travaux qui le confirment. Ainsi, l'habituation a-t-elle acquis peu à peu un nouveau statut, celui de méthode. L'intérêt s'est alors déplacé de l'étude du phénomène et de ses mécanismes à ce qu'il révèle ou suggère.

Le phénomène lui-même ne s'en trouve pas totalement éclairci, comme l'indiquent les questions que nous allons aborder.

A. Qu'est-ce qu'une réponse habituable ?

Nous l'avons indiqué, l'habituation intéresse des réponses spontanées. Celles-ci attestent que les stimulations qui les déclenchent ont valeur de signal, possèdent une signification pour l'individu.

Parler de signification demeure ambigu tant que sujet et observateur ne disposent pas d'un système commun qui permette de l'exprimer. Quelle signification a, pour un nourrisson, un cercle de lumière douce, un assemblage de figures géométriques, un ton rose, une ritournelle, un damier, les dessins lacunaires d'un visage etc. toutes choses que les désignations verbales de l'adulte dénotent seulement pour qui a l'usage des mêmes signifiants, ou de périphrases, d'approximations décodables. L'adulte peut ainsi accéder aux significations de l'enfant de 2-3 ans. Mais avant le langage ? L'embarras apparaît dans les textes, où la signification supposée est déclarée en termes d'attention, d'intérêt, d'attraction, de préférence, ou bien pudiquement inscrite dans la distinction entre voir et regarder, sentir et renifler, entendre et écouter etc. Bref, on accorde signification implicite à ce qui provoque émergence d'une réponse, alors distinguée du réflexe : moins automatique, moins stéréotypée, voire moins globale, plus sélective, plus contrôlée, plus élaborée que le réflexe inconditionnel dont le plus souvent elle est issue.

On est ainsi amené à choisir des réponses dont la spécificité ne soit pas trop forte et à préférer par exemple, à la succion, réflexe ingestif, la succion dite « non nutritive » : elle convient à des stimulations de natures variées. Elle est une réponse acquise. Qu'on ne s'y trompe pas : ce n'est pas le risque de satisfaction d'un besoin qui fait écarter la première mais le caractère trop inconditionnel et, partant, trop spécifique, de la réaction. Cette dérive montre bien que la relation de signification est au cœur du problème [50]. Les réponses que nous jugeons a priori les plus habituables sont celles qui, au fur et à mesure qu'elle se construisent, recrutent, pourrait-on dire de nouveaux candidats à la relation S-R.

On s'en persuade autant lorsqu'on s'interroge sur l'origine de la signification chez le tout-petit. Doit-on entendre qu'elle était établie, pré-formée, dans les réseaux nerveux fonctionnels à la naissance, ou bien qu'elle a été acquise par expérience précoce, voire par expérience fœtale réactivée, comme tendraient à l'affirmer certains travaux récents [20] ? Ne peut-on penser qu'elle se construit et se stabilise alors même que se déroule un processus d'habituation ?

En somme, peut-on continuer à distinguer l'habituation de l'extinction ? La plupart des auteurs qui s'intéressent à l'habituation dans le développement considèrent ces termes comme synonymes [67]. Notons que leur homologie était déjà patente dans les théories du conditionnement pour lesquelles ils furent forgés [43]. Tous deux y servaient à décrire un mécanisme nerveux sur lequel, actuellement, on discute encore [71].

B. Qu'est-ce que l'habituation ?

La description du phénomène ne révèle pas ce qui se passe chez le sujet. Pourquoi une réponse s'affaiblit-elle ? Comment s'opère cette transformation progressive qui semble l'inverse de l'apprentissage ? Désengagement du sujet à l'égard de ce qui l'avait d'abord mobilisé ? Ou bien représentation en négatif d'un gain véritable ? Lassitude engendrée par la persistance ou la répétition (« l'ennui, selon La Motte, naquit un jour de l'uniformité ») ou bien économie d'action ?

L'habituation laisse supposer que la constance ou la répétition d'une stimulation est reconnue pour ce qu'elle est : absence de nouveauté. Cela implique que le sujet ait gardé mémoire de la, ou des présentations antérieures, qu'il juge le stimulus actuel identique au(x) précédent(s), c'est-à-dire qu'il ait saisi, et stocké, peut-être même « traité », de l'information, sous une forme quelconque. Cela dénote en tous cas qu'il y a eu *activité* de la part du sujet face aux sollicitations extérieures.

De cette activité, les modèles neurophysiologiques portent tous témoignage. Quelle que soit la préparation étudiée, aussi simple soit-elle, et il est légitime de chercher la plus simple (monosynaptique [34] voire cellulaire [42])

pour atteindre au mécanisme de base, l'évolution des réponses nerveuses à la répétition présente, comme l'écrivent Thomson et Glanzman [68] « toutes les propriétés des réponses comportementales d'habituation » : la diminution fréquentielle des décharges se distingue des phénomènes de réfractorité et, ce qui est essentiel, manifeste une rétention des caractéristiques de la stimulation. Selon ces auteurs, l'habituation obéit à 9 « lois », c'est-à-dire présente neuf traits signalétiques, vérifiés aussi bien au niveau des décharges neuroniques qu'au niveau comportemental (dans la réponse de sursaut chez le rat) :
— sa courbe est une fonction exponentielle négative ;
— l'omission du stimulus déclencheur entraîne une récupération spontanée ;
— sous l'effet de répétitions en séries, entrecoupées de récupération spontanées, le rythme d'habituation s'accélère *(potentiation)* ;
— une augmentation de la fréquence de stimulation accélère aussi le phénomène ;
— l'habituation est en relation proportionnelle inverse à l'intensité du stimulus ;
— un niveau asymptotique est atteint après un nombre suffisant de répétitions ;
— l'habituation peut se généraliser à des stimulus différents du stimulus original ;
— une « déshabituation » a lieu lorsqu'on présente un stimulus nouveau ;
— une « déshabituation » est elle-même susceptible d'habituation.

On a pu interpréter différemment la baisse de la transmission synaptique *(dépression)* : Sokolov [67] y voit la formation d'un modèle du stimulus, Groves et Thomson [35] une partie d'un double processus qui comprendrait, en réaction, une sensibilisation établie grâce à des facilitations associatives — elle montre toujours que le stimulus n'est pas ignoré. Elle est une économie. Parmi les lois suscitées, le confirment les phénomènes de généralisation et de potentiation [69].

Traduction comportementale grossière : l'habituation serait une forme de mémorisation. A ce titre, elle fait partie des fonctions cognitives. Rares sont aujourd'hui les auteurs qui l'assimilent, comme le faisait Hull [39] à une « inhibition réactive ».

Attestant que l'individu garde trace de l'expérience, elle est en outre d'une importance capitale pour l'étude des débuts du développement.

C. L'habituation, outil d'étude et fait de développement

L'énonciation spontanée du souvenir ne se prononce guère avant l'âge de 3-4 ans. Par des mesures de reconnaissance, on peut certes accéder plus tôt à la mémoire. L'habituation présente l'avantage de fournir une telle mesure, par le taux de récupération, et de renseigner sur l'apprentissage dont elle est le fruit, par le décours des réponses au fur et à mesure des répétitions [73].

L'âge limite auquel un enfant manifeste une habituation devient une datation essentielle, puisqu'on peut y voir le début d'une (ou de l') activité cognitive.

On sait l'habituation impossible aux nourrissons anencéphales et hydrocéphales [8] ; une naissance difficile, des troubles périnataux peuvent l'obérer gravement [12;1;19]. On y voit alors le signe d'un dommage causé au système nerveux central et l'habituation est tenue pour indice de son bon fonctionnement [11].

Du fait que le bébé naît équipé de systèmes moteurs et sensoriels qui n'ont pas tous atteint le même niveau de maturation (celle du système auditif, par exemple est plus avancée que celle du système visuel), l'habituation mesurée dans différentes modalités apparaît susceptible d'éclairer les rapports entre cognition et immaturité relative [54;74]. L'ouverture des systèmes sensoriels, leurs compétences et possibilités d'analyse sont mises en cause, par exemple, dans les quelques expériences auxquelles on a soumis des bébés nés avant terme : la révolution des idées en cette matière doit beaucoup au fait que les prématurés à bas risque se montrent capables, dès la 32e semaine d'âge gestationnel, d'habituation auditive [9] et dès la 34e semaine, d'habituation visuelle [6].

Enfin, l'évolution des phénomènes d'habituation en fonction de l'âge a fait repérer des caractères généraux, communs à toutes les catégories de réponse : accélération des rythmes, décroissance de plus en plus forte, importance relative croissante des taux de récupération en balisent, malgré les variations individuelles, l'orientation et en donnent l'image d'un fait de développement vectorisé vers une économie maximale, une extraction et un traitement de plus en plus rapides de l'information. Les corrélations établies avec d'autres conduites, étiquetées cognitives, viennent renforcer le statut cognitif de l'habituation. Les propositions avancées pour rendre compte des résultats obtenus chez le bébé, à compter de 4-5 mois, c'est-à-dire à des âges où les compétences sont mieux connues, font appel d'abord à la notion d'attention [29] et, parfois, en second lieu, à celle de catégorisation [36] : il est de fait que l'attention se maintient alors plus durablement que chez le nouveau-né et le jeune nourrisson, et qu'elle apparaît plus sélective. Considérée comme un produit de l'organisation croissante des activités sensorielles, elle est supposée favoriser l'échantillonnage de traits. Plus celui-ci est systématique, plus il peut concourir à l'élaboration de catégories facilitant les comparaisons d'essai en essai. L'hypothèse cognitiviste, ou, si l'on préfère, l'hypothèse d'apprentissage, va plus loin : elle présume que l'expérience d'habituation peut changer l'état du sujet ; autrement dit, qu'en s'habituant, l'enfant apprendrait à apprendre. Cette supposition d'un effet cumulatif n'a encore, à notre connaissance, jamais été testée : elle exigerait un suivi, ou des sondages réguliers, des mêmes individus pendant une durée longue. Formulée clairement pour l'Animal [30;37] cette thèse n'a fait l'objet que de peu d'exposés précis pour ce qui est de l'Homme [63] et ne se voit qu'en filigrane, chez la plupart des auteurs qui se préoccupent de la consistance, à long terme, des conclusions inférées des performances recueillies dans une épreuve d'habituation [40].

II. — LES PROCÉDURES D'HABITUATION

Elles obéissent à des règles générales, de sorte qu'on en peut donner une description type. Mais elles admettent aussi des variantes, qu'il faut examiner pour savoir si elles rendent possibles les comparaisons nécessaires d'une situation, d'une expérience à une autre. Les problèmes méthodologiques de l'habituation neurophysiologique ne sont pas abordés ici ; l'analyse se limite à l'habituation comportementale dans l'étude des premiers âges de la vie. Le plan suivi retrace sommairement la démarche du chercheur, les questions sont abordées dans l'ordre où elles surgissent lors de la préparation d'une expérience.

A. Descriptif expérimental de base

Les procédures d'habituation se décomposent en deux phases :
— la première emprunte au paradigme de l'apprentissage ses principaux traits :

a) l'exercice : répétition d'une stimulation déterminée, qui s'accompagne d'un contrôle de la réponse à chaque essai ;

b) le rythme modulable de la succession : les essais peuvent être groupés ou espacés dans le temps ; comme nous le verrons, la durée de présentation d'un stimulus et l'intervalle séparant deux présentations consécutives sont déterminés en fonction de la réponse sollicitée et du sujet : plus il est jeune, plus étroite la marge de manœuvre de l'expérimentateur ;

c) l'évaluation d'une stabilisation finale. Le mode d'évaluation varie selon qu'on a choisi un nombre d'exercices constant, ou bien une valeur seuil de réponse. Nous aurons à confronter les faits apportés à l'aide de l'un et de l'autre critères.

— La phase suivante teste la récupération de la réponse : elle comprend un ou plusieurs essais, qui se caractérisent par la présentation, dans les mêmes conditions que précédemment, d'un stimulus partiellement ou entièrement nouveau. Il faut insister sur l'importance de cette seconde phase : la décroissance mesurée dans la première phase n'est assignable à une habituation que relativement au taux de réponse obtenu dans la période ultérieure.

Sur les bases que nous venons d'exposer, les schémas expérimentaux ne varient guère de forme. Il est de règle d'adopter un régime de répétitions plutôt qu'un maintien constant de la stimulation, choisi seulement par quelques auteurs [61] surtout lorsqu'on s'adresse au bébé. On évite ainsi toute confusion entre phénomènes réfractaires ou d'adaptation, fatigue et habituation ; on peut contrôler régulièrement l'état de vigilance du sujet en cours d'expérimentation. D'autres questions se posent, aux différents moments, que nous allons maintenant évoquer.

B. Choix et modèle de la réponse habituelle

Dans l'habituation, on a à mesurer la force d'une réponse, il est donc nécessaire d'en extraire un ou plusieurs paramètres : durée, fréquence, amplitude, vitesse ou latence. Cela présuppose une connaissance, sinon un modèle de la réponse candidate. Or, s'agissant du tout-petit, on se trouve parfois démuni. Naguère encore, son répertoire comportemental était largement sous-estimé ; les réponses indiscutablement repérables dans les premières semaines apparaissent labiles. Aussi a-t-on pu croire que des indices d'activation générale dont les relations corrélatives à des modifications comportementales sont connues pour ce qui est de l'adulte, tels que le rythme respiratoire ou la décélération cardiaque, seraient d'accès plus sûr [33]. Malheureusement ils soulèvent des problèmes comme le montrent les discussions relatives au statut de la décélération cardiaque (voir dans ce volume, le chapitre 1).

Le choix d'une réponse comportementale éventuellement habituable ne va pas de soi. L'histoire des expériences d'habituation tentées sur le nourrisson et le nouveau-né, illustre abondamment cette difficulté. Clifton et Nelson [15] qui en ont dressé un bilan, placent l'obstacle dans la méconnaissance relative des capacités fonctionnelles du système nerveux central au début de la vie.

Nous en voyons, pour notre part, une autre dans le fait que les réponses comportementales du tout-petit dépendent plus étroitement que celles de l'enfant et de l'adulte des conditions qui lui sont ménagées, en particulier des conditions posturales. On l'a démontré pour la réponse d'orientation, estimée par la rotation de la tête. Tant que le segment céphalique n'est pas soutenu, sous la nuque, divers mouvements parasites masquent ou empêchent la rotation. Ces manifestations peuvent affecter d'autres réponses, comme la fixation ou la poursuite oculaires.

Quand bien même la réponse est clairement définie, d'autres manifestations peuvent intervenir qu'il est difficile de prévoir : trémulations, décharges motrices, réponses rythmiques, bref tout ce qu'on englobe sous l'agitation de masse, qui semble lié à des caractères intensifs non spécifiques d'une gamme ou une catégorie de stimulations et accuse une forte variabilité inter-individuelle.

Cela devrait inciter à tester la réponse préalablement à l'expérimentation. Or, peu de chercheurs s'en préoccupent. Muir et Field [54], puis Zelazo et al. [79] l'ont fait pour chacun de leurs sujets et pour des réponses d'orientation vers une source sonore. Les premiers se sont contentés de noter les niveaux de réponse, afin d'y ajuster les niveaux sonores dans le test de récupération ; les derniers ont vérifié que les réponses étaient équivalentes pour deux bruits de crécelle, de spectre et de hauteur tonale très différents.

C. Conditions et critères d'évaluation

Comme dans toute expérience d'apprentissage, on a le choix entre deux critères d'évaluation pour juger la modification comportementale au cours de la première phase : ou bien on fixe un nombre d'essais constant pour l'ensemble des conditions et des sujets ; ou bien on adopte un critère de maîtrise, c'est-à-dire un taux de diminution de réponse équivalent pour tous. Dans le premier cas, les durées d'expérience restent homogènes. Le nombre d'essais est choisi en fonction à la fois de la réponse étudiée et de l'âge des sujets. La lecture des travaux consacrés au jeune nourrisson révèle que l'habituation du rythme cardiaque ou celle de la succion non nutritive requerraient plus d'essais (12 en moyenne) que l'habituation auditive ou visuelle (où le « nombre magique » est 8). Dans le second cas, le taux de diminution le plus fréquemment retenu est de 50 %. Le nombre d'essais nécessaire pour y parvenir varie alors suivant les sujets ; mais ne sont retenus que les sujets parvenus au même niveau.

Les motivations qui président au choix de l'un ou l'autre critère ne se révèlent pas identiques ni leurs conséquences. Travailler à critère d'exercice constant répond, toutes choses égales d'ailleurs, à une exigence de rapidité permettant que le sujet demeure au long de l'expérience dans un état stable. Exigence d'autant plus forte qu'on s'adresse à des bébés plus jeunes. L'adoption d'un taux de réduction déterminé paraît faciliter la lecture des données. Le premier choix conduit à raisonner sur des taux qui peuvent différer d'un individu à un autre ; le second sur des rythmes variables.

Taux et rythmes sont, en moyenne, relatifs à la durée de chaque essai et à la valeur des intervalles. Seul, le choix d'un critère de maîtrise donne loisir de les adapter à chaque sujet, au lieu de les déterminer une fois pour toutes. En fait, certaines réponses se prêtent mieux que d'autres à cette modulation.

Dans le domaine visuel, de nombreuses recherches admettent [38] que la durée de présentation d'un stimulus soit commandée par la fixation du sujet ; dès qu'il détourne les yeux du spectacle-cible, la présentation en est interrompue. La durée des intervalles peut être modulée en conséquence. Ainsi Slater et al. [64] font-ils disparaître un objet quand le bébé l'a abandonné plus de 2 secondes ; ils ne commencent une autre présentation que lorsque, de nouveau, le bébé oriente son regard dans la même direction.

Il est clair que le critère d'évaluation choisi impose une situation plus ou moins rigide et ouverte. Le choix retentit plus fortement encore sur les conclusions tirées des données expérimentales. Ce sont les liens entre taux et rythme d'habituation qui se trouvent ici en cause. A exercice égal, on peut lire les différences de niveau inter-individuelles comme des variations de rythme.

Ce que suggère le vocabulaire le plus couramment employé, qui distingue *« rapides »* et *« lents »* [21]. A taux fixé, les rythmes ne sont plus inférés mais mesurés et, en principe, la population expérimentale est représentée totalement dans les résultats (Cf. Figure 1). Mais, dans la pratique et parce qu'on ne peut prolonger indéfiniment les expérimentations, il importe de connaître le nombre d'individus exclus. Dans les études faites sur des jeunes bébés, il y en a toujours et la majorité des auteurs en donne l'indication. Toutefois, la question demeure de savoir s'il s'agit d'individus beaucoup plus lents que la moyenne, pour un âge donné, ou de sujets incapables de s'habituer. A la fois, les conclusions immédiates et les pronostics qui sont portés sur le développement dépendent des interprétations données d'après la répartition des réponses individuelles des sujets. Nous reviendrons sur ce point dans l'examen des faits rapportés.

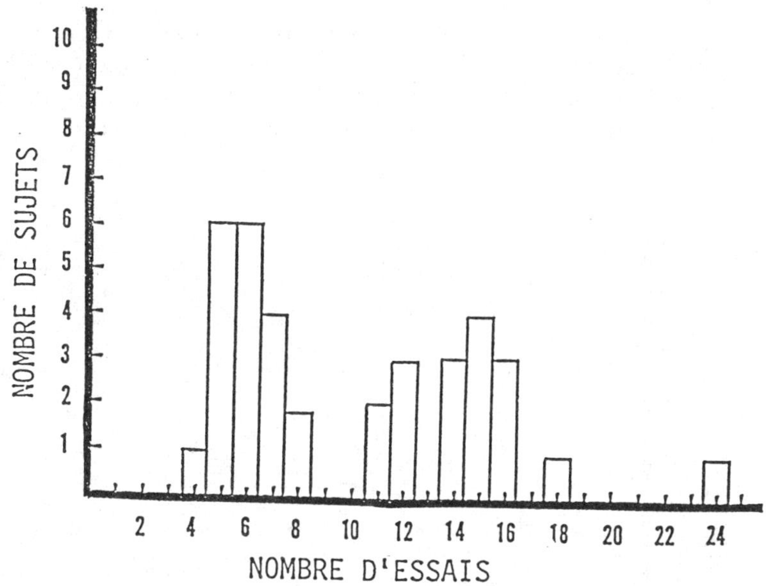

FIG. 1. — Distribution des réponses observées au cours de la phase I d'une expérience d'habituation : 19 sujets (âgés de 17 semaines) ont atteint le critère (50 % de réduction) en 4 à 8 essais : ils sont dits « rapides » ; 17 l'ont atteint en plus de 11 essais, et sont dits « lents » [21].

— *Distribution of trials to criterion during the first stage of the experiment is distinctly bimodal: 19 infants (17 weeks old) reaching the proportional criterion level (on half) from 4 to 8 trials are designed as "fast"; 17 infants reaching the criterion in 11 or more trials are designed as "slow" habituators [21].*

D. La lisibilité du phénomène d'habituation

Obtenir qu'une réponse diminue sous l'effet de la répétition ne suffit pas pour conclure à une habituation. Il faut donc souligner l'importance de la phase dite de récupération qui doit logiquement suivre la première phase à laquelle nous nous sommes arrêtés. La mesure d'habituation consiste dans le rapport du taux de récupération à celui de la décroissance, la Figure 2 donne un exemple de cette relation. Si on a négligé de procéder à l'ultime contrôle par la présentation d'un stimulus partiellement ou entièrement nouveau, faute de pouvoir établir ce rapport, l'habituation reste simple conjecture [32]. Si le déroulement de l'expérience a été mené à terme et que la récupération escomptée ne s'est pas produite, ou apparaît faible, l'habituation peut être mise en doute et l'évolution observée interprétée en termes de saturation des organes récepteurs ou d'adaptation. Par exemple, les résultats de Kittner et Lipsitt [46], qui avaient constaté chez des nouveau-nés de 3 jours une nette réduction de la décélération cardiaque en réponse à des sons purs, mais sans que la décélération s'amplifiât à nouveau lorsqu'on changeait de tonalité, ont suscité de telles discussions.

Un débat identique se poursuit actuellement autour de l'habituation visuelle du nouveau-né. Débat d'interprétation, certes, mais qui met l'accent sur des questions de méthode mal résolues. On a toujours cherché à mettre en évidence l'habituation visuelle, au cours des premières semaines de vie, dans

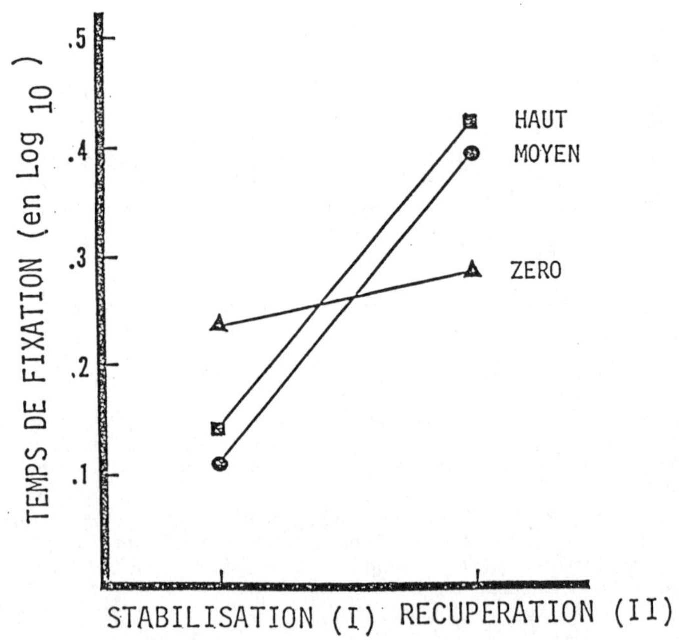

FIG. 2. — Taux de récupération obtenus par les sujets de la figure précédente, selon trois niveaux de variation (élevé, moyen, nul) introduits entre les stimulus familiers et nouveaux. Il n'y a pas de différence selon que les sujets s'étaient montrés rapides ou lents dans la première phase, aussi ont-ils été regroupés pour chacune des trois conditions : le fait d'avoir mis plus longtemps à s'habituer n'entraîne pas une récupération moins bonne [21].

— *Recovery (obtained by the same infants than in fig. 1) to three levels of discrepancy. There is no difference between fast and slow habituation as shown in fig. 1 thus, slow habituation does not improve a good recovery [21].*

la perception de forme, en présentant, à courte distance des yeux, des figures dont les variations introduites pour mesurer une récupération sont qualitativement importantes et intéressent à la fois plusieurs dimensions (changement global de forme ou, par exemple, changement d'épaisseur et d'orientation des contours, de position et de forme des éléments de composition). La Figure 3 donne un exemple des stimulus présentés par Slater et al. [66] à des bébés de 6 jours. Salapatek [62] et Bronson [13] doutent qu'une décroissance du temps de fixation visuelle sur ce type de stimulus signifie une habituation, en raison de l'immaturité fovéale (elle interdirait le maintien d'une fixation au point qu'on a pu se demander si le bébé humain ne se conduisait pas comme un animal a-fovéé), de l'absence de convergence binoculaire, de l'organisation générale des réponses visuelles précoces (prédominance périphérique, incapacité à maîtriser ou réguler la saccade oculaire, etc.). Quelques résultats nouveaux comme ceux rapportés par Cohen et Menten [18] et par Slater et al. [65] inclinent à réviser ces conclusions en distinguant les effets de familiarisation qui, au cours des deux premières semaines, se traduisent le plus souvent par un allongement des fixations et en tenant compte d'une variabilité

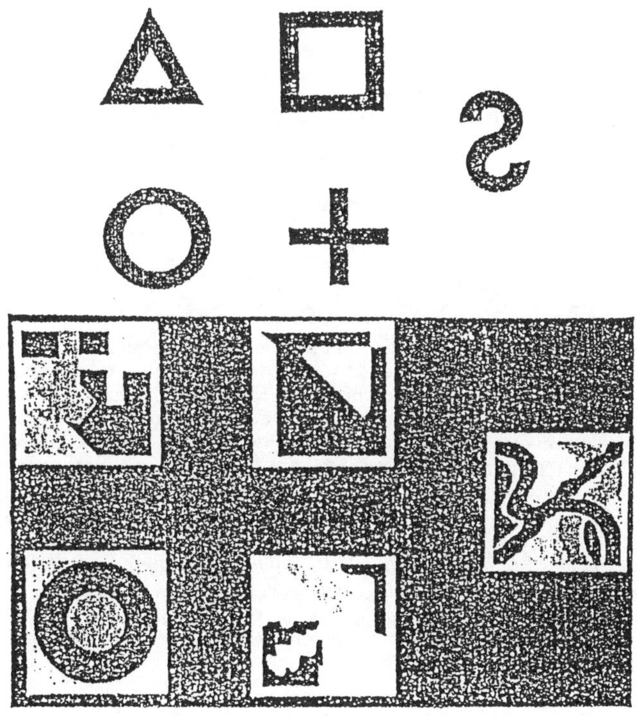

FIG. 3. — Exemple de stimulus simples et complexes utilisés pour mesurer l'habituation visuelle chez le nouveau-né. Slater, Morison et Rose [66].

— *Simple and complex figures used by Slater, Morison and Rose [66] for measuring newborn's visual habituation.*

inter-individuelle considérable. La Figure 4, empruntée à Slater et al., montre les évolutions de réponse constatées pour différents stimulus. On voit bien que l'évolution mesurée pour des stimulus complexes incite encore à la prudence.

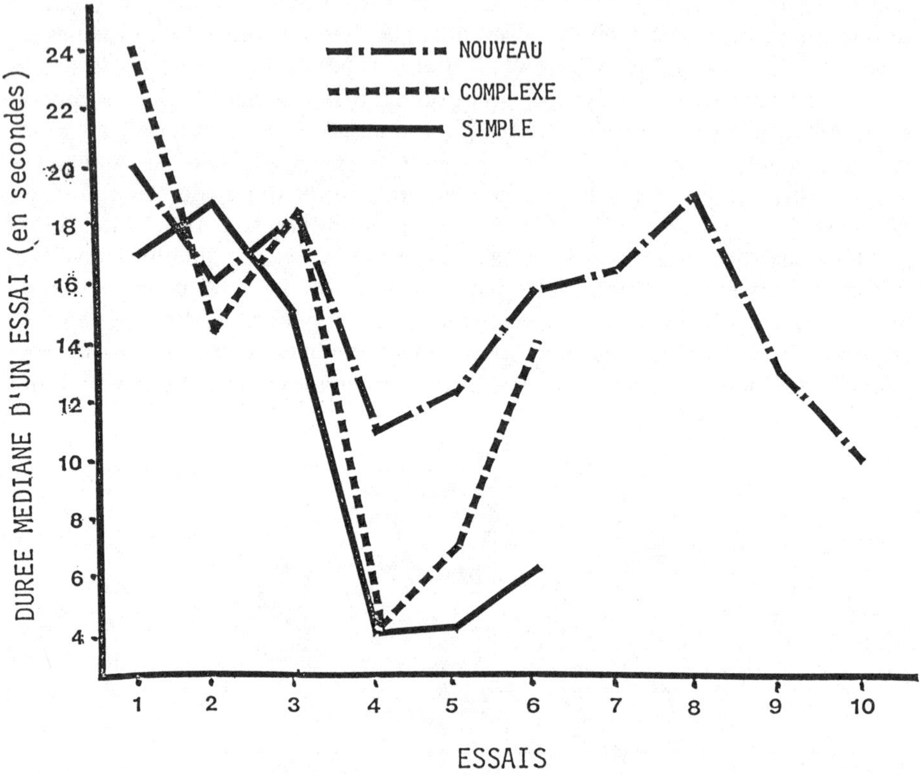

FIG. 4. — Evolution des temps de fixation visuelle à des stimulus simple et complexe, chez le bébé de 3 à 6 jours. Les essais portés en abscisse correspondent aux deux phases successives : les réponses aux stimulus simple et complexe représentant la phase I. La majorité des sujets a atteint le critère de diminution requis en 6 essais. Cependant, il n'y a pas de stabilisation pour le stimulus complexe. La récupération obtenue pour un stimulus nouveau représente la phase II, ici superposée à la première. Le décours des réponses montre une nouvelle habituation en 4 essais, donc accélérée, mais non stabilisée [66].

— *Fixation times presented by newborns from 3 to 6 days of life to simple and complex stimulus. Trials on abscisse represent the two successive stages: responses to simple and complex stimulus are from the stage I. Habituation criterion reached in a mean of 6 trials. But the response level to a complex stimulus is no stabilized. Responses to a new stimulus correspond to the stage II of the experiment: they show a recovery, at first, and then an accelerated new habituation, but no stabilization [66].*

E. Le contrebalancement, condition de généralisation des résultats

En raison des difficultés énumérées ci-dessus, et parce qu'une habituation observée pour une stimulation déterminée, représentant une relation S-R particulière, est néanmoins jugée représentative d'une modalité ou d'une sphère d'activité, on s'étonne que des précautions simples, susceptibles de garantir l'extrapolation ne soient pas systématiquement prises. L'extrapolation demande, pour être valable, de s'assurer que la récupération n'est pas due à une attractivité spécifique de la stimulation nouvelle. Plus les différences introduites entre le stimulus dit *« habituateur »* et le stimulus *« récupérateur »* sont importantes, plus grand est le risque que la réponse soit due à d'autres variables que la nouveauté, plus ambiguë la liaison étudiée. Aussi, l'utilisation symétrique, contrebalancée, des deux stimulus apparaît-elle comme une requête de bon sens. Cependant, toutes les expériences d'habituation ne s'y soumettent pas. Elles se bornent souvent à une comparaison entre un groupe expérimental soumis à une phase de récupération, et un groupe contrôle pour lequel, aux essais de la première phase, on ajoute un nombre d'essais équivalant à celui qui constitue la seconde phase pour l'autre groupe, sans changement dans la stimulation. Engen et Lipsitt [28] qui avaient procédé ainsi pour tester l'habituation olfactive chez le nouveau-né avaient, par précaution, pris comme stimulus récupérateur une odeur déjà testée dans une autre expérience [27]. Meyers et Cantor [53], Mc Call et Kagan [52] ont divisé leur population et assigné les sujets, au hasard, à un stimulus habituateur parmi plusieurs. Cela leur a permis de hiérarchiser les différences entre ceux-ci et le stimulus récupérateur qui, lui, était le même pour tous. Kinney et Kagan [45] ont repris ce schéma, en le compliquant, pour évaluer l'attention, portée par des bébés de 7 à 8 mois, respectivement à des mélodies instrumentales et verbales.

III. — L'HABITUATION, FAIT DE DÉVELOPPEMENT COGNITIF

C'est autant par la cohérence des résultats apportés que par l'étendue de ses applications qu'une méthode prouve sa fécondité et se valide. Des milliers de recherches ont recouru à l'habituation. Et c'est bien dans l'étude des premiers âges de la vie qu'elle s'est montrée le plus fructueuse. Considérée comme le signe d'une activité de prise d'information et de mise en mémoire, on pourrait supposer que le phénomène lui-même n'autorise guère de spéculations aventureuses. Pourtant, les faits d'habituation quand ils concernent le bébé, s'ils recueillent un consensus large, ne sont pas l'objet d'un assentiment unanime et continuent d'alimenter des divergences.

Deux thèmes majeurs parcourent et dirigent les débats, qui ont trait aux conceptions du développement et orientent les interprétations. Le premier concerne les aspects cognitifs du phénomène et se centre sur la question de savoir s'il représente bien un traitement de l'information. Le second traite de la valeur de pronostic accordée couramment à l'habituation. Ces deux thèmes sont parfois confondus, ils sont, de toute évidence, liés. Nous les distinguerons soigneusement ici par commodité.

Mais, avant de les exposer, il nous faut rappeler quelques données sur les débuts du développement, qui interviennent dans les discussions et alourdissent les interrogations.

Rappel de quelques traits caractéristiques du développement précoce

a) La labilité des réponses comportementales observées au début de la vie crée, nous l'avons souligné, un premier obstacle. Elle est due aux changements d'état brusques qui caractérisent le nouveau-né et le jeune nourrisson et à l'indistinction relative de certains états, nettement différenciables chez l'enfant et l'adulte. On sait combien les niveaux d'activation, mesurés par les variations des rythmes électroencéphalographiques sont délicats à établir. De grands progrès ont certes été accomplis, grâce aux progrès des techniques et moyens de mesure ; les rythmes de veille et de sommeil sont désormais décelables non seulement chez le nouveau-né à terme, mais chez le prématuré autour de la 32e semaine d'âge gestationnel [24, 25, 26]. On a pu utiliser ces connaissances pour mesurer, par des changements dans les rythmes de sommeil, des habituations à des stimulus qui avaient préalablement acquis une signification pour les sujets [49, 59]. Il n'en reste pas moins que, selon les structures nerveuses interrogées, les distinctions s'avèrent plus ou moins faciles [76]. L'état comportemental n'est pas, lui non plus, intelligible d'emblée à l'observation : un nouveau-né, allongé sur le dos dans son berceau, qui ne crie ni ne pleure, ne manifeste que des mouvements segmentaires lents (élever les mains, bouger une jambe) et garde les yeux ouverts est-il en état de veille attentive, ou dans un état passif, de veille diffuse ? Ce calme prélude-t-il au sommeil ou bien à une excitation généralisée, dont les causes ne pourront être supposées ou détectées qu'a posteriori ? Ces ambiguïtés ont conduit à repérer les séquences comportementales les plus fréquentes, à rassembler des indices nombreux pour définir des configurations typiques et finalement, à proposer des échelles permettant d'estimer la réactivité potentielle du bébé [40, 57]. On a pu montrer que les facteurs externes influent sur le passage d'un état à un autre : On a constaté [76], par exemple, que les bébés nourris au sein sont plus actifs avant la tétée qu'après, alors que le contraire se produit chez les bébés nourris au biberon. Cela incite à penser que le contrôle de l'état de vigilance, astreinte de plus en plus respectée par les chercheurs, ne suffit pas et que la périodicité des cycles doit être, elle aussi, considérée [14]. Enfin, la difficulté à maintenir le sujet dans un état stable au long d'une expérimentation demeure une des difficultés majeures et une des plus fréquemment invoquées pour rendre compte de conclusions divergentes quant à l'habituation.

b) Le développement n'est pas uniforme ; ni la maturation du système nerveux, ni la croissance organique. Le nouveau-né se présente comme une mosaïque d'âges biologiques différents [71]. Des décalages nombreux persistent tout au long de l'enfance. Robert Debré remarquait ainsi qu'un enfant a à la fois « l'âge de son squelette et celui de son intelligence » qui ne sont pas les mêmes. En psychologie, les théories désormais classiques du développement ont, semble-t-il, mésestimé ou négligé ces différences au profit d'une orientation générale. La théorie piagétienne, en particulier, a insisté sur les indices d'harmonie globale. Mais les différences observées, surtout chez le tout-petit, incitent d'une part à tenir soigneusement compte des capacités fonctionnelles des systèmes directement ou indirectement sollicités, et d'autre part, à s'interroger sur les rapports entre compétence et conduite, ou de manière plus générale, entre niveau de maturation et développement comportemental. De toute évidence, ces rapports n'apparaissent pas simples et doivent se lire à double sens [5]. Ainsi, les capacités reconnues au système visuel, malgré son immaturité relative à la naissance, ne définissent pas l'organisation perceptive observée. Il faut souligner que, si les deux premières années de la vie sont rythmées par l'apparition de nouvelles fonctions (la marche, le langage) et de nouvelles conduites (les constances perceptives, la permanence de l'objet), elles le sont aussi par des disparitions (par exemple celle, rapide, des réflexes dits « archaïques » ; celle, plus lente, de la réponse de succion) et par des changements dans les systèmes de réponse déjà efficients aux premiers jours de la vie : il en va ainsi des réponses visuelles, de l'imitation, de la préhension, etc. Le bébé de moins de 3 mois présente des fixations visuelles en général plus longues que celles d'un bébé plus âgé]16]. Des réponses d'anticipation peuvent se substituer, dès 4-5 mois, à une poursuite. Le décours des réponses d'orientation demeure mal connu [4, 41].

Souligner ces problèmes n'éloigne pas autant qu'on le pourrait croire de l'habituation. C'est en référence aux évolutions connues ou supposées qu'est déterminé le statut des réponses habituées à un âge donné, ou que peut être expliqué un échec. Plus encore en dépend le pronostic fondé sur un taux et un rythme d'habituation observés.

A. L'habituation, témoignage d'une activité cognitive précoce

Que l'habituation témoigne d'une activité, qu'elle soit une sorte d'apprentissage, n'est pas contesté. Mais où la placer, dans la hiérarchie des apprentissages ? Parce qu'elle se rencontre très précocement, parce que toutes les espèces y sont sensibles à des degrés divers, parce que les niveaux d'élaboration ou de contrôle qu'elle suppose ne s'entendent pas clairement, Thorpe [70] doute qu'elle exprime une activité réellement cognitive. A la suite de Razran [58], il y voit seulement « un précurseur rudimentaire » des capacités adaptatives, ce qui incite à considérer l'habituation, chez le nouveau-né et le nourrisson, autrement que celle de l'adulte. Les premières habituations, en raison notamment de l'absence de contrôle cortical, montreraient non que le bébé extrait de la stimulation proposée des informations traitables, mais qu'elle est pour lui dénuée de signification, faute d'effets biologiquement éprouvables tels que, par exemple, combler la faim. La seule information tirée pourrait se résumer à « ce n'est pas intéressant ». L'habituation résulterait alors d'une alerte instantanée mais non durable. Les réactions à la nouveauté qui, dans bien des cas, apparaissent relatives à la quantité des variations introduites, manifesteraient une nouvelle mise en alerte due à des changements globaux, voire à des variables de situation non contrôlées, coïncidentes, comme un déplacement de l'expérimentateur, un bruit parasite, une variation de la luminosité ambiante, etc. L'habituation, dans le premier mois de la vie, serait en fait peu discernable d'autres phénomènes, d'inhibition ou d'adaptation [44, 78].

L'accélération des rythmes et la croissance des taux d'habituation et de récupération en fonction de l'âge masqueraient des différences qualitatives importantes dans le processus d'habituation. Vurpillot et al. [72] semblent partager ce point de vue en postulant que « pendant les deux premiers mois de son existence, le bébé humain répond à une situation globale incluant les messages sensoriels de toutes les modalités, aussi bien intéro-qu'extéro-et proprioceptives » ; par conséquent « on peut penser que l'habituation se fait à cette situation globale et que n'importe quelle modification apportée à celle-ci est susceptible d'entraîner une réaction à la nouveauté ». Pour le montrer, elles ont soumis des bébés de 6 à 17 semaines à la situation suivante : une balle rayée de couleurs vives était présentée en périphérie du champ visuel, avec une telle excentricité que le sujet devait tourner la tête pour la voir. Après atteinte d'un critère relatif (diminution de 50 % du temps de fixation) ou après

15 essais, la même balle apparaissait, à une place symétrique, de l'autre côté de l'enfant. Trois essais-test composaient cette phase de récupération. Les enfants de moins de 3 mois ont réagi au changement de place. Ceux qui avaient répondu au critère ont augmenté significativement leur temps de fixation. Cette augmentation, en revanche, n'est pas apparue chez les enfants de plus de 3 mois. L'habituation précoce serait donc à considérer comme un indice de réactivité générale, et non comme une réponse élaborée.

La thèse que nous venons d'exposer a, en fait, reçu peu d'adhésions, excepté sur l'idée que des changements qualitatifs pourraient affecter l'habituation, comme bien d'autres réponses [47].

De nombreuses données s'inscrivent à l'encontre des propositions de Thorpe :

— d'abord, on a pu distinguer, dans les réponses soumises à répétition, des aspects différents, liés respectivement à la détection du stimulus et à une extraction d'information. Cohen [16], Finlay et Ivinskis [31] ont montré que la durée et l'amplitude de la décélération cardiaque varient selon qu'un stimulus visuel est présenté en périphérie ou au centre du champ et que, plus la présentation est longue, plus lent est le retour au rythme de base ;

— les modifications introduites, dans certaines recherches, pour tester une récupération, après diminution de la réponse, ne sont détectables qu'à l'analyse et supposent une conduite exploratrice [17]. On en trouve de nombreux exemples dans les recherches menées ces dernières années sur la perception visuelle. Les stimulus choisis sont souvent des configurations formées d'éléments figuraux discrets dont on peut varier soit la forme ou l'orientation (différences dites « de trait »), soit l'agencement (différences de structure), soit les deux conjointement. Or, l'habituation a pu être obtenue très tôt, à toutes les variations, mais elle n'a pas toujours été plus rapide ni plus forte quand deux variations se conjuguaient. Les résultats recueillis par Dineen et Meyer [22] montrent qu'une habituation établie sur une différence de trait est supérieure à celle mesurée pour une différence de structure à 3 mois. Younger et Cohen [77], adoptant un critère d'exercice (8 essais), obtiennent une diminution significative des temps de fixation à des figures angulaires chez des enfants de 6 et de 14 semaines. Les tests de récupération comprenaient des figures dont l'orientation ou l'angle variaient. Les résultats à l'épreuve de récupération sont résumés dans la Figure 5. Enfin, les données les plus récentes [66] confirment que le bébé de quelques jours manifeste des possibilités d'analyse limitées ; elles cèdent devant une trop grande complexité, mais sont néanmoins bien réelles ;

— enfin, les effets d'une anesthésie obstétricale [10, 75] témoignent a contrario du statut cognitif de l'habituation dès les premiers jours de vie. D'autre part, l'emploi d'autres méthodes, conditionnement opérant, recueil de potentiels évoqués, etc., a permis de confirmer que le bébé est d'emblée capable d'apprendre et de mémoriser [2, 60].

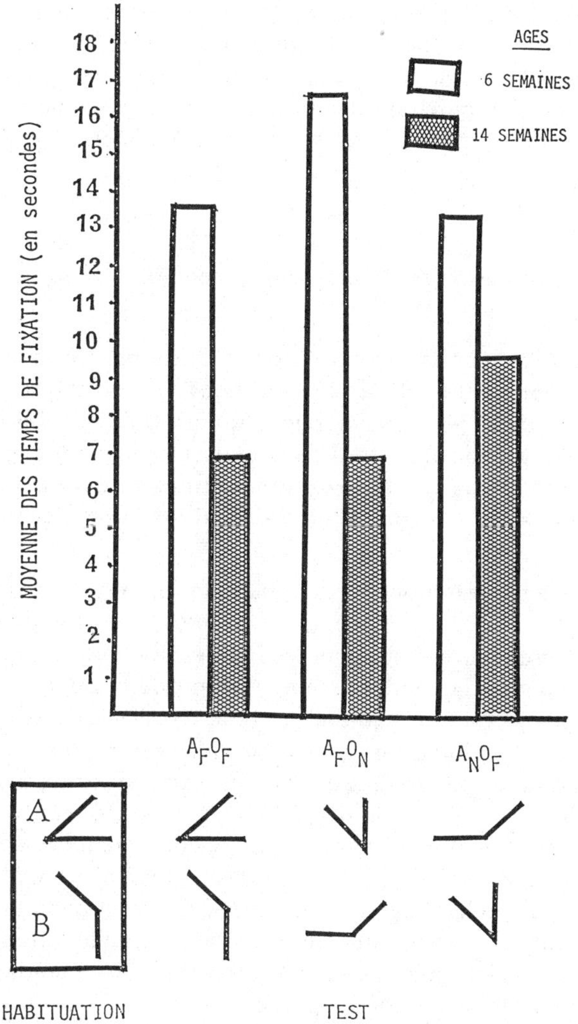

FIG. 5. — Analyse du stimulus et habituation. Le premier histogramme (double : pour 6 semaines et 14 semaines) indique les temps de fixation recueillis à des stimulus identiques aux stimulus habituateurs. Il donne donc, pour chaque âge, un niveau de base de la réponse. Le deuxième (réponse à des stimulus d'angle familier et d'orientation nouvelle) et le troisième (angle nouveau, orientation familière) montrent que, à 6 semaines, seule la différence d'orientation entraîne un allongement des temps de fixation (récupération) alors qu'à 14 semaines, seule la différence d'angle produit le même effet [77].

— *Relations between stimulus analysis and habituation: the first histogram (6 and 14 weeks old infants) show fixation time to the same stimulus than in the habituation first stage which can be considered as a basic level. Second and third histograms show that the only new orientation makes a difference in fixation time by 6 weeks olds and the only new angle value makes a difference for 14 weeks olds [77].*

On dispose donc d'un corps d'arguments en faveur du statut cognitif de l'habituation précoce. Cela ne veut pas dire que les processus qui le gouvernent sont les mêmes que ceux qui le régissent plus tard. Mais cela signifie clairement que la capacité à traiter et retenir de l'information est présente dans les sytèmes immatures. Les performances des prématurés viennent étayer cette assertion [3].

B. L'habituation, pronostic de développement cognitif

La valeur de pronostic dévolue à l'habituation précoce n'est pas toujours affirmée explicitement et ne dépend pas toujours du statut qui lui est accordé. Dès 1969, Lewis et al. [48] considéraient qu'une faible habituation chez le nouveau-né laisse prévoir un retard dans le développement cognitif ultérieur. Vue comme apprentissage de base, on lui a attribué les vertus de facilitation à long terme mises en évidence chez l'Animal (via une élévation du niveau d'activation).

A chaque âge, les procédures d'habituation révèlent des différences inter-individuelles : le plus souvent, les résultats se distribuent de façon bi-modale et permettent de distinguer les rapides des lents, les bons des faibles habitués. D'aucuns se demandent si une portion de la population ne se situe pas ailleurs : celle des « non-habituables », les études faites sur les bébés ont souvent exclu des exploitations les sujets dont les réponses, au cours des répétitions, ne se sont pas réduites, mais ont varié aléatoirement. Kagan [42] a recensé, parmi 70 bébés soumis à des épreuves d'habituation visuelle, 16 rapides, 18 lents, 26 « inhabituables » qui se contentent d'un bref coup d'œil au stimulus, à chaque apparition, et s'en désintéressent ensuite. Ces derniers apparaissent d'emblée hétérogènes aux autres. Ce n'est pas, suivant la nature des réponses sollicitées, toujours aussi évident. Quelle prédiction peut-on avancer pour ces sujets jugés offensants et dont on a tendance à taire le nombre ? Aucune réponse n'est proposée.

Pour les autres, rapides et lents, forts et faibles, la valeur prédictive accordée à l'habituation demande qu'on ait d'abord éprouvé la relative stabilité de leur rythme ou de leur taux d'habituation, à l'échelle individuelle. Pécheux et Lecuyer [56] le jugent fiable, à partir de corrélations par rang calculées entre deux épreuves successives, écartées d'une semaine et dont l'ordre a été contrebalancé. Bornstein [7] l'atteste également et se livre à des comparaisons inter-individuelles à long terme entre les rythmes et taux d'habituation mesurés à 4 mois, les performances en matière de production de vocabulaire à 12 mois et les performances au *Wisc* à 4 et 6 ans. Les liaisons trouvées le poussent à voir dans l'habituation du bébé un bon précurseur du développement cognitif. Mais ces conclusions soulèvent trop de questions méthodologiques sur la validité d'une confrontation entre des distributions de formes différentes (multimodale dans l'habituation et gaussienne dans les tests d'intelligence) et sur la pertinence et la valeur des corrélations pour être admises sans réserves. Les comparaisons entre l'habituation précoce et des conduites cognitives d'émergence ultérieure sont encore trop rares pour que le pronostic fondé sur l'habituation sorte du domaine de l'hypothèse pour entrer dans celui des faits.

CONCLUSION

Si le phénomène se lit clairement, son intelligibilité n'apparaît pas aussi évidente. Signe d'activité cognitive, c'est-à-dire sélection, l'habituation appartient à la constellation comportementale de l'apprentissage. A ce titre, elle manifeste une plasticité, la plasticité nécessaire à toute adaptation. Cela n'engage pas pour autant à supposer que l'habituation s'effectue au même niveau et ait le même sens chez tous les organismes, ou toutes les espèces ou même, chez l'Homme, d'un âge à l'autre de la vie.

La procédure s'avère, quand les difficultés inhérentes au sujet sont résolues, d'emploi facile ; les résultats recueillis grâce à elle militent incontestablement en faveur de son utilisation pour s'assurer de capacités fonctionnelles et repérer des réponses, des organisations comportementales précoces. On avance dans la connaissance de ses mécanismes. Toutefois, la signification des évolutions rencontrées, leur importance dans et pour le développement ne sont pas encore rigoureusement définissables ni généralisables. L'outil a fait ses preuves, il ne peut cesser d'être lui-même objet d'étude.

BIBLIOGRAPHIE

[1] ALEKSANDROWICZ M.K. and ALEKSANDROWICZ D.R. — Obstetrical pain-relieving drugs as predictors of infant behavior variability. *Child Development, 54,* 935-945, 1974.

[2] APPLETON T., CLIFTON R.K. and GOLDBERG S. — The development of behavioral competence in infancy. In: *Review of child development,* 1981, edited by F.D. Horowitz.

[3] BARNARD K.E. and BEE H.L. — The impact of temporally patterned stimulation on the development of preterm infants. *Child Development, 54,* 1156-1167, 1983.

[4] BERG W.K. — Cardiac orienting responses of 6 and 15 week-old infants, *Journal of Experimental Child Psychology, 17,* 303-312, 1974.

[5] BLOCH H. — Les relations entre les paliers de maturation biologique et les organisations comportementales. In : *Le développement dans la première année,* edited by S. de Schonen, Paris, P.U.F., 207-224, 1983.

[6] BLOCH H. et ROCCA B. — Variations du rythme cardiaque et habituation à la position et à la forme chez le prématuré et le nouveau-né à terme. Communication effectuée, 8e ISSOD meeting (Tours), 1985.

[7] BORNSTEIN M.H. and RUDDY M. — Infant attention and maternal stimulation: prediction of cognitive and linguistic development in singletons and twins. In: H. Booma and D.G. Bouwhuis (Eds.), *Attention and Performance,* Vol. 10, London, LGA, 433-445, 1983.

[8] BRACKBILL Y. — The role of the cortex in orienting. Orienting reflex in an anencephalic human infant. *Developmental Psychology, 5,* 195-201, 1971.

[9] BRACKBILL Y. and FITZGERALD H.E. — Development of the sensory analyzers during infancy. In: *Advances in child development and behavior,* edited by L.P. Lipsitt and H.W. Reese, Vol. IV, New York, Academic Press, p. 173-208, 1969.

[10] BRACKBILL Y., KANE J., MANNIELLO R.L. and ABRANSON D. — Obstetric premedication and infant outcome. *American Journal of Obstetrics and Gynecology, 118,* 377-384, 1974.

[11] BRAZELTON B. — *Neonatal behavioral assessment scale,* London, Heinemann, 1973.

[12] BRONSHTEIN A.I., ANTONOVA T.G., KAMENETSKAYA A.G., LUPPOVA N.N. and SYTOVA V.A. — On the development of the functions of analyzers in infants and some animals at the early stage of ontogenesis. In: *Problems of evolution of physiological functions.* Moscow: USSR Academy of Sciences, 1958.

[13] BRONSON G. — *The scanning patterns of human infants,* Norwood, N.J. Ablex, 1982.

[14] CAMPOS J.J. and BRACKBILL Y. — Infant-state Relationships to heart rate, behavioral response and response decrement. *Developmental Psychobiology, 6,* 9-19, 1973.

[15] CLIFTON R.L. and NELSON M.N. — Developmental study of habituation in infants: the importance of paradigm, response system and state. In: T.J. Tighe and R.N. Leaton (Eds.), *Habituation,* Hillsdale, LGA, 1976, p. 159-205.

[16] COHEN L.B. — Attention-getting and attention-holding processes of infant visual preferences. *Child Development, 43,* 869-879, 1972.

[17] COHEN L.B., GELBER E.R. and LAZAR M.A. — Infant habituation and generalization to differing degrees of stimulus novelty. *Journal of Experimental Child Psychology, 11,* 379-389, 1971.

[18] COHEN L.B. and MENTEN T.G. — The rise and fall of infant habituation. *Infant Behavior and Development, 4,* 269-280, 1981.

[19] CONWAY E. and BRACKBILL Y. — Delivery medication and infant outcom: An empirical study. *Monographs of the Society for Research in Child Development, 35,* n° 4, 24-34, 1970.

[20] DE CASPER A.J. and SIGAFOOS A.D. — The intrauterine heart-beat: potent reinforcer for newborns. *Infant Behavior and Development, 6,* 19-25, 1983.

[21] DE LOACHE J. — Rate of habituation and visual memory in infants. *Child Development, 47,* 145-154, 1976.

[22] DINEEN J.T. and MEYER W.J. — Developmental changes in visual orienting behavior to featural vs structural information in the human infant. *Developmental Psychobiology, 13,* 123-130, 1980.

[23] DODGE R. — Habituation to rotation. *Journal of Experimental Psychology, 6,* 1-35, 1923.

[24] DREYFUS-BRISAC C. — The bioelectrical development of the central nervous system during early life. In: *Human Development,* edited by F. Falkner, New York, Saunders Ed., 1966.

[25] DREYFUS-BRISAC C. — Organization of sleep in prematures: implications for caretaking. In: M. Lewis and L.A. Rosemblum, *The effects of the infant on its caregiver,* New York, Wiley, 1974, p. 123-140.

[26] DUBOWITZ L.M. — *The neurological assesment of the preterm and full-term newborn infant.* CDM 79, Lavenhem, Lavenhem Press, 1981.

[27] ENGEN T., LIPSITT L.P. and KAYE H. — Olfactory responses and adaptation in the human neonate. *Journal of Comparative and Physiological Psychology, 56,* 73-77, 1963.

[28] ENGEN T. and LIPSITT L.P. — Decrement and recovery of responses to olfactory stimuli in the human neonate. *Journal of Comparative and Physiological Psychology, 59,* 312-316, 1965.

[29] FANTZ R. — Visual experiences in infants: Decreased attention to familiar patterns relative to novel ones. *Science, 146,* 668-670, 1964.

[30] FEIGLEY D.A., PARSONS P.J., HAMILTON L.W. and SPEAR N.E. — Development of habituation to novel environments in the rat. *Journal of Comparative and physiological Psychology, 79,* 443-452, 1972.

[31] FINLAY D. and IVINSKIS A. — Cardiac and visual responses to stimuli presented both foveally and perypherally as a function of speed of moving stimuli. *Developmental Psychology, 18,* 692-698, 1982.

[32] FRIEDMAN S., NAGY A.N. and CARPENTER G.C. — Newborn attention: differential response decrement to visual stimuli. *Journal Experimental Child Psychology, 10,* 44-51, 1970.

[33] GRAHAM F.K., CLIFTON R.K. and HATTON H.M. — Habituation of heart rate response to repeated auditory stimulation during the first five days of life. *Child Development, 39,* 35-52, 1968.

[34] GROVES P.M. and THOMSON R.F. — Habituation; A dual process theory. *Psychological Review, 77,* 419-450, 1970.

[35] GROVES P.M. and THOMSON R.F. — A dual process theory of habituation: Neural mechanisms. In: *Habituation,* edited by H.V.S. Peeke and M.J. Herz. Vol. 2: *Physiological substrates,* New York, Academic Press, 1973.

[36] HALE G.A. and LEWIS M. (Eds.) — *Attention and cognitive development,* New York, Plenum Press. 1979.

[37] HORN G. and HINDE R.A. (Eds.) — *Short-term changes in neural activity and behavior,* Cambridge (England), Cambridge University Press, 1970.

[38] HOROWITZ F.D., PADEN L., OHANA K. and JELF P. — An infant-control procedure for studying infant visual fixations. *Developmental Psychology, 7,* 90-97, 1972.

[39] HULL C.L. — *Principles of behavior,* New York, Appleton-Century-Crofts, 1943.

[40] HUTT S.J. and HUTT C. — *Direct observation and measurement of behavior,* Springfield, Thomas, 1970.

[41] JEFFREY W.G. — The orienting reflex in cognitive development. *Psychological Review, 75,* 323-334, 1968.

[42] KAGAN J. — *Change and continuity in infancy,* New York, Wiley, 1971.

[43] KANDEL E.R. — *Cellular basis of behavior. An introduction to invertebrate neurobiology,* San Francisco, Freeman, 1976.

[44] KIMMEL H.D. — Inhibition of the unconditioned response in classical conditioning. *Psychological Review, 73,* 232-240, 1966.

[45] KINNEY D.K. and KAGAN J. — Infant attention to auditory discrepancy, *Child Development, 47,* n° 1, 155-164, 1976.

[46] KITTNER S. and LIPSITT L.P. — Obstetric history and the heart rate response of newborns to sounds. *Developmental Medicine and Child Neurology, 18,* 460-470, 1976.

[47] LANGSDORF P., IZARD C.E., RAYIAS M. and HEMBREE E.A. — Interest Expression visual fixation, and heart rate changes in 2 to 8 month-old infants. *Development Psychology, 19,* n° 3, 375-386, 1983.

[48] LEWIS M., GOLDBERG S. and CAMPBELL H.A. — A developmental study of information processing within the first three years of life: response decrement to a redundant signal. *Monographs of the Society for Research in Child Development, 34,* n° 9, (b), 1969.

[49] LIPSITT L.P. — Learning capacities of the human infants in Brain and early behavior. In: *Development in the fetus and infant,* edited by R.J. Robinson, New York, Academic Press, 227-245, 1969.

[50] LIPSITT L.P., REILLY B.M., BUTCHER M.J. and GREENWOOD M.M. — The stability and interrelationships of newborn sucking and heart rate. *Developmental Psychobiology, 9,* 305-310, 1976.

[51] LIPSITT L.P. — La cognition chez le nouveau-né. In : *Médecine néo-natale,* édité par P. Vert et L. Stern, Paris, Masson, 1985, p. 60-73.

[52] Mc CALL R.B. and KAGAN J. — Individual differences in the infant's distribution of attention to stimulus discrepancy. *Developmental Psychology, 2,* 90-98, 1970.

[53] MEYERS W.J. and CANTOR G. — Observing and cardiac responses of human infants to visual stimuli. *Journal of Experimental Child Psychology, 5,* 16-25, 1967.

[54] MUIR D. and FIELD J. — Newborn infants orient to sounds. *Child Development, 50,* 431-436, 1979.

[55] PATTERSON M.M., CEGAVSKE C.F. and THOMPSON R.F. — Effects of a classical conditioning paradigm on hindlimb flexor nerve response in immobilized spinal cat. *Journal of Comparative and Physiological Psychology, 84,* 88-97, 1973.

[56] PECHEUX M.G. and LECUYER R. — Habituation rate and free exploration tempo in 4 month-old infants. *International Journal of Behavior Development, 6,* 37-50, 1983.

[57] PRECHTL H.F.R. — Assessment and significance of behavioral states. In: S.R. Herenberg (Ed.), *Brain, foetal and infants*, The Hague, M. Nijkoff, 1977.

[58] RAZRAN G. — *Mind in evolution*, Boston, Houghton Mifflin, 1971.

[59] ROSE S.A., SCHMIDT K. and BRIDGER W.H. — Changes in tactile responsivity during sleep in the human newborn infant. *Developmental Psychology, 14*, 163-172, 1978.

[60] ROVEE COLLIER C. — Infant memory, ICIS meeting, New York, 1984.

[61] SAAYMAN G., AMES E.W. and MOFFETT A. — Response to novelty as an indicator of visual discrimination in human infant. *Journal of Experimental Child Psychology, 1*, 189-198, 1964.

[62] SALAPATEK P. — Pattern perception in early infancy. In: *Infant perception: from sensation to cognition*, edited by B. Cohen and P. Salapatek, Vol. 1, New York, Academic Press, 1975, p. 133-248.

[63] SAMEROFF A.J. — Learning and adaptation in infancy: A comparison of models. In: *Advances in child development and behavior*, edited by H.W. Reese, Vol. 7, New York, Academic Press, 1972, p. 169-214.

[64] SLATER A., MORISON V. and ROSE D. — Visual memory at birth. *British Journal of Psychology, 73*, 519-525, 1982.

[65] SLATER A., MORISON V. and ROSE D. — Perception of shape by the newborn baby. *British Journal of Developmental Psychology*, 135-140, 1983.

[66] SLATER A., MORISON V. and ROSE D. — Habituation in the newborn. *Infant Behavior and Development, 7*, 183-200, 1984.

[67] SOKOLOV E.N. — Modeling properties of the nervous system. In *Handbook of contemporary Soviet psychology*, edited by I. Maltzman and M. Cole, New York, Basic Books, 1969, p. 10-115.

[68] THOMSON R.F. and GLANZMAN D.L. — Neural and behavioral mechanisms of habituation and sensitization. In: T.J. Tighe and R.N. Leaton (Eds.), *Habituation*, Hillsdale, LGA, 1976, p. 49-93.

[69] THOMSON R.F. and SPENCER W.A. — Habituation: A model phenomenon for the study of neuronal substrates of behavior. *Psychological Review, 173*, 16-43, 1966.

[70] THORPE W.H. — *Learning and instinct in animals.* (2nd ed.), Cambridge, Massachusetts, Harvard University Press, 1963.

[71] TOUWEN B.C.L. — Biological vs chronological age in neural development. EBBS meeting. *Neurobiology of Development*, Groningen, 36-38, 1982.

[72] VURPILLOT E., PECHEUX M.G. and JACQUET A.Y. — Habituation to the stimulus or to the response: some developmental date. *Communication at the 3rd I.C.I.S.*, Austin, 1982.

[73] WAGNER A.R. — Priming in STM: An information-processing mechanism for self-generated or retrieval generated depression in performance. In: *Habituation. Perspectives from Child Development, Animal behavior and Neurophysiology*, edited by T.J. Tighe and R.N. Leaton, Hillsdale, N.J., LEA, 1976.

[74] WILLIAM J.M., HAMILTON L.W. and CARLTON P.L. — Ontogenetic dissociation of two classes of habituation. *Journal of Comparative and Physiological Psychology, 89*, 733-737, 1975.

[75] WOLFF P. — Observation on newborn infants. *Psychosomatic Medicine, 21*, 110-118, 1959.

[76] WOLFF P. — The causes, controls, and organisation of behavior in the neonate. *Psychological Issues, 5*, (17, Whole n° 1), 1-105. 97, 1966.

[77] YOUNGER B.A. and COHEN L.B. — *Infant perception of angular relations.* Paper presented at the International Conference of Infant Studies, Austin, Texas, March, 1982.

[78] ZEAMAN D. and HOUSE B.J. — The role of attention in retardate discrimination learning. In: *Handbook of mental deficiency*, edited by N.R. Ellis, New York, Mc Graw-Hill, 1963.

[79] ZELAZO P.R., BRODY L.R. and CHAÏKA H. — Neonatal habituation and dishabituation of head turning to rattle sounds. *Infant Behavior and Development, 7*, 311-321, 1984.

Comportements, n° 3, 1985, 55-68.

CHAPITRE III

L'ACTIVITÉ ORALE DU NOURRISSON COMME INDICE DU COMPORTEMENT

André BULLINGER

Université de Genève
Faculté de Psychologie
24, rue Général-Dufour, 1211 Genève 4, Suisse.

Philippe ROCHAT

University of Pennsylvania
Department of Psychology
3813-15 Walnut Street T3, Philadelphia 19104 P.A., USA.

BULLINGER A. et ROCHAT P. — L'activité orale du nourrisson comme indice du comportement. In: *Etudier l'enfant de la naissance à 3 ans.* Edité par P.M. Baudonnière, collection *Comportements.* Paris, C.N.R.S., 1985, p. 55-68.

Ce travail situe l'activité orale du nourrisson dans le courant des recherches contemporaines. Les techniques d'acquisition de paramètres biomécaniques de l'activité orale permettent d'acquérir des données non seulement sur la succion proprement dite mais également sur les activités orales d'exploration de propriétés physiques des stimulus intra-oraux. L'utilisation de l'activité orale comme moyen de réponse à des stimulations atteignant d'autres modalités sensorielles, telles la vision et l'audition, permet d'évaluer les capacités d'apprentissage instrumental du bébé. L'important problème théorique de la place de l'activité orale dans l'organisation du sujet et son évolution avec le développement est évoqué.

Nourrisson - Activité orale - Succion non nutritive - Exploration - Discrimination perceptive - Développement - Perception tactile - Intermodalité - Compétence du nourrisson.

BULLINGER A. and ROCHAT P. — Oral activity, as an index of the Young Infant's behavior. In: *Studying the preschooler from birth to three years of age.* Edited by P.M. Baudonnière, collection *Comportements*, Paris, C.N.R.S., 1985, p. 55-68.

In this chapter, the oral activity of the infant is considered within the context of contemporary infant research. The recording techniques of the infant's oral activity allow for the measurement of a variety of biomechanical parameters, including sucking as well

Ce travail a été effectué avec l'aide du Fonds National Suisse de la Recherche Scientifique Subsides N° 1.588-0.82 (A. Bullinger) et N° 81.082-0.83 (P. Rochat)

oral exploration. Sucking is viewed as having a nutritional function, whereas oral exploration is seen to have a perceptual function (i.e., exploration of the physical properties of the intra-oral stimulus).

Oral activity has provided a useful measure of response to stimuli in other sense modalities (i.e., vision, audition), and allows for evaluation of the infant's instrumental learning capacities. The important theoretical issue regarding the status of oral activity within the infant's developing sensori-motor organization is also discussed in this chapter.

Infant - Oral Activite - Non-Nutritive Sucking - Oral Exploration - Perceptual Discrimination - Early Development - Tactile Perception - Intermodality - Infant Competence.

Les conduites orales du nourrisson peuvent être considérées sous plusieurs aspects. Dans ce chapitre, nous allons les envisager comme un ensemble de conduites complexes dont certains aspects sont biologiquement déterminés, et présents dès avant la naissance. Les liaisons qu'entretient l'oralité avec le milieu font que les conduites qui lui sont attachées ont un très large spectre d'intervention allant de l'ingestion d'aliments à l'exploration et la manipulation. Nous restreindrons notre approche en excluant les dimensions relationnelles et nous nous cantonnerons à présenter l'activité orale dans la perspective expérimentale.

I. — CARACTÉRISTIQUES DU SIGNAL ET TECHNIQUE D'ENREGISTREMENT

En première approximation, l'activité orale de succion peut se définir comme une activité rythmique ayant une structure relativement rigide dans ses composantes temporelles : au sein d'un train de succion le temps séparant chaque succion (t) est l'élément qui est le plus stable. L'amplitude de chaque succion (a) peut varier progressivement au sein d'un même train. La durée d'un train de succion (T) et des pauses (P) sont les paramètres où l'on peut observer la plus grande variabilité (cf. Fig. 1).

Classiquement, ce signal est obtenu dans des situations de succion non-nutritive à l'aide d'une tétine raccordée à un dispositif pneumatique qui

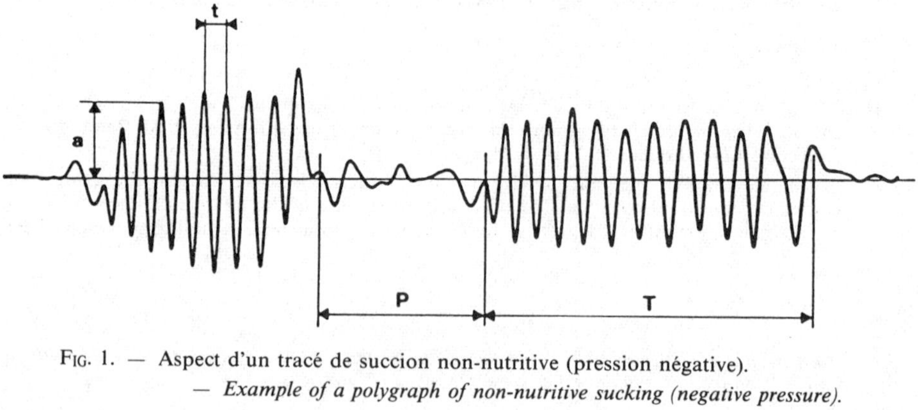

FIG. 1. — Aspect d'un tracé de succion non-nutritive (pression négative).
— *Example of a polygraph of non-nutritive sucking (negative pressure).*

traduit en un signal électrique la pression négative (force de succion) exercée par l'enfant sur le dispositif, le plus souvent c'est la dérivée de ce signal qui est prise en compte offrant ainsi une ligne de base stable.

Si l'on rentre dans plus de détails, il faut relever qu'à cette pression négative est associée une pression positive qui correspond aux déformations mécaniques exercées sur la tétine par les lèvres, les gencives, la langue et le palais. Cette déformation mécanique est toujours associée à l'activité de succion ; elle peut néanmoins exister isolément, perdant alors une grande partie de sa structure rythmique. Le signal de pression positive recueilli sera attribué à des mouvements actifs de la bouche comparables à une palpation manuelle d'exploration. Il faut relever que généralement l'amplitude de ce signal est sensiblement plus faible, représentant entre 15 et 35 % du signal de pression négative (Fig. 2).

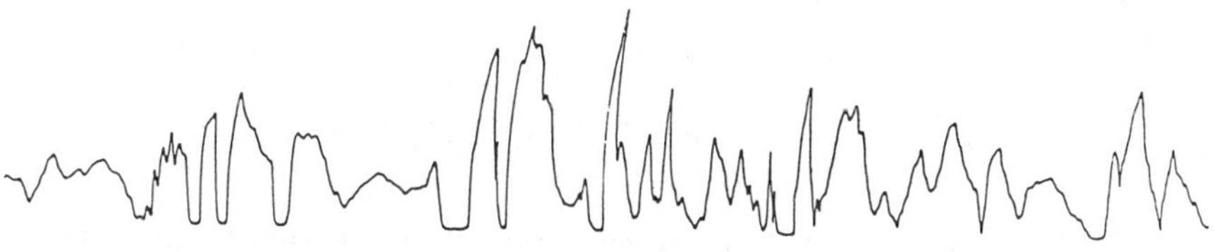

FIG. 2. — Aspect d'un tracé d'exploration (pression positive).
— *Example of a polygraph of oral exploration (positive pressure).*

Les premiers dispositifs qui permettent des recherches de type expérimental sont décrits par Balint [5]. Kron, Stein, Goddard [30] proposent également un dispositif permettant de mesurer la pression négative de succion et mentionnent quelques dispositifs antérieurs dont celui de Herz [25] en 1865 déjà. Sameroff [49] décrit un dispositif qui permet d'enregistrer simultanément les pressions positive et négative. La technique d'acquisition de ces paramètres est schématiquement décrite avec la figure 3. Cet appareil peut délivrer un fluide selon ces deux composantes : soit en fonction de la pression négative exercée par l'enfant sur la tétine, soit en fonction de la pression positive. Dans cette dernière situation, l'expérimentateur choisit un niveau de pression délivrant une quantité de liquide déterminée.

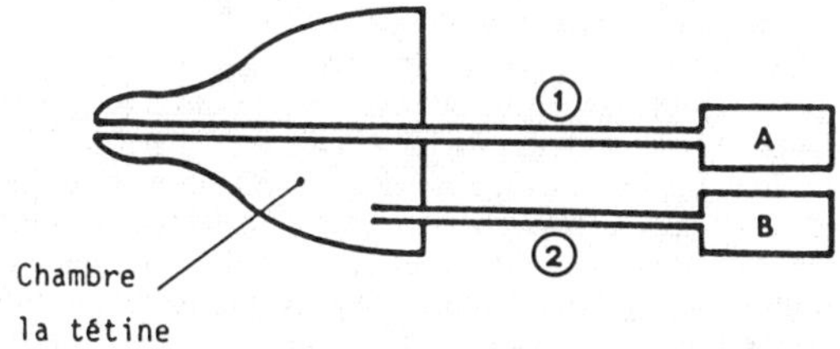

FIG. 3. — Schéma de principe du dispositif :
La pression négative (force d'aspiration) est recueillie par le dispositif en (1).
La pression positive est recueillie en (2), elle correspond aux déformations mécaniques subies par la tétine.
Des capteurs de pression (A, B) situés en aval peuvent recueillir et traduire en signaux électriques ces pressions et leurs variations.

— *Diagram of the recording device:*
The negative pressure (suction strength) is received at point (1).
The positive pressure is received at point (2). It corresponds to the mechanical deformations of the nipple.
Strain gauges (A, B) placed below can receive and translate them into electrical signals.

Dans son principe, le dispositif n'a pas beaucoup évolué depuis. Delucia [15] apporte des améliorations techniques en offrant la possibilité de varier les fluides délivrés par le dispositif aussi bien en fonction de la pression négative que positive. Dès les années 1970, la liaison avec un ordinateur a permis une grande souplesse d'utilisation, une diversification et un contrôle du type de renforcement délivré au bébé. Ces dispositifs ne permettent pas de recueillir l'activité orale lorsque le bébé est en situation nutritive avec un biberon normal. En effet, les quantités de fluides délivrées ne sont pas comparables à celles obtenues avec un biberon standard et c'est abusivement que l'on a parlé de « succion nutritive » dans ces situations. Le vocable exact qu'il faudrait adopter est celui de « succion non-nutritive renforcée ». Des dispositifs [38, 32, 43] ont été développés pour mettre en évidence la conduite alimentaire de succion. Le principe du dispositif le plus récent reprend l'idée du dispositif utilisé par Lezine et all. C'est la déformation mécanique de la tétine qui fournit le signal, il ne s'agit donc plus d'un signal de pression positive ou négative. Cependant la comparaison avec une même chaîne de traitement (filtrage et amplification) des deux types de signaux montre que ceux-ci sont parfaitement comparables [43]. De plus, ce dernier dispositif permet d'avoir un indice décrivant les tractions et les poussées exercées sur la bouteille par la personne qui tient la bouteille. Cet indice du « dialogue » entre le bébé et la personne qui prend soin de lui pourrait compléter heureusement des descriptions cliniques faites à ce propos, d'autant que le dispositif technique est peu encombrant et a été conçu pour interférer le moins possible avec une séance normale de nourrissement.

II. — RAPPEL HISTORIQUE

Il faut constater que la littérature expérimentale utilisant la conduite de succion est très peu fournie en ce domaine jusqu'au moment où ces moyens techniques sont disponibles. Preyer [44] relève : « ...la succion prolongée d'une bouteille de caoutchouc, vide, qui dure pendant des heures, et qui constitue en Thuringe un moyen éminemment répréhensible, employé pour calmer les enfants, prouve, tout comme la succion des linges et des doigts quelques minutes après la naissance (d'après Champneys) que la déglutition n'est pas nécessaire pour que la succion persiste. » [44] p. 214.

La conduite de succion a été considérée pendant longtemps comme invariable, rigide parce que présente dès la naissance. Cependant, Marquis [37], en 1931, enregistre les mouvements de succion en plaçant sous le menton du bébé un ballonnet relié pneumatiquement à un enregistreur à cylindre de Marey. Elle montre pour la première fois les possibilités de conditionnement de la conduite de succion. Une de ses conclusions préfigure bien le large champ de recherches que nous connaissons maintenant : « Since habit formation may begin so early, the sharp lines drawn by some writers in their classification of some acts as instinctive and some acts as learned must viewed with some hesitation. » [37] p. 490. A la même époque, Piaget [42] décrit la conduite de succion du nouveau-né comme étant susceptible de modification.

Un important travail [28] se réfère entre autres à ces premières observations et pose les fondements de tout un courant de recherche où la succion prend statut de paradigme en permettant d'inférer les diverses capacités sensorielles du bébé. Dès ces années, les recherches expérimentales vont se multiplier dans deux directions principales. La première peut se caractériser par le fait qu'il n'y a pas de liaison directe entre activité orale et les propriétés de stimuli visuel ou auditif, il y a simplement coïncidence temporelle. Dans ces cas l'effet a été décrit comme inhibiteur : une présentation d'un stimulus visuel [24] ou auditif [50] lorsque le bébé est en train de sucer inhibe partiellement cette conduite. On peut situer cette réponse comme une manifestation du réflexe d'orientation [53]. L'interprétation de ces résultats a donné lieu à controverses [28]. Semb et Lipsitt [48] en distinguant les moments où le stimulus intervient, éclaircissent le débat : ils montrent que lorsque le stimulus arrive lors de la succion il y a suppression de cette activité. Par contre lorsque le stimulus arrive durant une pause, on observe une activation de la succion. Voir aussi [23]. La seconde direction de recherche est caractérisée par le fait que les stimuli délivrés sont strictement liés à l'activité de succion. C'est le plus souvent un niveau de pression négative déterminé qui déclenche l'apparition du stimulus. Cette liaison va être non seulement intra-orale mais également solliciter les systèmes visuel ou auditif. La technique consiste, après avoir observé le niveau moyen de l'amplitude de la succion non-nutritive, à décider d'un seuil au-delà duquel pour chaque succion ou train de succion dépassant ce seuil on va délivrer une stimulation. Si le bébé est sensible à ce renforcement, on observera généralement une augmentation de la durée des trains de succion, une augmentation de l'amplitude des succions et un accroissement du temps entre succions (correspondant au « Inter Response Time » anglo-saxon et au « t » de la figure 1).

Siqueland et Delucia [53] chez des bébés de 4 à 12 mois montrent que ceux-ci sont susceptibles, sur la base de stimulations visuelles contingentes à l'activité orale, d'augmenter cette activité. Brown [7], dans une expérimentation très lourde où des nouveau-nés sont maintenus éveillés pendant une heure environ, montre qu'une réponse instrumentale est possible pour des stimulations intra-orales. Dans ce travail la durée de l'expérimentation pose le problème du maintien de la vigilance du bébé. Le taux de rejet de 60 % des bébés testés rapporté par Brown montre la limite de la méthode en ce qui concerne la durée du test. Milewski et Siqueland [40] avec une population de bébés de 4 semaines mettent en évidence l'effet de saturation (qui entraîne une baisse progressive de l'activité orale) et la capacité qu'a le bébé de retourner à un niveau antérieur d'activité lorsque le stimulus est changé (et qu'il détecte le changement). Il semble qu'on arrive là à un niveau où l'outil méthodologique, devenu fiable, va donner lieu à un grand nombre de recherches [12]. Nous n'entrerons pas dans les problèmes liés au paradigme d'habituation et de réaction à la nouveauté qui sont traités dans d'autres chapitres de cet ouvrage (cf. Bloch, Haith).

III. — PLASTICITÉ ET LIAISON AVEC L'ORGANISATION SENSORIMOTRICE D'ENSEMBLE

Dans beaucoup des recherches mentionnées, la nature des liens entre l'activité orale et les autres modalités sensorielles sollicitées est supposée stable. Il n'y a pas de place théorique pour une réélaboration de type cognitif du rôle de l'activité orale au sein de l'organisation du sujet. Cette hypothèse (non formulée) de stabilité autorise l'interprétation des résultats en termes de progrès des capacités de discrimination des systèmes sensoriels. Une exception majeure à cette approche : Bruner [9] relève, chez le bébé de 4 semaines qui suce et regarde un spectacle visuel, qu'une intense activité visuelle entraîne une très forte inhibition de l'activité orale. Ce tableau change avec le développement. A 6 semaines, l'auteur décrit une conduite d'alternance : pendant les pauses le bébé regarde intensivement alors que pendant la succion proprement dite l'attention visuelle se relâche. Bruner émet l'hypothèse que la prise en compte du stimulus visuel intervient pendant les pauses : le bébé gère ainsi en successif les stimulations orales et visuelles. La dernière étape décrite par l'auteur est celle d'une action intégrée, l'enfant regarde attentivement lorsqu'il suce. Pour Bruner la contradiction entre ces résultats et ceux obtenus en situation de règle dépendante tient au fait que dans les situations « naturelles » il n'y a pas de liaison causale entre activité orale et état du stimulus (visuel ou auditif), alors que dans les autres situations le bébé gère lui-même le contrôle du stimulus en utilisant la conduite de succion comme une activité instrumentale intelligente, non déterminée biologiquement.

Un autre aspect de la conduite orale relevé par l'auteur concerne la dissociation qui semble s'installer entre pressions positive et négative au sein même de l'activité de succion : "...If, however, one inspects the polygraph record it is apparent that, although positive mouthing followed its rhythmic course, negative suctioning dropped out. The infant used the positive mouthing pattern as a place-holding operation until he had looked at the object, and then he returned to suctioning so that nutritional activity could start again." [9, p. 215]. Cette perspective est intéressante. Dans les travaux contemporains à ce texte, auxquels Bruner a participé [26], les pressions positive et négative sont dissociées mais aucune différence n'est observée dans des situations où l'on fait varier l'horaire du renforcement nutritif. Dans la recherche de Kalnins et Bruner [27] où l'on retrouve un lien artificiel entre une activité orale et un spectacle visuel, les auteurs malheureusement ne précisent pas s'il s'agit de la pression positive ou négative qui était reliée aux variations du stimulus...

En retournant à des recherches plus anciennes [51] centrée expressément sur la possibilité de dissocier « expression » (pression positive) et succion (pression négative), on retrouve ce phénomène : l'auteur relève que la succion est étroitement liée à l'expression alors que l'inverse n'est pas vrai. A ce propos il note : "Exclusive of mouthing (the irregular, low-frequency, low amplitude manipulation of the nipple in the mouth that appears as expression in records of the sucking responses), a number of sucking responses occurred in which the suction component was absent..." [51, p. 613]. Pour notre part, nous poserons le problème de la manière suivante : l'activité d'expression comprend des mouvements de basses fréquences, peu réguliers et de faibles amplitudes. La manipulation expérimentale qu'impose Sameroff à cette activité « met en forme » cette conduite puisqu'il ne va renforcer que les patterns positifs comparables à ceux de la pression négative (succion). On peut conclure que la pression positive, moins strictement reliée à l'activité alimentaire, est susceptible de modification. Elle est en quelque sorte libérée lorsque le besoin alimentaire est satisfait. Dubignon et Campbell [17] montrent en effet qu'une dissociation entre succion et expression ne semble intervenir que dans le dernier quart d'une situation de nourrissement.

Si à l'intérieur même d'un repas le type d'activité est modulé par les besoins du bébé, avec le développement cette dissociation va être encore plus marquée [46]. On se trouve donc en face de ce que nous appelons des instrumentations différenciées d'un outil sensorimoteur. L'hypothèse générale de la stabilité, au travers du développement, de la place de cette activité dans l'organisation d'ensemble du sujet nous semble devoir être maniée avec plus de prudence.

Sur cet aspect particulier des liens entre activité orale et d'autres modalités sensorielles, relativement peu de recherches ont été menées. Les capacités de détection périphérique (évaluées par l'orientation du regard vers une cible périphérique) sont diminuées lorsqu'une activité orale est engagée [36]. Le lien entre la posture, le type de nourrissement (sein ou biberon) et l'aspect quantitatif de l'activité orale déployée par le nouveau-né a été étudié. On a montré [10] l'extrême sensibilité du nouveau-né aux manipulations posturales. Des nouveau-nés (70 heures) nourris au sein (qui sont soumis nécessairement à deux postures différentes) et ceux nourris à la bouteille (la posture est alors fondamentalement la même à tous les repas et dépend de la latéralité de la mère) se différencient dans leurs performances de succion non-nutritive. Les bébés nourris au biberon tètent significativement moins lorsque leur tête est tournée à gauche alors que les bébés nourris au sein ont des performances équivalentes dans toutes les postures de tête explorées. Ces résultats sont cohérents avec ceux d'Alegria et Noirot [3].

Ce type de résultats permet de saisir l'intérêt qu'il y a à étudier dans des situations alimentaires le dialogue qui s'installe entre le bébé et la personne qui prend soin de lui. La littérature en ce domaine est vaste (2, 32, 29) et sort nettement du cadre de ce chapitre. De plus, entre situation de laboratoire et nourrissement normal l'écart peut être grand comme le montrent Dubignon, Campbell, Curtis, Partington [18].

IV. — FONCTION PERCEPTIVE DE L'ACTIVITÉ ORALE

Nous avons vu que certaines techniques d'enregistrement de l'activité orale permettent de distinguer dans la réponse du nourrisson une composante de « succion » (pression négative) et une composante d'« expression » (pression positive). Nous avons aussi relevé que le signal d'expression se distingue de celui de succion par ses basses fréquences, ses irrégularités et ses plus faibles amplitudes. Cette différenciation recouvre deux conduites distinctes : fonction nutritionnelle dans le cas de la succion et fonction perceptive ou exploratoire dans le cas de l'expression.

L'activité de succion correspond à une conduite d'aspiration d'une substance se prolongeant en principe par une ingestion et une déglutition. Même dans le cas de succion non-nutritive, cette activité décrite parfois comme ayant une fonction « calmante » [8] telle que la succion du pouce ou d'une sucette, entraîne un accroissement de la salivation et une déglutition consécutive. Au contraire, l'activité d'expression qui, comme on l'a vu, peut être observée indépendamment d'une réponse de succion (l'inverse n'étant pas vrai) correspond davantage à une conduite d'exploration (mouthing) par pressions de la langue, des lèvres, des gencives et du palais sur l'objet intra-oral. Certains auteurs n'hésitent pas à qualifier cette composante de l'activité orale de « manipulation » [51] ou encore de « palpation » [41].

Dans la perspective du développement et dans des situations « non-nutritives », on [45, 46] observe entre la naissance et quatre mois que l'activité orale du nourrisson identifiable à de la palpation augmente significativement en fonction de l'âge.

C'est ainsi que très tôt le bébé manifeste des réponses orales différenciées, se montrant capable de contrôler d'une façon adaptée à la situation expérimentale différents registres d'action. Les recherches de Rochat suggèrent que les interactions orales du nourrisson avec différents objets réalisent une différenciation croissante des fonctions nutritionnelle et perceptive au cours des quatre premiers mois. L'activité orale du nourrisson, envisagée en tant qu'activité perceptive d'exploration, n'a inspiré que récemment un nombre important de travaux expérimentaux. On doit ce nouvel essor, entre autres, à la recherche de Meltzoff et Borton [39]. Ceci peut paraître étonnant si l'on considère que depuis longtemps les théories psychanalytiques présentent la zone orale non pas simplement comme un lieu d'actions alimentaires, mais aussi comme la zone primitive de la sensualité, selon la topologie du développement psychosexuel [21, 1]. Si l'activité orale est étroitement liée à une fonction de survie élémentaire, celle de ravitailler le corps en matériaux énergétiques, cette activité répond également à une nécessité d'échanges avec le monde extérieur dépassant le domaine du biologique. En observant le bébé dans ses états de veille et même de sommeil (tétée à vide), l'importance de la zone orale est évidente, pouvant apparaître comme le centre autour duquel gravite l'ensemble des comportements du nourrisson. Au début de la vie, la bouche se présente comme le lieu privilégié des transactions du nourrisson avec le monde qui l'entoure. Cette description au niveau de la conduite spontanée du bébé trouve un support au niveau anatomo-physiologique, lorsque l'on considère l'équipement sensoriel dont est dotée la bouche et la sensibilité extéroceptive potentielle qui la décrit. A part le sens de l'ouïe et celui de la vision, tous les autres systèmes extéroceptifs (tactile, gustatif et olfactif) ont des ramifications à l'intérieur de la bouche. Rappelons qu'en considérant la répartition des récepteurs sensoriels tactiles sur l'ensemble de la surface du corps, leurs plus fortes concentrations se trouvent sur la périphérie et à l'intérieur de la bouche, ainsi que sur la face interne des mains. De plus, à la haute définition tactile de la bouche s'ajoutent les composantes sensorielles intéroceptives attachées à la mobilité des lèvres, de la langue et des mâchoires.

Les compétences perceptives potentielles de la bouche sont donc importantes. Le contact oral avec l'objet « palpable » par la bouche est susceptible d'informer le sujet sur ses paramètres gustatifs, olfactifs, thermiques de même que physiques et spatiaux (rigidité, forme, texture, grandeur, etc.). L'activité orale considérée sous l'angle de sa fonction perceptive épuise donc potentiellement une longue liste des paramètres explorables d'un objet. La bouche apparaît alors comme un instrument perceptif privilégié pouvant être activement utilisé par le nourrisson, dès la naissance, bien avant l'utilisation systématique de la main en tant qu'outil d'exploration [47]. Pour reprendre la terminologie de Paillard [41], la zone orale est l'une des principales « bouches informationnelles » et constitue une surface privilégiée d'échange entre l'organisme et son environnement : « La palpation digitale de l'objet à explorer ou à identifier évoque irrésistiblement la palpation labiolinguale des objets saisis par la bouche et la palpation fovéale des formes visuelles à explorer » [41, p. 275]. La richesse de l'équipement sensoriel dont est dotée la bouche, la forte densité des récepteurs cutanés qu'elle contient, et l'étendue de leur représentation corticale dont nous n'avons pas parlé, sont autant d'éléments qui, se conjuguant au niveau comportemental avec une organisation de l'action fortement structurée dès la naissance, font de la modalité orale un système à part entière. Il se manifeste dès les premières heures de vie et est fonctionnellement comparable à l'œil et à la main. C'est dans ce contexte que l'activité orale du nourrisson comme indice du comportement est un outil précieux pour l'étude expérimentale du bébé.

V. — ACTIVITÉS ORALES ET ÉTUDE DES COMPÉTENCES DU NOURRISSON

A. Discrimination perceptive

La bouche est un outil tactile privilégié et le lieu, entre autres, de la sensibilité gustative. Sous l'angle de la fonction perceptive de la bouche, l'étude des modifications de l'activité orale (variable dépendante) en fonction d'une variation des dimensions physiques de la stimulation intra-orale (variable indépendante) peut informer le chercheur sur les capacités sensorielles de discrimination du nourrisson. Une série de travaux ont été entrepris dans cette perspective.

Crook [11] enregistre pendant douze minutes la réponse de succion (pression négative) du nouveau-né à qui il distribue consécutivement à chaque succion une goutte de 0,2 ml d'eau, soit pure, soit mélangée avec 5, 10 ou 15 % de sucrose. Crook observe que plus la concentration de sucrose est élevée, plus les trains de succion sont longs et plus les pauses sont courtes. Par ailleurs, avec l'augmentation de la concentration de sucrose, le temps séparant chaque succion s'allonge. Cet auteur montre qu'une variation du paramètre gustatif de la stimulation intra-orale peut affecter la structure réputée rigide de la succion du nouveau-né. Dès la naissance le bébé se montre capable de moduler son activité orale en fonction de cette variété de stimulations. En utilisant [34, 35] une procédure identique à celle de Crook mais avec en plus l'enregistrement de la réponse cardiaque du nouveau-né, Lipsitt conclut sur la base de ses propres travaux : « ... le liquide le plus sucré est (pour le nouveau-né) la substance la plus savoureuse. L'accélération du rythme cardiaque est un argument supplémentaire en faveur du substrat hédonique de ces réponses discriminatives vis-à-vis de différents liquides. » [357, p. 62].

Rochat [46] enregistre la composante d'expression (pression positive) de l'activité orale chez le nouveau-né et le nourrisson de deux mois lorsqu'une tétine sèche, trempée dans de l'eau ou encore trempée dans de l'eau avec 15 % de sucrose, est introduite successivement pendant 30 secondes dans la bouche du bébé. Sur la base de cette composante du signal, il n'observe pas de modification de la réponse du nourrisson en fonction de ces paramètres gustatifs de la stimulation. Néanmoins, les nourrissons de deux mois montrent en général davantage de réponses d'exploration (par opposition aux pressions positives régulières attachées à de la succion) que les nouveau-nés. Ces résultats avec ceux de ses autres recherches permettent de conclure que la réponse d'expression serait moins sensible aux paramètres gustatifs et orientée davantage sur les paramètres géométriques de la stimulation (forme, orientation, rigidité, etc.). Concernant ces paramètres, une tétine normale et un tube de laboratoire en caoutchouc d'une section d'environ 6 mm [33] ont été présentés à des nouveau-nés pendant 50 essais de 10 secondes alternativement. La tétine provoque davantage de succion (pression négative) que le tube. Par ailleurs, en fonction des essais, le rythme de la succion augmente avec la tétine et diminue avec le tube. Soucieux des implications cliniques de leurs résultats, Lipsitt et Kaye concluent que le contour et la texture (rigidité) sont des paramètres pertinents de la stimulation intra-orale pour optimaliser la réponse de succion du nouveau-né. Dans une autre recherche, Rochat [45] présente à des nouveau-nés et des bébés de quatre mois une série de tétines variant par leurs formes et leurs matériaux et enregistre la variation de pression positive exercée par la bouche sur ces tétines. L'analyse montre une interaction entre l'âge des bébés et le type de tétine palpée. Pour les nouveau-nés, le changement de matériau paraît pertinent à la modulation de leur activité orale alors que pour les bébés plus âgés, le seul changement de la forme des tétines entraîne des réponses différentes. Comme dans la recherche où les paramètres gustatifs du stimulus intra-oral étaient manipulés, on constate en général que la proportion du pattern de succion (pressions positives régulières) diminue significativement en fonction de l'âge alors que celui d'exploration (pressions positives irrégulières) augmente. Ces résultats soutiennent l'hypothèse que dans ce type de tâche non-nutritive l'activité orale du nourrisson recouvre davantage une fonction perceptive, orientant les nourrissons les plus âgés sur différents aspects de la stimulation.

B. Transfert intermodalité

L'évidence d'une capacité de discrimination tactile-orale chez le nourrisson a récemment été exploitée dans une série de recherches sur les capacités précoces de transfert intermodalité toucher-vision, et ceci à des âges où l'exploration manuelle est encore rudimentaire [22]. Nous avons déjà fait allusion au stimulant travail de Meltzoff et Borton [39] dont les résultats peuvent être résumés ainsi : après une période de familiarisation orale (90 sec.) où un objet est introduit dans la bouche du bébé sans être vu, un objet semblable est regardé plus longtemps lors d'une phase consécutive de test visuel où il est présenté aux côtés d'un autre objet « non-familier ». Meltzoff et Borton concluent que le bébé, âgé en moyenne de 29 jours, se montre capable d'extraire « oralement » des informations perceptives et de les transférer via la modalité visuelle. Du fait qu'un certain nombre de travaux ont eu des difficultés à répliquer ces résultats, et afin de confirmer ces données sur un plan moins inférentiel, certaines recherches récentes utilisant un paradigme analogue à celui de Meltzoff et Borton, analysent en plus l'activité orale lors de la phase de familiarisation. Cet indice devrait donner les moyens d'établir une relation entre la quantité, voire même la qualité de l'exploration tactile-orale d'une part, et les résultats du test en visuel d'autre part [4, 31, 16].

C. Apprentissage instrumental

Bruner [8] relève que l'activité de succion n'est pas uniquement au service de fonctions prédéterminées, telles que la nutrition, l'apaisement ou l'exploration, mais peut aussi être détournée et devenir une activité instrumentale intelligente. Une quantité de travaux existent maintenant, où l'activité orale du nourrisson et en particulier sa réponse de succion a été utilisée comme variable dépendante dans des situations d'apprentissage visuel et auditif. La tétine introduite dans la bouche du bébé a ainsi le statut de clef de réponse dont les mouvements modifient d'une façon déterminée par l'expérimentateur (variable indépendante) un spectacle sollicitant d'autres modalités perceptives. Citons à titre d'exemple le travail de DeCasper et Fifer [13] qui utilisent une telle procédure afin de déterminer si le nouveau-né différencie la voix enregistrée de sa mère, de celle d'une autre femme (étrangère). Pour un groupe de nourrissons, l'effection de trains de succion rapprochés (pauses courtes déterminées en fonction d'une calibration préalable pour chaque sujet) enclenche en cours de succion la voix enregistrée de la mère lisant un texte et que le bébé entend au travers d'écouteurs stéréophoniques. Au contraire, si le nourrisson espace ses trains de succion, la voix de la mère disparaît et est remplacée par la voix étrangère. Selon le plan d'expérience, un autre groupe de nourrissons est renforcé, à l'inverse, avec des pauses longues. DeCasper et Fifer constatent que le nouveau-né manifeste une préférence pour la voix maternelle, apprenant à la produire significativement plus que la voix étrangère. DeCasper, Prescott [14] reprennent cette expérience avec des voix d'homme (le père et une autre personne) et ne peuvent mettre en évidence de différence. Ce résultat est interprété par les auteurs comme un argument en faveur d'une expérience pré-natale décisive pour une préférence auditive. Ces recherches illustrent la richesse potentielle d'utilisation de l'activité orale du nourrisson en tant que réponse instrumentale. Signalons que cette procédure a été utilisée par beaucoup d'autres chercheurs qui ont mis en évidence les compétences précoces du nourrisson dans le domaine visuel [27, 40] et surtout avec beaucoup de succès dans le domaine de la perception de la parole [19, 20, 6].

CONCLUSIONS

Les divers aspects de l'activité orale abordés dans ce chapitre montrent que ce système sensorimoteur complexe, extrêmement bien équipé sur le plan sensoriel et différencié sur le plan moteur, est fonctionnel dès la naissance.

Grâce aux méthodes et techniques développées, on a non seulement pu mettre en évidence ces faits mais également utiliser cette entrée sensomotrice pour interroger d'autres modalités sensorielles.

La distinction soulignée entre succion et exploration est importante dans les perspectives cognitive et développementale. Cette instrumentation de l'activité orale pose le problème théorique plus général de la place et de la signification de cette activité dans ses multiples relations avec l'organisation d'ensemble du sujet. Cette problématique n'est pratiquement pas abordée dans la littérature contemporaine en ce domaine. Un effort dans cette direction permettrait peut-être un rapprochement avec le vaste domaine des recherches centrées sur le dialogue mère-enfant dans des situations alimentaires.

BIBLIOGRAPHIE

[1] ABRAHAM K. — The influence of oral eroticism on character formation. *Selected papers on psychoanalysis.* New York: Basic Books, 1954.

[2] AINSWORTH M.D.S. and BELL S.M. — Some contemporary patterns of mother-infant interaction in the feeding situation. In: *Stimulation in early infancy*, edited by A. Ambrose. New York: Academic Press, 1969, p. 133-170.

[3] ALEGRIA J. and NOIROT E. — Neonate orientation behaviour towards the human voice. *International Journal of Behavioral Development*, 1, 291-312, 1978.

[4] ALLEN T.W. — Oral-oral and oral-visual object discrimination. Paper presented at the Third International Conference on Infant Studies. Austin, Texas, mars 1982.

[5] BALINT M. — Individual differences of behavior in early infancy, and an objective method of recording them: I. Approach and the method of recording. II. Results and conclusions. *Journal of Genetic Psychology*, *73*, 57-117, 1948.

[6] BERTONCINI J. and MEHLER J. — Syllabes as units in infant speech perception. *Infant Behavior and Developement*, 4:3, 247-260, 1981.

[7] BROWN J. — Instrumental control of the sucking response in human newborns. *Journal of Experimental Child Psychology*, *14*, 66-80, 1972.

[8] BRUNER J.S. — *Processes of cognitive growth: infancy.* Clark University Press, 1968.

[9] BRUNER J.S. — Processes of growth in infancy. In: *Stimulation in early infancy*, edited by A. Ambrose. New-York: Academic Press, 1969, p. 205-225.

[10] BULLINGER A. and ROCHAT P. — Head orientation and sucking response by newborn infants. Poster presented at the Fourth Biennal International Conference on Infant Studies, New-York, 5-8 April 1984.

[11] CROOK C.K. — Taste stimulation and the temporal organization of neonatal sucking. In: *Taste and development: the ontogeny of sweet preference*, edited by J. Weiffenbach. Washington, D.C.: U.S. Government Printing Office, 1977, p. 146-158.

[12] CROOK C.K. — The organization and control of infant sucking. In: *Advances in child development and behavior*, edited by H.W. Reese and L.P. Lipsitt, vol. 14. New York: Academic Press, 1979, p. 209-246.

[13] DECASPER A.J. and FIFER W.P. — Of human bounding: Newborns prefer their mother's voices. *Science*, *208*, 1174-1176, 1980.

[14] DECASPER A.J. and PRESCOTT P.A. — Human newborns' perception of male voices: preferences, discrimination and reinforcing value. *Developmental Psychobiology*, *17*, 5, 481-491, 1984.

[15] DELUCIA C. — A system for response measurement and reinforcement delivery for infant sucking-behavior research. *Journal of Experimental Child Psychology*, *5*, 518-521, 1967.

[16] DONAGHY G. and ROCHAT P. — Combined oral and visual exploration by young infants in a cross-modal matching test. Manuscrit non publié, University of Pennsylvania, 1984.

[17] DUBIGNON J. and CAMPBELL D. — Sucking in the newborn during a feed. *Journal of Experimental Child Psychology*, *7*, 282-298, 1969.

[18] DUBIGNON J., CAMPBELL D., CURTIS M. and PARTINGTON M.W. — The relation between laboratory measures of sucking, food intake, and perinatal factor during the newborn period. *Child Development, 40,* 1107-1120, 1969.

[19] EIMAS P.D., SIQUELAND E.R., JUSCZYK P. and VIGORITO J. — Speech perception in infants. *Science, 171,* 303-306, 1971.

[20] EIMAS P.D. — Auditory and phonetic coding of the cues for speech: discrimination of the (r-l) distinction by young infants. *Perception and Psychophysics, 18,* 341-347, 1975.

[21] FREUD S. — *Trois essais sur la théorie de la sexualité.* Collection Les Documents Bleus, vol. 1. Trad. B. Reverdon, Paris, Nouvelle Revue Française, 1923.

[22] GIBSON E.J. and SPELKE E.S. — The development of perception. In: Handbook of Child Psychology, Edited by Paul H. Mussen. Vol. III, Edited by J.H. Flavell, E.M. Markman *Cognitive development,* New York: John Wiley and Sons, 1983, p. 1-76.

[23] GIRTON M.R. — Infant's attention to intrastimulus notion. *Journal of Experimental Child Psychology, 28,* 416-423, 1979.

[24] HAITH M.M. — The response of the human newborn to visual movement. *Journal of Experimental Child Psychology, 3,* 235-243, 1966.

[25] HERZ M. — Einige Bemerkungen über das Saugen der Kinder. *Jahrbuch Kinderheilk, 7,* 46-57, 1865.

[26] HILLMAN D. and BRUNER J.S. — Infant sucking in response to variation in schedules of feeding reinforcement. *Journal of Experimental Child Psychology, 13,* 240-247, 1972.

[27] KALNINS I.V. and BRUNER J.S. — The coordination of visual observation and instrumental behavior in early infancy. *Perception, 2,* 307-314, 1973.

[28] KAYE H. — Infant sucking behavior and its modification. In: *Advances in child development and behavior,* edited by L.P. Lipsitt and C.C. Spiker, vol. 3. New-York: Academic Press, 1967, p. 2-50.

[29] KAYE K. — Toward the origin of dialogue. In: *Studies in mother-infant interaction,* edited by H.R. Schaffer. New-York: Academic Press, 1977, p. 89-117.

[30] KRON R.E., STEIN M. and GODDARD K.E. — A method of measuring sucking behavior of newborn infants. *Psychosomatic Medecine, 25,* 181-191, 1963.

[31] LEPECQ J.C., SALZARULO P. and PECHEUX M.G. — Oral activities and oral-visual matching in infants. Poster présenté au 7ème meeting de l'ISSBD, Münich, 1983.

[32] LEZINE I., ROBIN M. et CORTIAL C. — Observations sur le couple mère-enfant au cours des premières expériences alimentaires. *Psychiatrie de l'enfant,* XVIII, *1,* 75-146, 1975.

[33] LIPSITT L.P. and KAYE H. — Change in neonatal response to optimizing and non-optimizing sucking stimulation. *Psychonomic Science, 2,* 221-222, 1965.

[34] LIPSITT L.P. — The Pleasures and Annoyances of infants: Approach and Avoidance behavior. In: *Origins of the infant's social responsiveness,* edited by E.B. Thoman. The Johnson and Johnson Baby Products Co. Pediatric Round Table, II, Hillsdale, N.J.: Erlbaum, 1979, p. 125-153.

[35] LIPSITT L.P. — Cognition et développement du nouveau-né. In: *Neonatal medicine,* edited by L. Stern et P. Vert. Bruxelles, 1985, in press.

[36] MACFARLANE A., HARRIS P. and BARNES I. — Central and peripheral vision in early infancy. *Journal of Experimental Child Psychology, 21,* 532-538, 1976.

[37] MARQUIS D.P. — Can conditioned responses be established in the newborn infant. *Journal of Genetic Psychology, 39,* 479-491, 1931.

[38] MARTIN DU PAN R. — L'examen de la succion chez le nouveau-né à terme et chez le prématuré. *Annales Paediatrici, 205,* 234-265, 1965.

[39] MELTZOFF A.N. and BORTON R.W. — Intermodal matching by human neonates. *Nature, 282,* 403-404, 1979.

[40] MILEWSKY A.E. and SIQUELAND E.R. — Discrimination of color and pattern novelty in one-month human infants. *Journal of Experimental Child Psychology, 19,* 122-136, 1975.

[41] PAILLARD J. — Les déterminants moteurs de l'organisation spatiale. *Cahiers de Psychologie, 14,* 4, 261-316, 1971.

[42] PIAGET J. — *La naissance de l'intelligence chez l'enfant.* Neuchâtel et Paris : Delachaux et Niestlé, 1936.

[43] PONT D., BULLINGER A. and ROCHAT P. — Recording system of infant oral response during regular feeding session. *Infant Behavior and Development, 7,* 533-535, 1984.

[44] PREYER W. — *L'âme de l'enfant* (Trad. H. de Varigny). Paris : Felix Alcan, 1887.

[45] ROCHAT P. — Oral touch in young infants: Response to variation of nipple characteristics in the first months of life. *International Journal of Behavioral Development, 6,* 123-133, 1983.

[46] ROCHAT P. — Oral activity by young infants: development of two differentiated patterns of response. Poster presented at the Fourth Biennal International Conference on Infants Studies. New York, 5-8 April 1984.

[47] RUFF H.A. — The development of perception and recognition of objects. *Child Development, 51,* 981-992, 1980.

[48] SEMB G. and LIPSITT L.P. — The effect of acoustic stimulation on cessation and initiation of non nutritive sucking in neonate. *Journal of Experimental Child Psychology, 6,* 4, 585-597, 1968.

[49] SAMEROFF A.J. — An apparatus for recording sucking and controlling feeding in the first days of life. *Psychonomic Science, 2,* 355-356, 1965.

[50] SAMEROFF A.J. — Nonnutritive sucking in newborns under visual and auditory stimulation. *Child Development, 38,* 443-452, 1967.

[51] SAMEROFF A.J. — The components of sucking in the human newborn. *Journal of Experimental Child Psychology, 6,* 607-623, 1968.

[52] SIQUELAND E.R. and DELUCIA C.A. — Visual reinforcement of nonnutritive sucking in human infants. *Sciences, 165,* 1144-1146, 1969.

[53] SOKOLOV Y.N. — *Perception and the conditioned reflex.* New York: Macmillan, 1963.

Comportements, n° 3, 1985, 69-92.

CHAPITRE IV

VISUAL EXPLORATION AND RELATIVE FIXATION TIME IN EARLY INFANCY

Marshall M. HAITH

University of Denver
2040 S. York Denver, Colorado 80208.

HAITH M.M. — Exploration visuelle et temps de fixation relatif dans les premiers mois de la vie. In : *Etudier l'enfant de la naissance à 3 ans.* Edité par P.M. Baudonnière. Collection *Comportements,* Paris, C.N.R.S., 1985, p. 69-92.

Une brève présentation des changements avec l'âge chez le bébé dans les processus visuels et dans le comportement visuel est suivie d'une discussion des méthodes qui sont utilisées pour étudier le balayage visuel du bébé et le temps de fixation relatif. Une discussion complémentaire de la manière dont l'âge affecte le choix des méthodes est menée. Des exemples sont présentés pour montrer comment ces méthodes ont été utilisées pour répondre aux questions posées par le fonctionnement sensoriel, perceptif et cognitif du bébé dans les premiers mois de la vie.

Nourrisson - Vision - Balayage visuel - Exploration - Perception - Méthode - Mouvements des yeux - Fixation.

HAITH M.M. — Visual exploration and relative fixation time in early infancy. In : *Studying the preschooler from birth to three years of age.* Edited by P.M. Baudonnière. Collection *Comportements,* Paris, C.N.R.S., 1985, p. 69-92.

A brief review of changes in infant visual processing and visual behavior with age is followed by a discussion of the methods that are used to study infant visual scanning and relative fixation time. A discussion of how age considerations affect the choice of methods is included. Examples are presented of how these methods have been applied to answer questions about sensory, perceptual and cognitive functioning in early infancy.

Infancy - Vision - Scanning - Exploration - Perception - Methodology - Eye movements - Fixation.

I thank Janette Benson, Marty Banks and Richard Aslin for their careful reading of the manuscript and helpful comments. The preparation of this manuscript and the research reported were assisted by National Institute of Mental Health Research Scientist Award, MH00367, and by National Institute of Mental Health research grant, MH23412.

INTRODUCTION AND OVERVIEW

Our knowledge about infant visual functioning has advanced spectacularly over the last two decades, and progress continues. Theoretical development facilitated growth in this field, but methodological breakthroughs provided the true impetus for recent advances. The investigator's tool-kit now includes "indirect" measures of visual responsiveness such as sucking behavior [36], limb movement [41], and heart rate [47], etc. More direct measures include electroretinography [10], brain electroencephalography [25], eye-movement electrooculography [23], ultrasound to detect eye movements in the fetus [14], retinal-to-cortical anatomy and, on the horizon, NMR imaging and positron-emission tomography of whole-brain functioning [31].

It is noteworthy, however, that most of the progress in this field has come from nontechnical, but careful observation of the infant's visual behavior—specifically, the direction of the infant's gaze. To Robert Fantz, we owe a debt for alerting scientists to this straightforward but profoundly important avenue of investigation. A somewhat more demanding refinement of this observational approach employs special recording and data-reduction routines to specify the sequence of the infant's fixations on a display, but the basic logic is the same. The principal goal of this chapter is to discuss these methods of studying infant visual behavior and the rationale for using one method as opposed to another.

Before surveying these methods, I will quickly review what is known about age changes in infants' visual processing and visual behavior. Information about these changes is important, because it affects the investigator's choice of method and interpretation of results. Following this review, I will discuss the methods for studying visual preference and exploration and will link the advantages and disadvantages of each to considerations of age changes in visual processing and behavior. Finally, examples will be presented of how these methods have been employed to study the development of sensory functioning, visual perception and memory. Because space is limited, my coverage of various topics will be necessarily brief. A number of literature reviews are available for more detailed coverage [7, 21, 38, 39, 46, 49, 52 and 54].

I. — OVERVIEW OF CHANGES IN VISUAL SYSTEM FUNCTIONING AND IN VISUAL BEHAVIOR IN EARLY INFANCY

Neurological, optical and behavioral components of the visual system function prior to birth but continue to develop for many months thereafter. Since these changes are continuous, there is no clear demarcation between maturity and immaturity of the visual system or any of its components.

However, there is fair agreement that most of the important changes in the basic "hardware" of the visual sensory and behavioral system is accomplished by 6 months of age. These first six months have been the primary focus of investigation.

A. Optical, anatomical and neurophysiological development of the visual system

The following discussion depends heavily on the detailed coverage of this topic by Banks [7]; the reader is also referred to Haith [38].

The optical qualities of the human eye are quite good at birth, certainly better than that of most other nonprimates. For example, the kitten is the animal most frequently used for research on early visual development, yet the optical components of the kitten eye are quite cloudy at birth. In contrast, the various optical media of the newborn human eye are clear although the eye is somewhat hyperopic, or farsighted. By the early school-age years, this average hyperopia of 1-2 diopters improves to 0 diopter. Astigmatism of about 1 diopter is also fairly common in the first months of life, but usually declines after the first year. Banks [7] maintains that the optical qualities of the human eye exceed the resolving capabilities of the neurophysiological components of the visual system.

This position acknowledges the accomodative limitations of the lens which was once thought to be fixed for targets of about 17 cm distance in the first month of life. However, several studies have demonstrated that the visual acuity of these infants does not change for stimuli at different distances [e.g., 28, 58]. Apparently, the relatively small eye and relatively limited acuity of the very young infant provide a large depth of field so that variable accommodation is usually unnecessary [8].

Data on the development of the retina of the eye in early infancy are limited. For many years, investigators depended on reports of histologies of the newborn retina that were done before the turn of the century. These histologies were of dubious value, because the cause of death was unknown as were the effects of older fixing and preservation techniques [38, 52]. However, a recent investigation of retinas from newborns who died from accidents supports the earlier reports that the newborn human retina, particularly the fovea, is immature. The newborn's central retina lacks a clear foveal depression, possesses only one rather than the multiple layers of cones it will develop, and the cones are relatively stubby and poorly developed [1]. By at least 11 months of age, the retina, including the fovea, is well-developed. Despite the structural immaturity of the newborn's retina, the cones do function to some degree, as indicated by electroretinographic recording.

Neurophysiological development over the first 6 months is also important to consider. The lateral geniculate nucleus (LGN) of the thalamus is the relay station between the light-receptive cells of the retina and the visual cortex of the brain. The development of cell activity in the LGN is of interest, because it indicates what information the retina transmits to the brain at different ages. For example, one can determine the "visual acuity" of the system at the level of the LGN and how it differs for foveal and peripheral regions of the visual field. Although we have no data on LGN functioning in humans, relevant data do exist for the monkey, whose visual system is a reasonably accurate model of the human. Figure 1 illustrates the visual resolution of samples of cells at varying degrees of eccentricity from the fovea in monkeys at birth, 21.5 weeks and 5.5 years of age. Newborn monkey foveal cells (0° eccentricity) are capable of resolution of gratings whose spatial frequency is as high as 2.5 to 5 cycles/degree, equivalent to a visual angle of 12' to 6'; in Snellen terms, this is an acuity of 20/240 to 20/120. These values are not very discrepant from behavioral estimates of acuity in the newborn human. For our purposes, there are several important facts to note. First, the newborn data show a gentle decline of acuity from the fovea to the periphery. Second, there is a dramatic six-fold increase in acuity with age of the fovea and a smaller change in the periphery. Thus, in *absolute* terms [38, 7], the newborn fovea is more advanced than the nonfoveal areas in resolving visual detail, but in *relative* terms the fovea is less advanced than the periphery in developing toward the adult state. Although these data are not definitive for the human, they lend little support to both classic and more modern claims that the newborn human is incapable of foveal fixation because the fovea is "blind" [15, 51].

Of course, it is important to know what visual information actually gets to the brain and how well-equipped the brain is, at various ages, to deal with

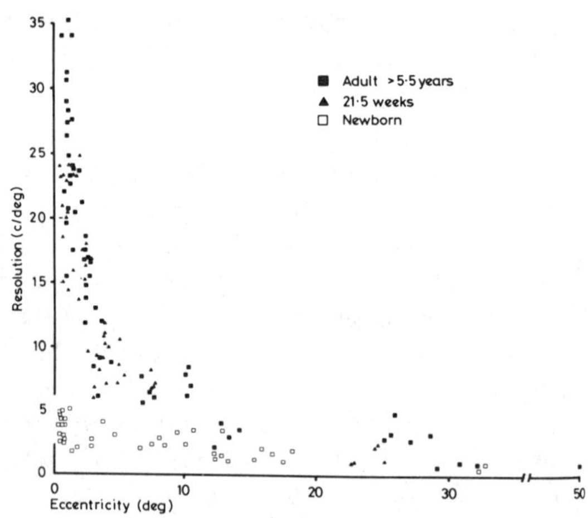

FIG. 1. — Capacité de résolution des cellules LGN chez le singe en fonction de la distance de la fovéa à trois âges (D'après Blackmore C. et Vital-Durand F. *Transactions of the Ophthalmological Societies of United Kingdom*, 99, 363-368, 1980).

— *Resolution capacity of monkey LGN cells as a function of distance from the fovea at three ages (From Blackemore C. and Vital-Durand F.* Transactions of the Ophtalmological Societies of the United Kingdom, 99, *363-368, 1980).*

that information. Few data exist on the crucial question of age changes in functioning of the primate visual cortex, the projection site of the LGN (layer IV). At birth, the cortex possesses the 6-layer lamination of the adult cortex, but individual cells undergo marked development with age. There is dramatic growth of dendritic spines over the first half-year of life, and myelination of nerve processes and the visual cortex also occurs. Cortical cells of the newborn monkey visual cortex are relatively mature compared to, for example, the kitten. Cells respond fairly briskly to visual stimulation and display orientation selectivity, ocular dominance and the simple-and-complex field responsivity characteristic of mature cells [73]. Thus, there is reason to believe that the cells of the newborn human visual cortex function at some level, and recordings of visual evoked responses from the newborn human support this claim [25].

In summary, optical, anatomical and neurophysiological data indicate that the components of the primary visual system of the newborn are functional but that this system undergoes marked growth and maturation over the first half-year of life.

B. Development of visual behavior in infancy

Simple observation of the eyes of the newborn and of the 3 month-old yields an impression of substantial behavioral differences. The 3 month-old seems alert, aware and coordinated whereas even awake newborns seem more drowsy, their eyes occasionally uncoordinated and less "purposive" in scanning the visual surroundings. Some of these differences can be accounted for by the relative rarity and brevity of optimal alertness in the newborn. Whereas nonfeeding alert periods last only 5 minutes on average for the newborn, they extend to 90 min. by 3 months of age [19]. However, the impression of sluggishness is supported even in awake babies by studies of reaction time to peripheral visual stimuli, which may range from 1-5 secs in the first month of life [6, 42] and decline to an average of 0.35 secs by the third month [40]. Still, the eye movement system of the newborn more closely approximates that of the adult than any other motor system. When light levels are nonobtrusive, the newborn's eyelids open widely, the eyes generally move together, they move frequently and cover a broad range [38]. I will now consider some of the better-documented information on changes in visual behavior over the first 3 months.

As with the adult, the eye of the alert newborn engages in fixations that alternate with rapid movements called saccades. These rapid movements occur around 2-3 times/sec, close to the typical frequency for that of the adult.

Surprisingly, the peak speed of saccadic eye motion of the infant during the early weeks of life approximates that of the adult, although it is more variable from one saccade to the next [34]. Data on changes in the size of saccades, the distance between fixations, from birth to 3 months are limited; however, the average jump from one fixation to the next does not seem to change dramatically [56]. There are some interesting changes in the range of fixation. Newborns are quite adept at fixating over a broad range on the horizontal axis, but fixate less broadly along the vertical axis and seem not even to process stimuli that are outside a band of $\pm$ 18° of visual angle from center on the vertical axis [50]. The 3 month-old has overcome the horizontal/vertical bias to some extent and also is more adept at adjusting its fixations to the size and location of presented stimuli [69]. Recent data collected in my lab support the well-established fact that the vertical and horizontal eye-movement systems are independent. Whereas 3 month-olds competently locate a peripheral stimulus that is on a diagonal plane with a diagonal eye movement, 2 month-olds occasionally make successive vertical and horizontal eye movements to locate it (see also 62).

Development changes in visual tracking behavior are also interesting. The newborn is unable to track a continuously moving stimulus consistently, and engages in quick catch-up saccades to relocate it as it moves away from the locus of fixation. By 3 months, babies can consistently track a moving object with the smooth eye motion characteristic of adults [5].

One additional change in visual behavior must be considered which affects the design of experiments that employ infants at different ages. Younger infants tend to examine stimuli for longer durations than do older infants (Note: this does not imply that younger infants hold a single fixation for longer durations). In fact, the tendency for young infants to scan stimuli for very long durations has prompted some investigators to posit a phenomenon of "obligatory attention" in the first month [66].

I cannot discuss here several factors that differentially affect infant visual behavior, which must be considered in selecting measures of visual responsiveness. These can be characterized as stimulus factors and include spatial frequency, borders around stimuli, stimulus complexity, curvature of elements, contour density, element arrangement and a host of other factors. Reviews of relevant studies can be found in Banks [7], Olson and Sherman [54], and Haith and Campos [39].

II. — METHODS FOR RECORDING VISUAL BEHAVIOR

There are two primary categories of behavioral measures of visual activity that differ principally in level of resolution — looking duration and detailed fixation. The looking-duration class of measures involves a recording of the direction and duration of the infant's gaze — toward a left- or right-positioned stimulus, when two stimuli are presented, or toward a centered stimulus when only one is presented. The detailed-fixation class of measures relies on measurements of reflections from the surface of the eye. These measurements are made either in real time or from a filmed or videotape record. These two categories of measures will now be described in more detail.

A. Duration of looking measures

Measures of duration of looking can be quite straightforward. For his original experiments, Fantz [27] presented infants two stimuli against a backdrop. He peered at the infant's eye through a centered hole in the backdrop and recorded the fixation of one or the other stimulus on a stopwatch; the fixation of a stimulus was indicated by a reflection of that stimulus near the center of the infant's pupil. Many variations on this theme exist. For example, some studies have used only one stimulus. Another observer may record fixation through a second peephole for purposes of establishing reliability which usually ranges between the high. 80's and low .90's. The investigator may desire a permanent record of activity in which case the infant's eyes are videotaped or filmed.

An early objection to the Fantz procedure concerned the use of reflections of the stimuli on the infant's cornea. Very young infants could not tolerate the stimulus brightness required to produce those reflections, and the visibility of the reflections for the experimenter introduced the possibility of bias in the recordings. Hershenson [43] avoided these problems by placing invisible, infrared-light sources around the left and right stimuli and by recording their corneal reflection on the image of the eye with infrared film; only the light reflections and not the stimuli appeared on the filmed record. Thus, low light levels could be used, and a left or right gaze determination could be made independent of knowledge about the identity of the stimuli. This same procedure is now possible with television cameras equipped with infrared tubes [37].

Steady advances in electronics now make it possible to televise the infant's eye with a time/date generator display superimposed in the corner of the video field. This recording facilitates determination of the duration of fixation of the experimental stimuli. The time-date generator can display increments of 1/100 sec, and one digit of the display can be used to signal stimulus onset and offset. Slow-motion and step-frame features on videotape recorders permit relatively easy off-line measurement of precise latencies and fixation durations on the stimuli; a person makes these measures by noting the time/date settings at the onset of the stimulus and for each relevant fixation.

An interesting variant on the basic fixation-duration procedure is the forced-choice preference looking paradigm (FPL), introduced by Teller [67], which has been a powerful tool in research on infant visual psychophysics. The observer looks at the baby's face and eyes and uses any cue available — looking duration, eyelid widening, furrowing of the brows, etc. — and guesses on which side the target stimulus is located. Corrective feedback to the observer permits the observer to develop a profile of criteria uniquely suited for each baby. Typically, a 75 % threshold of correct observer judgment is used for inferring that the infant discriminates the stimuli.

B. Detailed-fixation measures

Detailed-fixation measures require more exact measurements, in some cases from a stopped image of a videotaped recording. The cartesian coordinate (X, Y) locations are measured for the centroid of the pupil and a reflection of a reference light from the surface of the cornea. The measurement is based partly on the logic that a line drawn from the point of observation (T.V. or film camera) through the center of the pupil will strike the retina at the fovea. The reference light or lights are in designated positions in the stimulus field, and their reflections on the cornea represent a mapping of the stimulus field on the surface of the eye. By measuring the distance between the center of the pupil and one of these reflections (in "map" units), one can determine where on the stimulus the infant was looking. Figure 2 displays an example of the recording setup for two systems that are commonly used.

The first implementation of this procedure was an elaboration of Hershenson's infrared light setup for measuring visual preference. Salapatek and Kessen [60] presented newborns a solid equilateral triangle, with invisible infrared light sources at each of the vertices and recorded the image of the eye with infrared film. Then, for each film frame (at 1-sec intervals), they measured the X, Y coordinates of the centroid of the pupil and one infrared reflection, to reconstruct the newsborn's scanning pattern over the display. Currently, investigators utilize video technology, employing a video disc (for "freeze-frame" video) to enable the X, Y measurement of points of interest [37]. (See Figure 3.)

The state-of-the-art variant of this procedure employs computers to make the necessary measurements up to 60 times/sec [11, 16, 35]. Because computers demand a high-quality, discriminable image, special recording procedures are used to highlight the pupil of the eye. An invisible infrared light source, which is collimated, illuminates the eye by a light beam that lies on the same optical axis as the camera. The esssential arrangement is shown in Figure 2; for this type of recording, the light collimator is used as the infrared light source rather than the overhead illuminators. This arrangement permits the camera to record light that bounces off the retina,

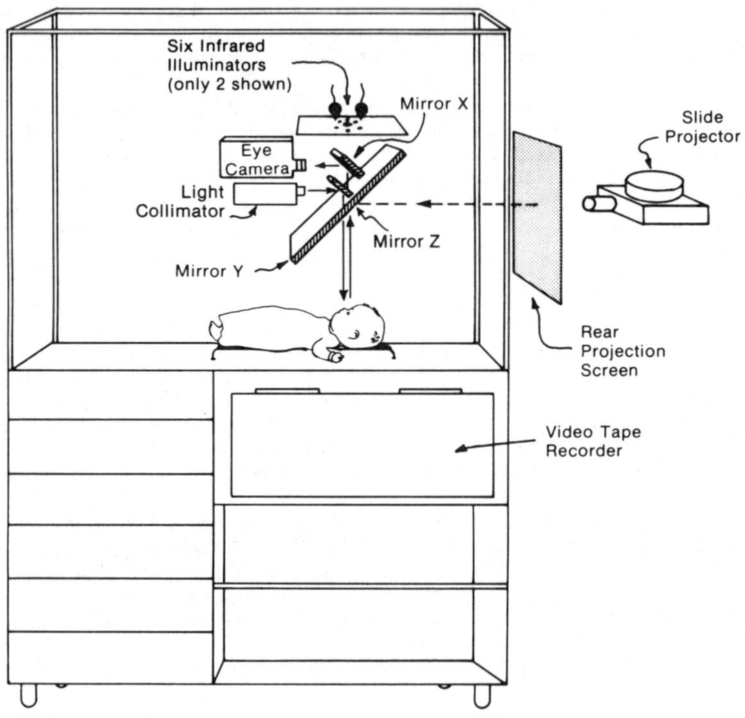

FIG. 2. — Appareil pour enregistrer l'image de l'œil du bébé. La caméra enregistre la lumière infra-rouge provenant de l'œil. Celle-ci traverse d'abord les miroirs Y et Z, réfléchissant le visible et laissant passer l'infra-rouge, et est réfléchi par le miroir X. Les yeux peuvent être éclairés par un dispositif de diodes infra-rouges, situé au-dessus de la tête, ou ils peuvent l'être par les rampes infra-rouges fournissant un faisceau de lumière parallèle. Dans ce dernier cas, la lumière réfléchie par le miroir Z arrive sur la pupille, créant une réflexion cornéenne brillante. Les six diodes au-dessus de la tête sont, dans ce dernier cas, utilisées seulement momentanément pour obtenir une image enregistrée à partir de laquelle un rapport peut être établi entre les distances sur le champ visuel du bébé et les distances des reflets cornéens. Le bébé voit les images sur l'écran de projection au moyen du miroir Y.

— Apparatus for recording the image of the infant eye. The eye camera records infrared light from the eye that first passes through visible-reflecting, infrared-transmitting mirrors Y and Z and then reflects from mirror X. The eye may be illuminated by the overhead infrared illuminators, or they may be illuminated by the infrared-collimated beam. In the latter case, the light reflects from mirror Z, and "backlights" the pupil, creating a bright corneal reflection. The six overhead illuminators in the latter case are used only momentarily to produce a recorded image from which a ratio can be established between distances in the baby's visual field and corneal distances. The baby sees the images on the projection screen in reflection from mirror Y.

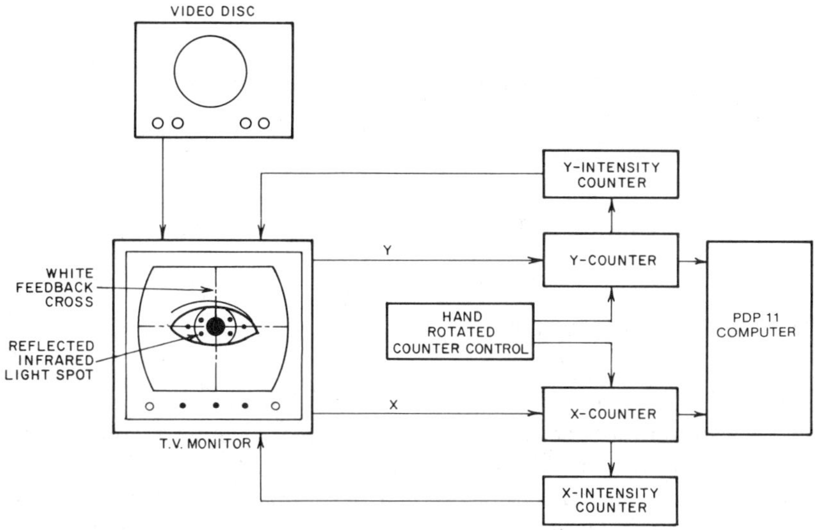

FIG. 3. — Appareil permettant de mesurer les coordonnées X-Y des points importants sur l'œil. L'enregistrement magnétoscopique est d'abord copié sur un vidéo disque qui fournit une image stabilisée. Des repères en croix X-Y sont positionnés par des potentiomètres afin de relever les coordonnées de l'intersection, d'abord celles du centre de la pupille et ensuite celles du reflet d'une source infra-rouge. Ces deux sortes de coordonnées sont stockées en vue de calculs a posteriori sur ordinateur.

— *Apparatus for measuring X-Y coordinates of points of interest on the eye. The videotape record is first recorded on a video disc which displays a frozen image. X-Y crosshairs are positioned by knobs to intersect first at the center of the pupil and then at the reflection of an infrared light. Both sets of coordinates are stored for later computer processing.*

effectively turning the pupil a milky white. Part of the light is also reflected from the surface of the cornea before it enters the eye and appears as a bright white spot which serves as a reference point in the stimulus field. The whitened pupil is more detectable than the dark pupil which facilitates the computer's task of finding the centroid of the pupil and the reflection; of course, this same recording setup facilitates measurement even when a manual scoring procedure is used.

A principal difference between the recording setups for the looking-duration and detailed-fixation approaches is the scale of the recording. For the looking-duration method, one typically records the image of the infant's whole face, so a reasonable amount of head movement can be tolerated. In contrast, for the detailed-fixation approach, one typically records only one eye, so that a moderate amount of head motion can move the eye out of the camera field.

Summary. In summary, the looking-duration approach may be implemented very easily, with virtually no equipment. Variations on the original procedure include videorecording, special marker lights during recording and timing displays on the video record. Still, the technique retains its essential similarity to unaided observation, and the data are easily reduced for analysis.

On the other hand, the detailed-fixation approach requires demanding technical apparatus both for recording and for data reduction. Although the most advanced setups use computers to ease the data-reduction task, these systems have been variably effective, and manual, time-consuming procedures are often required. Of course, the payoff for increased effort is increased precision of measurement.

III — METHODOLOGICAL CONSIDERATIONS

Having considered the basic features of the looking-duration and detailed-fixation approaches, we can now turn our attention to methodological issues associated with their implementation.

A. Looking-duration measures

The selection of one method over another depends on age considerations and the question that is posed as well as a number of other factors. Of course, each method has advantages and disadvantages which I will also consider. Looking-duration procedures have been used successfully with infants who range in age from a few days to over 12 months. Younger infants are often placed in baby seats, either in a supine or tilted position whereas older infants may be seated in a highchair or held in the mother's lap. One consideration in paradigm choice at different ages is that very young infants do not fixate both stimuli in a two-stimulus display as readily as older infants [2]. Therefore, most investigators who work with very young infants use a single-stimulus display [3, 30, 63]. The paradigms that are used fall into two broad subcategories, preference paradigms and familiarization paradigms.

B. Preference paradigms

Babies tend to look at some stimuli more than others depending on such factors as their color or brightness, the organization of stimulus elements, their contour density, or other particular features. Several investigators have questioned whether the tendency of infants to look at stimulus A more than stimulus B implies that they "prefer" stimulus A. Still, the tendency for infants to look at stimuli differentially can be used for several purposes, for example, to examine the infant's discriminative or detection abilities. However, it is also used by investigators who characterize the infant as a preference creature and stimulus-selector and who are interested in finding dimensions of stimuli that infants prefer. I will use the term "preference" only as an abbreviation for relative looking duration and in no way mean to imply a hedonic connotation of that term.

The chief advantage of the preference paradigm is that it capitalizes on a natural tendency uncomplicated by learning or familiarization requirements which demand a great deal more of the baby. Thus, this paradigm is well-suited for very young infants who are relatively unlikely to be alert for long periods and who have fewer cognitive resources than older infants.

Despite the apparent simplicity of this approach, a number of measures can be derived from looking activity and subjected to analysis. The most commonly used measure is the total duration of looking at the two stimuli of concern. Because looking at one stimulus precludes looking at the other in a forced-choice arrangement, a percentage-of-looking score is calculated according to the formula $A/A+B \times 100$ where A is the duration of looking at stimulus A, and B is the duration of looking at stimulus B. This value can then be compared to the value of 50%, predicted by the null hypothesis. Other frequently-used measures are the average duration of each fixation and the duration of the first fixation on each alternative. We have also analyzed the duration of the longest fixation to each and the number of trials to the longest fixation.

As noted earlier, one can use single-stimulus presentations and compare looking durations across successive trials. This latter approach is advantageous for avoiding side biases and the lesser tendency of younger infants to look at both alternatives in a two-stimulus display, but the fact that looking typically declines over trials creates a problem. One can repeatedly present the alternative stimuli several times in random order to cancel out the time or fatigue problem, but the design gets fairly complicated as the number of alternatives increases, and familiarization may vitiate the original basis for preference. Additionally, because only one alternative is available, babies may look at all stimuli a relatively long time, as there is nothing else to look at.

The two-choice paradigm is typically more powerful as one stimulus is an alternative to the other. However, this solution has disadvantages, also. One must counterbalance the left-right location of alternatives over successive trials to avoid confounding stimulus location with possible position biases. Looking on the first trial can produce effects that bias results on the second trial. In our work, we have found that 5 month-old infants tend to orient toward the location of a previously preferred stimulus before the onset of the second trial [61]. This "expectancy" effect tends to offset the initial preference result, because now the nonpreferred stimulus is in that position, and the infant tends to spend some time looking at it. Although one can partially offset this tendency by presenting a centered attractive stimulus between trials (for example, a flashing light [21], there is no guarantee that the infant will forget where the prior favorite appeared and be unbiased in the first place it looks.

Still another problem is that looking activity on the first trial affects the baby's familiarity with the alternatives, with unknown effects on second-trial performance. Older infants typically prefer more novel stimuli, so this factor could dilute the original preference effect. However, several reports imply that younger infants prefer familiar stimuli [33, 71, 72], so an original position bias could show up on the second trial as simple recognition and familiarity preference rather than stimulus preference. In short, paradigm effects rather than stimulus effects can produce apparent age differences in stimulus preferences.

Finally, one must carefully consider what preference or lack of it actually means. Investigators have repeatedly noted that a lack of preference for one stimulus over another does not imply lack of discrimination [e.g., 53], yet this logical error is common in the literature. Perhaps a more subtle point concerns how one interprets the amount of preference or differential looking at a stimulus pair. Because looking duration does not lie on a ratio scale, for example, we can not say that a doubling of differential looking for one pair of stimuli over another implies that the first pair is twice as easily discriminated. Nor can we say that a larger differential for the same pair by 3 month-olds than 1 month-olds implies better discrimination by the older infants. Finally, Kessen and Hershenson [48] made an observation several years ago that has been routinely ignored; that is, one must consider the possibility that a non-preferred stimulus of a pair is not even detectable. Without certainty that the baby can detect both stimuli, a claim of preference of one over the other makes little sense. Further, to demonstrate that a stimulus dimension is effective in controlling infant preference, one must establish a transitive relation among at least 3 points along that dimension [e.g., increasing preference for low, medium and high values, respectively].

C. Familiarization paradigms

A major difficulty with the preference paradigm is that one must depend on a natural preference among stimulus pairs for an effect. No natural preference among two stimuli of interest may exist which is likely to be the case, for example, in psychophysical experiments that investigate difference thresholds for color. Additionally, the pure preference paradigm is unsuitable for studying certain questions such as those concerning memory and categorization ability in infants. The familiarization paradigm has been used to avoid problems with the preference approach. Here, investigators exploit a different kind of infant preference, a preference for stimulus novelty. A stimulus or two identical stimuli are presented repeatedly to the infant until he or she is familiar with or habituated to it. Then a new stimulus (N) is presented alone or paired with the familiar (F) stimulus. When stimuli are presented alone, an increase in looking at stimulus (N) (over, for example, the last two familiarization trials) is interpreted as discrimination of the N and F stimuli as well as an indication of memory for the F stimulus. When the stimuli are paired, these interpretations follow from preference for the N over the F stimulus.

The paired-stimulus test (N versus F) avoids many problems associated with the single-stimulus paradigm (see below). However, the issues raised earlier concerning the two-stimulus preference paradigm are applicable here also. Most importantly, very young infants often do not look at both stimuli, and side preferences can plague the researcher.

Much more common is the single-stimulus familiarization and test paradigm which investigators have used quite successfully. Originally, there were indications that infants younger than 2 months of age could not meet the memory demands of this paradigm [46,49], but various procedural refinements have permitted investigators to use it successfully even with newborns [3,30,63]. As straightforward as this paradigm seems, variations in the familiarization procedure, the familiarization criteria, and the test for recovery are quite numerous.

The classic procedure presented the F stimulus on each trial for a fixed duration, (e.g., 20 secs) either for a preplanned number of trials or until the baby's looking activity declined to a fixed criterion (e.g., 4 secs). Then the N stimulus was presented for 1-3 trials and looking time on the N trials was compared to looking time on the last few F trials. However, investigators quickly discovered that infants often do not look at the stimulus on F trials immediately, so trial timing was begun only when the infant fixated the stimulus, rather than when it was presented. Even so, individual babies look at stimuli for different durations which produces differential familiarity with the F stimulus when the N stimulus is presented. One technique for dealing with this problem is to standardize the looking time on each trial by removing the stimulus once the baby has cumulated a designated amount of looking time.

A more popular tack, however, bases both the trial duration and the criterion for familiarization on the baby's behavior and is referred to as the "infant control procedure" [20,44]. Each trial begins when the baby fixates the stimulus and ends when the baby looks away for at least some minimal duration, e.g., 1 sec. A baseline fixation time is calculated for the total duration of looking on the first 3 trials. When the baby's total looking on 3 successive trials declines to 50% of this baseline value, the N stimulus is introduced. Typically, the data are not used for babies who begin with very short fixation times, say a total of 4 secs for the first 3 trials. The merit of this paradigm is that it deals with variation among babies by using a "baby-driven" duration and familiarization criterion, that is relative to the ideosyncratic looking activity of each baby. However, this approach is not a panacea. As Olson and Sherman [54] have pointed out, we cannot be certain that the use of a relative criterion, that is the same, percentage wise, implies that babies are equally familiarized. This is an especially important problem for age comparisons since we know that younger babies tend to look longer at stimuli. If a 2 month-old has a baseline of 10 sec/trial and a 4 month-old has a baseline of 5 sec/trial, can one assume that they are equally familiarized after declining to 5 sec/trial and 2.5 sec/trial, respectively ? If not, then how do we interpret age differences in looking recovery when the N stimulus is presented? Olson and Sherman conclude that, despite the logical appeal of the infant control procedure, there are no convincing data that support the claim that it is superior to other familiarization procedures.

A different set of problems surrounds the procedures that are used to test for preference or recovery of looking to the test, N, stimuli. A direct comparison of looking duration at the N stimulus against, for example, the last two exposures to the F stimulus is not appropriate because of problems with spontaneous regression. Basically, if a random process is operating, an observation that follows a series of predesignated extreme observations (e.g., 3 trials of short looking duration) is likely to be less extreme than those observations.

One approach to this problem uses a control group that continues to receive the F stimulus throughout the experiment, and a between-S comparison is made for control and experimental groups. This approach is experimentally sound but is relatively wasteful of subjects, because no recovery data are collected on the control group. A second approach uses no control subjects but waits for some number of fixed trials after criterion is reached to present the N-trial test. Unfortunately, if recovery to the N stimulus is found, it is possible that the experimenter has capitalized on rhythmic fluctuations in trial-duration looking independent of the N-stimulus presentation. A third alternative uses a lag-trial approach with only one-half the subjects [12]. For example, the N stimulus is presented following criterion for one-half the subjects whereas it is only presented after two additional F trials for the remaining subjects. This procedure has documented that regression is a real problem, but it also permits statistical discounting of this effect from the lag-subject data as well as the use of all recovery data for all subjects.

Finally, the experimenter must control for the possibility that the N stimulus is simply more attractive than the F stimulus. If it is, then recovery of looking at the N stimulus may have nothing to do with a comparison of the F and N stimuli.

Counterbalancing the stimuli that serve as F and N exemplars is one way to deal with this problem, but this may be difficult when many stimuli are used. The problem is exemplified in a study by Treiber and Wilcox [68] in which they first familiarized babies to a subjective-contour triangle display. They then tested some babies with a real, outlined triangle and others with the original inducing elements but rotated. Because babies looked longer at the rotated elements than the triangle, the authors concluded that the babies must have seen the illusory triangle during familiarization. However, other data revealed that the actual outlined triangle was less interesting, *de novo,* than the elements, so it is unclear that the familiarization procedure had any effect at all. One way of avoiding this problem is to familiarize babies with different stimuli and then test them with the same, novel, stimulus rather than vice-versa.

D. The visual exploration approach

One problem with the looking-duration approaches, whether in the preference or familiarization traditions, is that one has no indication of where the baby is looking on the stimulus. If infants of different ages look more or less comprehensively at the stimulus alternatives, for example, their differential ability to discriminate them will depend on the information they have, rather than on how that information is used. A secondary problem is that one gets the impression that babies simply select one or another stimulus. This attitude has, from my point of view, led investigators toward conceptualizations of the baby as a selection or preference creature, rather than a stimulus analyzer and processor. Careful observation reveals that the baby moves its eyes 2-3 times each second, actively scanning the visual display. In fact, it is unclear that younger babies even recognize that a two-stimulus display consists of two separate stimuli, as opposed to a complicated array of elements that covers a large part of their visual field. Relatedly, a single "stimulus" may be perceived as multiple elements or stimuli that the infant can examine in succession. Thus, the concept of "stimulus choice" assumes quite a lot both about infant perception and what the baby is doing. Although the broad acceptance of the preference paradigm has contributed to adoption of this concept, of course the paradigm itself is theoretically neutral.

The detailed-fixation approach provides the investigator an opportunity to know precisely where an infant has fixated and in what sequence. From this information, one can reconstruct the infant's search pattern and develop interpretations of behavior that are of a very different conceptual order than result from looking-duration data.

However, one pays a price for this increased precision. As described earlier, the technical demands for this approach are much greater than for the looking-duration approach. Also, the age range of applicability is more limited. After 4 months of age, the technique is quite difficult to use, because babies become so active that it is difficult to restrain them for recording purposes.

A different range of problems is associated with the mass of data that is generated by this approach. Computer-tracking units generate 60 samples/sec of X, Y fixation data. Although software is available that discriminates new fixations from old, one still ends up with 2-3 different fixations/sec, about the same as approaches that use noncomputerized recording. Thus, a typical experiment, perhaps only 5 minutes in duration, will generate 600-900 data points per subject. If the stimulus is partioned into regions, fixation frequencies can be calculated by region, and other fixation measures such as location and dispersion of fixation on the X and Y axes can be determined. A separate class of measures can be derived from calculations of distances between successive fixations, disregarding where they fell on the stimulus (e.g., X-distance, Y-distance, polar distance and the variance of these). Still a third class of measures can be derived, based on the sequential properties of fixations in relation to the stimulus (the frequency of movements from region 1 to region 2, for example) which can be subjected to various orders of sequential analyses. Because the number of measures is indefinitely large, the investigator must develop conceptual bases for analyses to constrain the effort. A somewhat different approach to analyses is more descriptive and depends principally on visual inspection of scanning patterns [57].

There are several considerations that affect the precision with which fixations can be specified. Because the optic and geometric axes of the eye do not correspond, a measurement of the distance between the centroids of the pupil and the corneal reflection, described earlier, produces systematic bias in fixation determinations. For example, when an adult looks at the center of the visual field, typically the optic axis of the right eye will be displaced about 6° to the right of center, so the eye will appear to be fixating to the right. This bias appears to be larger for infants, and because of other optical factors, it varies as the baby looks at different parts of the visual field [18,59,64]. There are other less important optical distortions. Improved precision can be obtained if it is possible to get calibration measures on the infant which requires that one know where the infant is looking as a series of recordings are made. Some investigators have been able to get such measures by presenting attractive or moving stimuli to the baby [35], but the achievement of clean calibration measures with infants is no mean feat. Still other considerations involve equipment layout which are too detailed to discuss here [see 17].

In brief, each approach to the recording of visual behavior has advantages and disadvantages. The age of the infant under consideration may constrain the choices. Infants over 4 months of age are not easy subjects for detailed fixation studies. Infants under 2 months often do not look at both alternatives in a two-stimulus presentation paradigm. Still other choices may be dictated by the availability of equipment. The detailed-fixation approach requires more technical equipment, and the data are more tedious to analyze. On the other hand, this latter approach more adequately represents what the baby is actually doing and provides a rich source of information for asking and answering questions. No single paradigm is best for all purposes. The selection of either approach depends on the question being asked as well as the considerations discussed above.

IV. — APPLICATIONS OF LOOKING-DURATION AND DETAILED FIXATION APPROACHES

I will now consider examples of applications of the procedures I have described in the areas of sensory process, visual perception and cognition. These examples are in no way exhaustive of those in the field nor can I claim they are even representative. My main aim in presenting them is simply to give the reader a sense of how the described methods have been used to study a broad range of problems in infant vision.

A. Sensory processes

A question of significant interest to infant researchers is, "How well can babies see ?" The approaches to this question have been quite varied, including both physiological and behavioral measures [24]. We will consider only the behavioral measures which have used infants that range in age from newborns to six months. Fantz et al. [28], carried out one of the earliest studies, using the straightforward, tow-choice visual preference paradigm. One stimulus contained stripes and another was homogenous gray of the same average luminance; fortunately, infants prefer to look at the patterned over nonpatterned stimulus. Varying stripe widths were used in an attempt to find the stripes that subtended the smallest visual angle which still attracted longer looking than the homogenous display. These data indicate that babies under 1 month of age detect stripes as narrow as 20' of visual angle, 20/400 in Snellen notation, and improve to around 20/50 by 6 months of age.

Using a similar stimulus approach, but applying the FPL technique, Dobson & Teller [24] and Allen (reported in 24) reported outcomes that coincided quite well with the Fantz et al. data. Finally, Gorman, Cogan and Gellis [32] took a somewhat different approach, observing eye-tracking of infants as they watched a field of vertical stripes rotate around them. This display produces nystagmus (OKN, alternating slow-tracking and rapid return movements) which is easily observed behaviorally; they reduced the stripe width also to find at which point OKN was no longer observable and estimated newborn visual acuity to be between 20/300 - 20/400. With a similar technique, Fantz et al. [18] reported that acuity improved to at least 20/100 by 6 months of age.

The data that were obtained from these three approaches are quite consonant and give one confidence that the outcomes were not somehow an artifact of the method used. Even so, one must still attend to factors that all these paradigms share in interpreting these data. Importantly, all of these techniques depend on differential infant attention to the displays. Anyone who has been in a sensory-threshold experiment knows the degree of effort required to make discriminations near the threshold point. It may be that babies simply no longer are motivated to respond to differences when they become very slight, and more troublesome, the level at which they cease to respond could vary with age. Banks [7] made a valid point in suggesting that the obtained threshold values should be considered as lower bounds on infants' discriminating capacities; even so, there is still a problem in interpreting age functions. It should be noted also that visual acuity functions reflect but one point on a visual sensory continuum and are subject to a number of stimulus parameters, the most important of these being light intensity. More complete assessments are provided by contrast sensitivity functions which have been developed through similar techniques to those described here [9].

The age at which babies are capable of binocular vision and stereoscopic fusion has also been an interesting but seeming intractable question. Visual preference [27], familiarization [4] and detailed fixation [55] approaches have all been used to address issues of depth perception and binocular fixation. However, the most compelling data have been generated by a study of visual tracking in an ingenious study. Fox et al. [29] presented babies dynamic random-dot stereograms. These were viewed through goggles that transmitted a different image to each age. Only if the baby was able to fuse the two images was he or she capable of seeing a figure that moved across the visual field; otherwise, only randomly arranged dots were visible. Detection of the moving image was indexed by directionally appropriate eye movements. Only infants 3 months or older gave stable indication that they fused the two images.

B. Perceptual processes

A current issue in infant perception is when babies are able to appreciate the relations among visual elements in a display, an issue of part-whole perception. Vurpillot et al. [70] used a familiarization procedure to ask this question, first familarizing 2 to 4 month-old babies to a cross array of cross elements. Infants were then tested with a square array of cross elements or a cross array of square elements. When the elements were relatively small, the duration of looking recovered most to the changed array and virtually not at all to the changed elements, suggesting that the babies perceived the familiarization and test arrays of elements wholistically.

Van Giffen and Haith [69] asked the same question using a detailed fixation approach. An example of the stimuli used is shown in Figure 4. A circular or square pattern of curved elements was presented to infants in alternation with an identical array except that a top or bottom element was displayed or rotated. We reasoned that if the baby appreciated the relation among unchanged elements, it would be attracted to the altered element. Three

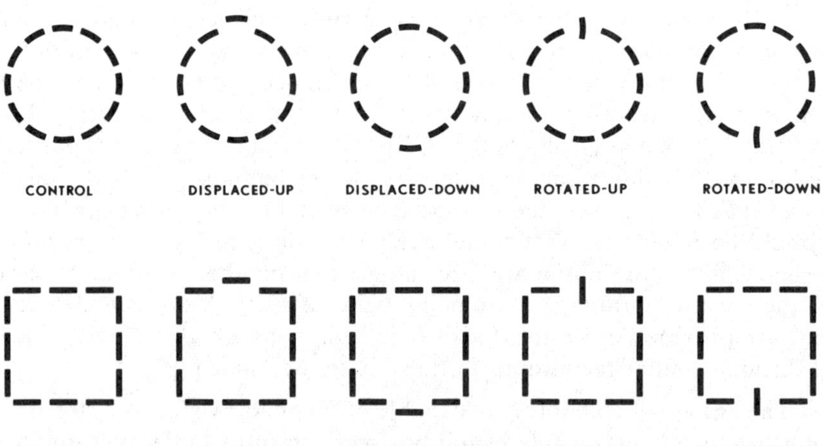

FIG. 4. — Exemples de stimuli utilisés dans l'étude de Van Giffen et Haith. Le stimulus le plus à gauche est un stimulus contrôle et les stimuli restants présentent chacun une modification pour un élément.

— *Examples of stimuli used in the Van Giffen and Haith study. The leftmost stimulus is a control and the remaining stimuli each contain a modification of one stimulus element.*

FIG. 5. — Les stimuli utilisés dans l'étude de familiarisation par Bertenthal, Campos et Haith. Le stimulus I était le stimulus destiné à produire l'illusion et non pas les stimulus NI_1 et NI_2. Les stimuli I et NI_2 ont aussi été utilisés, dans une recherche sur la préférence visuelle, par Shapiro et al.

— *The stimuli used in the Bertenthal, Campos, and Haith familiarization study. Stimulus I was the illusion stimulus and NI_1 and NI_2 were the two nonillusion stimuli. Stimuli I and NI_2 were also used in the Shapiro, et al., preference study.*

month-olds indicated they did see the relations among the nonaltered elements; compared to control stimuli, they looked higher when the altered element was up and lower when it was down.

Still a third approach to this question used both familiarization and preference paradigms. Subjective contour elements were presented to 7 month-olds in an illusion array or in one of two nonillusion arrays [12] (see Figure 5). We reasoned that babies who perceived the illusion, which requires an appreciation of the relation among elements, would respond uniquely to it. When babies were familiarized to a nonillusion array and tested on the illusion array, or vice-versa, their looking duration recovered to the novel stimulus. However, looking duration did not recover when the switch was from one nonillusion array to the other; thus, infants must have appreciated the percept provided by the illusion array, rather than responding only to the change in orientation of elements. Because 5 month-olds did not respond consistently in the same fashion, we carried out a follow-up study with this age group using a two-choice preference paradigm. When the illusion and the NI_2 no-illusion array were presented statically, the infants showed no preference for one or the other, replicating the findings of the familiarization study. However, when the two arrays engaged in a spinning motion, a condition that facilitates the perception of the illusion, 5 month-old babies showed a clear preference for the illusion stimulus as indicated by percent of looking duration, average duration of a fixation and duration of the longest fixation [61].

C. Cognitive processes

An interesting application of the preference procedure has been used to study numeric knowledge of 7 month-old infants. In a series of trials, Starkey et al. [65] presented infants either two or three drumbeats and then displayed two arrays, one array with two objects and one array with three objects. Babies looked reliably longer at the stimulus that contained the number of objects that matched the number of drumbeats, suggesting that they had at least some cross-modal appreciation of quantity.

The familiarization paradigm has been used extensively to study memory processes in infants. In an exemplary study, Fagan [26] presented 5 month-olds photographs of faces for 2 min, at which point they were well familiarized. He then tested their memory of the F stimulus by presenting it with a N stimulus immediately and then either 3, 24 or 48 hours later or after 1 or 2 weeks. Babies showed memory for the F faces as long as 2 weeks after the initial exposure as indicated by preference for the N stimulus.

Finally, a detailed-fixation approach has been used to study the development of visual expectation and rule-learning in 3 month-olds [40]. Babies were presented a series of pictures that appeared to the left or right for 700 ms, separated by a 1000 ms interval. After only 30 sec, babies indicated that they had learned a location-alternation rule by moving their eyes to the next location in which a picture would appear during the no-stimulus interval. Such anticipation behavior was much less likely in babies who saw the pictures in an unpredictable sequence of stimulus locations.

These are a minor fraction of the various studies that have been carried out to examine sensory, perceptual and cognitive processes in infants using the procedure we have discussed. My goal has been to present examples that illustrate the potential of theses paradigms rather than a full catalogue of processes that have been studied. Even here one can see the applicability of the looking-duration and detailed-fixation approaches to a broad array of conceptual and substantive issues. The eyes may not be a direct window onto the soul, but they do provide information about visual and mental processes that seems constrained only by the limits of the researcher's ingenuity. Each paradigm has disadvantages as well as advantages, but these should pose no serious obstacle to the careful and thoughtful investigator. These methods have taught us a great deal about infant vision over the last two decades and promise to teach us a great deal more.

REFERENCES

[1] ABRAMOV I., GORDON I., HENDRICKSON A., HAINLINE L., DOBSON V. and LABOISSIERE E. — The retina of the human newborn infant. *Science, 217*, 265-267, 1982.

[2] AMES E.W. and SILFEN C.K. — Methodological issues in the study of age differences in infants' attention to stimuli varying in movement and complexity. Paper presented at the meetings of the Society for Research in Child Development, Minneapolis, March 1965.

[3] ANTEL S.G. and KEATING D. — Perception of numerical invariance in neonates. *Child Development, 54,* 695-702, 1983.

[4] APPEL M.A. and CAMPOS J.J. — Binocular disparity as a discriminable stimulus parameter for young infants. *Journal of Experimental Child Psychology, 23,* 47-56, 1977.

[5] ASLIN R.N. — Development of smooth pursuit in human infants. In: *Eye movements: Cognition and Visual Perception*, edited by D. F. Fisher, R. A. Monty and J. W. Senders. Hillsdale, N. J.: Erlbaum, 1981.

[6] ASLIN R.N. and SALAPATEK P. — Saccadic localization of peripheral targets by the very young human infant. *Perception and Psychophysics, 17*, 293-302, 1975.

[7] BANKS M.S. — Infant visual perception. In: *Infancy and Developmental Psychobiology*, edited by M. M. Haith and J. J. Campos. Vol. II of: *Handbook of Child Psychology,* edited by P. H. Mussen. New York: Wiley, 1983, p. 435-572.

[8] BANKS M.S. — The development of visual accommodation during early infancy. *Child Development, 51,* 646-666, 1980.

[9] BANKS M. S. and SALAPATEK P. — Infant pattern vision: A new approach based on the contrast sensitivity function. *Journal of Experimental Child psychology, 31,* 1-45, 1981.

[10] BARNET A.B., LODGE A. and ARMINGTON J.C. — Electroretinogram in newborn human infants. *Science, 148*, 651-654, 1965.

[11] BAUDONNIERE P.-M., PECHEUX M.G. et TARANNE P. — Un nouvel appareil d'enregistrement automatique de l'activité oculomotrice du jeune enfant. *Année Psychologique, 78,* 145-161, 1978.

[12] BERTENTHAL B. I., CAMPOS J.J. and HAITH M. M. — Development of visual organization: The perception of subjective contours. *Child Development, 51,* 1072-1080, 1980.

[13] BERTENTHAL B. I., HAITH M. M. and CAMPOS J. J. — The partial-lag design: A method for controlling spontaneous regression in the infant-control habituation paradigm. *Infant Behavior and Development, 6*, 331-338, 1983.

[14] BIRNHOLZ J. C. — The development of human fetal eye movement patterns. *Science, 213,* 679-680, 1981.

[15] BRONSON G. W. — The postnatal growth of visual capacity. *Child Development, 45*, 873-890, 1974.

[16] BRONSON G. W. — *The scanning patterns of human infants: Implications for visual learning.* Norwood, N. J.: Ablex, 1982.

[17] BRONSON G. W. — Potential sources of error when applying a corneal eye-monitoring technique to infant subjects. *Behavior Research Methods and Instrumentation, 15*, 22-38, 1983.

[18] BULLINGER A. et KAUFMANN J.-L. — Technique d'enregistrement et d'analyse des mouvements oculaires. *Perception, 6*, 345-353, 1977.

[19] CLIFTON R. K. and NELSON M. N. — Developmental study of habituation in infants: The importance of paradigm, response system, and state. In: *Habituation: perspectives from child development, animal behavior, and neurophysiology*, edited by T. J. Tighe and R. N. Leaton. Hillsdale, N. J.: Erlbaum, 1976.

[20] COHEN L. B. and GELBER E. R. — Infant visual memory. In: *Infant Perception: From sensation to Perception: Basic visual Processes*, edited by L. Cohen and P. Salapatek, Vol. 1. New York: Academic Press, 1975, p. 347-403.

[21] COHEN L. B., DELOACHE J. S. and RISSMAN M. W. — The effect of stimulus complexity on infant visual attention and habituation. *Child Development, 46*, 611-617.

[22] COHEN L. B., DELOACHE J. S. and STRAUSS M. S. — Infant visual perception. In: *Handbook of infant development*, edited by J. D. Osofsky. New York: Wiley, 1979, p. 393-438.

[23] DAYTON G. O. Jr., JONES M. H., AIU P., RAWSON R.A., STEELE B. and ROSE M. — Developmental study of coordinated eye movements in the human infant. I. Visual acuity in the human newborn: A study based on induced optokinetic nystagmus recorded by electrooculography. *Archives of Ophtalmology, 71*, 865-870, 1964.

[24] DOBSON V. and TELLER D. Y. — Visual acuity in human infants: A review and comparison of behavioral and electrophysiological studies. *Vision Research, 18*, 1469-1483, 1978.

[25] ELLINGSON R.J. — Cortical electrical responses to visual stimulation in the human infant. *Electroencephalography and Clinical Neurophysiology, 12*, 663-677, 1960.

[26] FAGAN J. F. — III. Infants' delayed recognition memory and forgetting. *Journal of Experimental Child Psychology, 16*, 424-450, 1973.

[27] FANTZ R. L. — The origin of form perception. *Scientific American, 204*, 66-72, 1961.

[28] FANTZ R.L., ORDY J. M. and UDELF M.S. — Maturation of pattern vision during the first six months. *Journal of Comparative and Physiological Psychology, 55*, 907-917, 1962.

[29] FOX R., ASLIN R.N., SHEA S.L. and DUMAIS S.T. — Stereopsis in human infants. *Science, 207*, 323-324, 1980.

[30] FRIEDMAN S. — Habituation and recovery of visual response in the alert human newborn. *Journal of Experimental Child Psychology, 13*, 339-349, 1972.

[31] GOLDMAN-RAKIC P. S., ISEROFF A., SCHWARTZ M. L. and BUGBEE N. M. — The neurobiology of cognitive development. In: *Infancy and Developmental Psychobiology*, edited by M. M. Haith and J. J. Campos, Vol. II of *Handbook of Child Psychology*, edited by P.H. Mussen. New York: Wiley, 1983, pp. 281-344.

[32] GORMAN J. J., COGAN D. G. and GELLIS S. S. — An apparatus for grading the visual acuity of infants on the basis of opticokinetic nystagmus. *Pediatrics, 19*, 1088-1092, 1975.

[33] GREENBERG D. J., UZGIRIS I. C. and HUNT J. M. — Attentional preference and experience. III: Visual familiarity and looking time. *Journal of Genetic Psychology, 117*, 123-135, 1970.

[34] HAINLINE L., TURKEL J., ABRAMOV I., LEMERISE E. and HARRIS C. M. — Characteristics of saccades in human infants. Submitted to *Vision Research*.

[35] HAINLINE L. — An automated eye movement system for use with human infants. *Behavior Research Methods and Instrumentation, 13*, 20-24, 1981.

[36] HAITH M. M. — The response of the newborn to visual movement. *Journal of Experimental Child Psychology, 3*, 235-243, 1966.

[37] HAITH M. M. — Infrared television recording and measurement of ocular behavior in the human infant. *American Psychologist, 24*, 279-283, 1969.

[38] HAITH M. M. — *Rules that babies look by*. Hillsdale, N. J.: Erlbaum, 1980.

[39] HAITH M. M. and CAMPOS J. J. — Human infancy. *Annual Review of Psychology, 28*, 251-293, 1977.

[40] HAITH M. M., HAZAN C. and GOODMAN G. — Infants' expectation and anticipation of future visual events. Paper presented at the International Conference on Infant Studies, New York, April, 1984.

[41] HAITH M. M., KESSEN W. and COLLINS D. — Response of the human infant to level of complexity of intermittent visual movement. *Journal of Experimental Child Psychology, 7*, 52-69, 1969.

[42] HARRIS P. and McFARLANE A. — The growth of the effective visual field from birth to seven weeks. *Journal of Experimental Child Psychology, 18*, 340-348, 1974.

[43] HERSHENSON M. — Visual discrimination in the human newborn. *Journal of Comparative and Physiological Psychology, 58*, 270-276, 1964.

[44] HOROWITZ F. D., PADEN L. Y., BHANA K. and SELF P. A. — An infant-control procedure for studying infant visual fixations. *Developmental Psychology, 7*, 90, 1972.

[45] HORSTEN G. P. M. and WINKELMAN J. E. — Electroretinographic critical fusion frequency of the retina in relation to the histological development in man and animals. *Ophthalmologica, 18,* 515-521, 1964.

[46] JEFFREY W. E. and COHEN L. B. — Habituation in the human infant. In: *Advances in Child Development and Behavior,* edited by H. Reese. New York: Academic Press, 1971, p. 63-97.

[47] KAGAN J. and LEWIS M. — Studies of attention in the human infant. *Merril-Palmer Quarterly, 11,* 95-127, 1965.

[48] KESSEN W. and HERSHENSON M. — Ocular orientation in the human newborn infant. Presented at the meeting of the American Psychological Association, Philadelphia, August, 1963.

[49] KESSEN W., HAITH M. M. and SALAPATEK P. — Human infancy: A bibliography and guide. In: *Carmichael's Manual of Child Psychology,* edited by P. H. Mussen. New York: Wiley, 1970, p. 287-445.

[50] KESSEN W., SALAPATEK P. and HAITH M. M. — The visual response of the human newborn to linear contour. *Journal of Experimental Child Psychology, 13,* 9-20, 1972.

[51] MANN I. C. — *The development of the human eye.* London: British Medical Association, 1964.

[52] MAURER D. — Infant visual perception: Methods of study. In: *Infant perception: From Sensation to Cognition: Basic Visual Processes,* Vol. 1, edited by L. B. Cohen and P. Salapatek. New York: Academic Press, 1975, p. 1-76.

[53] McGURK H. — The role of object orientation in infant perception. *Journal of Experimental Child Psychology, 9,* 363-373, 1970.

[54] OLSON G. M. and SHERMAN T. — Attention, learning and memory in infants. In: *Infancy and Developmental Psychobiology,* edited by M. M. Haith and J. J. Campos. Vol. II of *Handbook of Child Psychology,* edited by P. H. Mussen. New York: Wiley, 1983, p. 1001-1080.

[55] PIPP S. L. and HAITH M. M. — Infant visual scanning of two- and three-dimensional forms. *Child Development, 48,* 1640-1644, 1977.

[56] PIPP S. L. and HAITH M. M. — Infant visual response to patterning: Which metric predicts best? *Journal of Experimental Child Psychology, 38,* 373-399, 1984.

[57] SALAPATEK P. — Pattern perception in early infancy. In: *Infant Perception: From Sensation to Cognition: Basic Visual Processes,* Vol. 1. New York: Academic Press, 1975.

[58] SALAPATEK P., BECHTOLD A. G. and BUSHNELL E. W. — Infant visual acuity as a function of viewing distance. *Child Development, 47,* 860-863, 1976.

[59] SALAPATEK P., HAITH M., MAURER P. and KESSEN W. — Error in the corneal reflection technique: A note on Slater and Findlay. *Journal of Experimental Child Psychology, 14,* 493-499, 1972.

[60] SALAPATEK P. and KESSEN W. — Visual scanning of triangles by the human newborn. *Journal of Experimental Child Psychology, 3,* 155-167, 1966.

[61] SHAPIRO B., HAITH M. M., CAMPOS J., BERTENTHAL B. and HAZAN C. — Motion enhances object perception for infants. Paper presented at the meetings of the Psychonomic Society, San Diego, November, 1983.

[62] SHEA S. L. and ASLIN R. N. — Horizontal, vertical and oblique eye movements in infants to single and double step target displacements. Paper presented at the meetings of the International Conference on Infant Studies, New Yord, April, 1984.

[63] SLATER A., MORRISON V. and ROSE D. — Visual memory at birth. *British Journal of Psychology, 73,* 519-525, 1982.

[64] SLATER A. M. and FINDLAY J. M. — The measurement of fixation postion in the newborn baby. *Journal of Experimental Child Psychology, 14,* 349-364, 1972.

[65] STARKEY P., SPELKE E. S. and GELMAN R. — Detection of intermodal numerical correspondences by human infants. *Science, 222,* 179-181, 1983.

[66] STECHLER G. and LATZ E. — Some observations on attention and arousal in the human infant. *Journal of the American Academy of Child Psychiatry, 5,* 517-525, 1966.

[67] TELLER D. Y. — The forced-choice preferential looking procedure: A psychophysical technique for use with human infants. *Infant Behavior and Development, 2,* 135-153, 1979.

[68] TREIBER F. and WILCOX S. — Perception of a "subjective" contour by infants. *Child Development, 51,* 915-917, 1980.

[69] VAN GIFFEN K. and HAITH M. M. — Infant visual response to Gestalt Geometric Forms. *Infant Behavior and Development, 7,* 335-346, 1984.

[70] VURPILLOT E., RUEL J. et CASTREC A. — L'organisation perceptive chez le nourrisson : Réponse au tout ou à ses éléments. *Bulletin de Psychologie, 327,* 396-405, 1977.

[71] WETHERFORD M. J. and COHEN L. B. — Developmental changes in infant visual preferences for novelty and familiarity. *Child Development, 44,* 416-422, 1973.

[72] WEIZMANN F., COHEN L. B. and PRATT J. — Novelty, familiarity and the development of infant attention. *Developmental Psychology, 4,* 149-154, 1971.

[73] WIESEL T. N. and HUBEL D. H. — Ordered arrangement of orientation columns in monkeys lacking visual experience. *Journal of Comparative Neurology, 158,* 307-318, 1974.

Comportements, n° 3, 1985, 93-101.

CHAPITRE V

SYNTHÈSE DE LA PREMIÈRE PARTIE : LES MÉTHODES D'ÉTUDE DU NOUVEAU-NÉ ET DU NOURRISSON

François BRESSON

Centre d'étude des processus cognitifs et du langage, CNRS-EHESS, 54, bd Raspail, 75006 Paris.

Scania de SCHONEN

Département de Psychologie Expérimentale, CNRS-IMP 3, 31, chemin Joseph-Aiguier, 13402 Marseille Cedex 9.

BRESSON F. et SCHONEN S. de — Synthèse de la 1re partie : les méthodes d'études du nouveau-né et du nourrisson. In : *Etudier l'enfant de la naissance à 3 ans.* Edité par P.-M. Baudonnière. Collection *Comportements.* Paris, CNRS, 1985, p. 93-101.

Les méthodes d'étude du comportement au cours de la première année ont été élaborées pour pallier les conséquences de l'immaturité : absence de langage, répertoire limité de réponses stables, changements rapides d'états. Elles peuvent d'autre part être utilisées dans certains cas non seulement pour déterminer les capacités sensorielles, mais aussi pour étudier les changements d'état. Elles présentent toutefois des limitations. L'étude de l'évolution de l'atteinte manuelle d'une cible visuelle est donnée en exemple d'autres formes d'approche.

Nouveau-né - Développement cognitif - Méthodes.

BRESSON F. and SCHONEN S. de — Synthesis for the first part, methods in infancy. In: *Studying the preschooler from birth to three years of age.* Edited by P.-M. Baudonnière. Collection *Comportements.* Paris, CNRS, 1985, p. 93-101.

The methods of studying behavior during the first year of life were elaborated to palliate the consequences of immaturity: absence of language, limited repertory of stable responses, quick change of state. On the other hand these methods can be used to determine the sensory capacities, and also in certain cases to study the changes of state. However, they have limitations. The study of the development of manual reaching of a visual target is given as an example of the other approaches.

Neonate - Cognitive development - Methods.

Nos connaissances sur les capacités cognitives des très jeunes enfants, particulièrement sur leur développement au cours du premier semestre de la première année de la vie, se sont considérablement accrues et renouvelées depuis une quinzaine d'années. M. M. Haith (cf. chap. IV) a montré à la fois l'état de nos connaissances en ce qui concerne la vision et quelles méthodes et techniques avaient permis d'obtenir ces résultats. Les chapitres suivants ont montré, à propos du paradigme d'habituation, de l'enregistrement des activités de succion ou du rythme cardiaque, à la fois la portée des techniques nouvelles et les nouveaux problèmes qu'elles soulèvent.

L'observation, longitudinale ou transversale, en situations « naturelles » des comportements « spontanés » a longtemps constitué notre seule source d'informations. Elle a apporté dans les mains d'observateurs aussi rigoureux, perspicaces et ingénieux que Gesell ou Wallon, Guillaume ou Piaget, des données fondamentales, et il serait erroné de penser qu'elle n'a plus aucun rôle à jouer. Les chercheurs qui, aujourd'hui, ont systématiquement recours aux techniques d'enregistrement et aux méthodes expérimentales, ne renoncent pas pour autant à cette observation à caractère naturaliste. Elle permet, et cela au cours même des expériences, par la notation des incidents non prévus ou des variations de la forme des réponses, de soulever de nouveaux problèmes et de développer de nouvelles conjectures. Mais il est clair que cette observation simple ne saurait suffire, et cela pour deux raisons.

D'abord, bien entendu, parce que si les observations peuvent susciter des conjectures, elles n'ont que peu de valeur probatoire : les conditions non contrôlées par rapport au phénomène observé ne permettent pas d'isoler par variation systématique les facteurs qui contraignent le phénomène. L'interprétation demeure largement intuitive, même si, lorsqu'elle est le fait d'un observateur talentueux, cette intuition peut ouvrir des voies de recherches fructueuses.

Une seconde raison qui impose l'utilisation de méthodologies expérimentales, c'est qu'elles peuvent établir les conditions de l'apparition de phénomènes que l'on ne saurait observer dans les situations dites « naturelles ». Les techniques d'habituation en apportent des exemples. Elles permettent d'obtenir des comportements différentiels correspondant à la réalisation d'un processus de comparaison, dans la présentation successive de deux stimuli, comme l'a montré H. Bloch dans ce volume. En variant systématiquement ces couples, comme l'a fait par exemple E. Spelke [15], on peut déterminer ce qui est effectivement perçu dans une configuration complexe. Il est clair qu'aucune observation naturelle ne permettrait ces inférences. Un autre exemple est apporté par A. Grenier [8], qui a développé une technique de maintien du très jeune enfant, qui stabilise la position de la tête par rapport au tronc, ce qui ne peut être réalisé spontanément par l'enfant aux âges considérés. Cette situation entraîne une inversion de la répartition du tonus, le torse passant d'une hypo- à une hypertonie, et l'inverse se produisant pour les membres, en même temps qu'un état exceptionnellement élevé de vigilance est obtenu. Au cours de cet état, provoqué d'abord en vue de l'examen neurologique, on observe la possibilité d'évoquer des réponses qui n'apparaissent pas dans d'autres conditions et qui manifestent une capacité d'organisation motrice que l'on ne saurait soupçonner dans les situations quotidiennes. Du même coup, le double problème est posé des conditions de blocage d'une compétence que l'on peut ainsi manifester, et des conditions de ce déblocage.

Les chapitres précédents ont fait apparaître deux propriétés fondamentales des techniques qu'ils ont présentées. D'abord ces techniques permettent d'aborder l'étude du comportement du très jeune enfant malgré les obstacles suscités par son immaturité, et, ensuite, elles constituent, dans une autre forme d'analyse, un moyen d'étudier les caractères mêmes de cette immaturité et de l'organisation fonctionnelle à cet âge.

L'immaturité du très jeune enfant, en effet, limite les possibilités d'étude des conduites et impose des conditions particulières à cette étude pour quatre groupes de raisons.

D'abord pour deux raisons évidentes : le changement rapide dans le temps à cette période de la vie, et la limitation, durant longtemps, des possibilités de communication efficaces de consignes ou de réponses par le langage. La vitesse du développement impose des intervalles relativement courts entre groupes transversaux ou réplications longitudinales : mais la dispersion des vitesses de développement entraîne une dispersion corrélative des résultats qui affaiblit d'autant plus la valeur probante des données qu'en général le coût des observations sur les très jeunes enfants limite sévèrement la taille des échantillons. On peut, bien sûr, dans les recherches transversales, chercher à effectuer des regroupements à partir de critères comportementaux, mais si ces regroupements sont faits après l'expérience, ils en limitent les conditions d'interprétation statistique, et s'ils sont faits avant, leur coût en sujets observés est très élevé, car ils entraînent de nombreux rejets.

La seconde raison, l'absence de langage, écarte bien évidemment le recours aux techniques possibles dès l'âge scolaire. On ne pourra donc pas orienter l'attention, limiter le choix des réponses, demander de répondre avec la vitesse la plus grande possible et, encore moins, obtenir des réponses verbales d'identification ou d'explicitation des connaissances. En ce sens, l'expérimentation avec les très jeunes enfants est comparable à ce que l'on rencontre quand on étudie les comportements animaux. On sait dans ces cas depuis longtemps que l'on peut contrôler les comportements, même dans leur vitesse d'exécution, et transmettre les consignes nécessaires au déroulement de la tâche, à travers un conditionnement. Même si cet apprentissage est souvent fort long pour atteindre un niveau de réponse stable, et s'il est difficile d'obtenir l'ajustement à des conditions de réponses qui ne correspondent pas à des déterminations fonctionnelles, on y parvient néanmoins. Toutefois on éprouve simultanément deux capacités : celle qui, pour l'observateur, est l'objet de son expérimentation, et celle qui correspond à la compréhension de la question que pose la tâche nécessaire à l'expérimentation. Cette tâche correspond rarement à la solution d'un problème qui ait une signification fonctionnelle pour l'organisme étudié : Köhler et les éthologistes ont depuis longtemps fait ces critiques. Cette discussion demanderait d'ailleurs d'être reprise à l'égard de nombreuses recherches sur l'enfant d'âge scolaire. Lorsqu'on étudie les très jeunes enfants, le recours aux contraintes de conditionnements difficiles est évidemment exclu aussi bien pour des raisons éthiques et déontologiques que pour des raisons pratiques. Même si l'on a recours à des conditionnements, comme dans les techniques d'habituation par exemple, ceux-ci doivent demeurer fonctionnels, comme en témoigne la rapidité de leur établissement. Cette situation ne devrait pas être considérée comme une insuffisance que manifesteraient les recherches sur le développement cognitif du très jeune enfant par rapport aux travaux qui portent sur les enfants d'âge scolaire par exemple, mais elle pose un problème de précision conceptuelle pour éviter d'identifier sans précaution des notions distinctes. On doit en effet considérer que les représentations que l'on infère des situations ainsi étudiées, sont nécessairement implicites, tandis que celles que l'on infère à partir de questionnements verbaux, et qui sont données verbalement, sont en général explicites. Cette distinction n'est pas simplement une question superficielle de dénomination ou de type de réponse. On sait maintenant que l'organisation implicite des représentations n'est pas en relation directe avec l'organisation explicite [2, 3, 5, 9, 12] et que les passages ne sont automatiques ni dans un sens, ni dans l'autre entre ces deux modalités. Lorsqu'on parle d'espace, par exemple, il n'est pas évident que l'on parle d'organisations identiques quand on étudie le jeune enfant et quand on étudie des sujets plus âgés ; il en est de même, a fortiori parce que moins inséré dans une perspective fonctionnelle, avec le nombre. Il serait donc opportun d'étudier aussi les sujets parlant, avec des techniques dérivées de celles que l'on utilise au cours de la première année de la vie. Inversement on voit que nous ne savons pas ce qu'il faudrait entendre par représentation explicite à ce moment du développement.

Les deux autres conséquences de l'immaturité entraînent des difficultés d'un tout autre ordre et ont été la source des progrès méthodologiques dont les chapitres précédents ont présenté les aspects essentiels.

L'immaturité du système nerveux, la faiblesse du système musculaire, une répartition des masses différente de celle qui s'établira plus tard, avec une tête relativement très développée, font que le répertoire des effections possibles présente un tableau tout à fait particulier. L'organisation posturale du très jeune enfant, comme Wallon l'avait souligné, est au départ différente de ce qu'elle deviendra ensuite : le maintien de la tête, la position assise, l'autonomie relative des déplacements entraînent des conditions fonctionnelles très différentes et la répartition du tonus, par exemple, n'est pas la même dans les premières semaines qu'au troisième mois. Dans ces conditions certaines formes de réponse ne peuvent être évoquées ; d'autres ne le sont qu'avec des différences considérables avec ce que les mêmes effecteurs produiront ultérieurement, si bien qu'on peut même s'interroger sur l'homologie de ces réponses en différents moments du développement : c'est le cas, par exemple, des mouvements rythmiques de la marche, ou de la position des doigts dans la réponse d'agrippement ; d'autres réponses encore ne sont évoquées que dans des conditions exceptionnelles [14] comme par exemple les situations réalisées par Grenier [7,8] avec maintien de la tête ; d'autres enfin apparaissent à un moment du développement pour disparaître ultérieurement, comme c'est le cas de l'imitation des mouvements du visage avant six mois [6]. Il faut noter [1] que l'absence d'autonomie du maintien stable de la tête dans l'axe du tronc, avec un système de régulation oculo-vestibulaire pratiquement fonctionnel [11], entraîne des mouvements imprévisibles de pseudo-rééquilibration dus aux sollicitations oculaires et des récepteurs du cou dans les mouvements passifs de la tête, mouvements réflexes qui constituent un « bruit » qui masque l'organisation des réponses.

Une quatrième conséquence de l'immaturité, c'est l'alternance rapide des états de vigilance et de sommeil. La durée des observations au cours d'un état qui puisse être considéré comme stable et constant, est très limitée chez le nouveau-né. L'appréciation de la stationarité de ces états au cours d'une séance d'observation ou d'expérimentation constitue un problème réel. En outre, même dans les phases de vigilance apparemment constante, des perturbations imprévisibles, dues à des modifications de l'état du système digestif ou à tout autre cause, peuvent déclencher des cris ou des pleurs, et par là-même signaler que l'état a changé. Il faut ajouter que le maintien d'un état motivationnel et affectif stable pose aussi des problèmes : le maintien sur les genoux de la mère satisfait en général cette condition, mais demande de nouveaux contrôles pour éviter les suggestions inconscientes et assurer la replication des conditions.

Ces difficultés ont amené à développer les techniques qui ont été présentées dans les chapitres précédents. Il était d'abord important de pouvoir utiliser des réponses dont l'organisation est suffisamment mature à la naissance. C'est le cas de la rythmicité cardiaque et de la succion, cette dernière réponse étant en outre aisément conditionnable. C'est le cas aussi du contrôle de l'orientation du regard, au moins dans certaines limites de valeurs angulaires des déplacements et de leur direction, ainsi que de la stabilité de la vergence et de la conjugaison. Bien que chez les prématurés, et même dans les premiers jours après la naissance, ces conditions ne soient pas toujours très satisfaisantes et prêtent à discussion, néanmoins on dispose là d'un répertoire suffisant, utilisable dans les techniques d'habituation, de préférence à l'orientation du regard ou à la poursuite oculaire. L'intérêt de ces réponses est que leur forme est indépendante de la forme du stimulus et que c'est leur variation d'amplitude, éventuellement de latence ou de fréquence, qui permet de déterminer les effets différentiels des comparaisons. Il n'en serait évidemment pas de même de techniques qui impliquent, comme la préhension d'un objet ou la reproduction d'un rythme, des organisations motrices d'un niveau de contrôle beaucoup plus élevé. Le recours à des réponses de ce type, qui sont, lorsqu'elles sont réussies, des manifestations suffisantes mais non nécessaires de la connaissance du stimulus, a longtemps fait décaler considérablement vers le haut l'âge d'apparition des compétences, que les méthodes présentées dans les chapitres précédents évitent. Les développements de techniques d'enregistrement, de techniques d'analyse du stimulus (analyse de Fourier par exemple) ou de leur construction (comme celle des stimuli verbaux synthétiques), ont permis d'utiliser avec une précision accrue ces dispositions méthodologiques.

Mais, comme cela a été montré dans le cas de l'analyse des variations du rythme cardiaque ou de la succion, ces techniques ont aussi permis d'explorer les conditions des changements d'état. A. Bullinger et P. Rochat notent les liens qui existent entre posture et succion. A. Pomerleau et G. Malcuit consacrent un paragraphe à l'étude des changements d'état, mais ils soulignent que l'on ne peut, à travers le seul indice cardiaque, inférer avec suffisamment de certitude l'état d'éveil. On pourrait penser que l'enregistrement des variations de l'E.E.G., comme l'étude des potentiels évoqués, permettrait de répondre à ces questions. Mais il s'agit là, avec de très jeunes enfants, de techniques dont la manipulation est difficile, et dont l'interprétation est souvent plus difficile, ce qui en limite encore aujourd'hui la portée.

Que ces méthodes nouvelles d'exploration des activités cognitives de très jeunes enfants, associées aux sophistications technologiques que les progrès de l'électronique et de l'informatique rendent possibles, aient permis de développer considérablement nos connaissances, c'est l'évidence même, et les exemples qui ont été donnés constituent des illustrations éclairantes. Mais du même coup d'autres problèmes surgissent. M.M. Haith a explicité le choix difficile entre des techniques qui présentent des avantages et des inconvénients différents. H. Bloch a exposé le choix à faire entre habituer avec le même nombre d'essais pour tous les sujets, ou avec un nombre suffisant d'essais pour atteindre un critère d'affaiblissement de la réponse, avec toutefois toujours une limite au nombre d'essais de toute manière délivrés. Ces choix ne sont pas seulement une question d'opportunité : temps disponible, coût de l'appareillage, etc. Les résultats obtenus lorsqu'on compare des techniques différentes ne sont pas toujours en accord, et non pas parce qu'une technique serait toujours plus sensible ou fiable. C'est que les processus en jeu ne sont que partiellement les mêmes, ou que les effets ne sont pas nécessairement attribuables aux mêmes paramètres du stimulus. Ainsi des indicateurs indirects comme les potentiels évoqués, ne se trouvent pas toujours en accord avec des indicateurs comportementaux.

Dans certains cas, une analyse des conditions de ces réponses permet de dégager un indicateur dominant les autres, et donc de conclure ; dans d'autres cas, on peut rapporter les différences aux poids relatifs des différents paramètres du stimulus dans la variation des indicateurs considérés, et on peut encore conclure, bien que dans des conditions plus difficiles ; mais il existe d'autres cas encore où l'on ne peut que chercher à répliquer les résultats qui indiquent la sensibilité la plus élevée.

Ce problème n'est toutefois pas spécifique des recherches sur les très jeunes enfants. Un autre est, lui, beaucoup plus lié à ces recherches : c'est la question que soulève H. Bloch, après Kagan, à propos des enfants qui, dans les conditions des expériences, ne présentent pas d'habituation. On a pris la sage précaution méthodologique de préciser, dans les comptes-rendus d'expériences, le nombre d'enfants qui, bien que répondant aux critères initiaux d'échantillonnage, n'avaient pu donner de résultats utiles, et les raisons du rejet de ces sujets de la population finale dont les résultats sont analysés. Il faut d'abord remarquer que pour des critères initiaux d'échantillonnage analogues, ces taux de rejet sont très variables d'une recherche à une autre. Une première cause de cette variation, c'est l'expérimentateur lui-même dans certains cas : le problème est connu depuis longtemps dans l'expérimentation animale, le chercheur débutant, et certains le demeurent fort longtemps, a souvent plus de rejets. Une seconde cause est la situation expérimentale elle-même : sa durée, la difficulté de la tâche, les conditions de confort ou d'inconfort qu'elle impose. Dans les recherches longitudinales, ou qui exigent une répétition en moments différés, les pertes d'échantillonnage dues aux raisons sociales s'ajoutent évidemment. Les changements d'état sont une des causes importantes de rejet : fatigue, distraction, endormissement, pleurs et cris. Mais dans une partie des cas on peut supposer qu'il s'agit d'une forme différente de traitement des informations par les sujets : c'est peut-être le problème avec les enfants inhabituables. Dans ces cas il en résulte une indétermination sur l'interprétation des données recueillies dans la partie de l'échantillon conservée pour l'analyse, et cela pose de nouveaux problèmes.

On a vu plus haut que l'intérêt des méthodes présentées était la sécurité dans l'analyse qu'apportait le fait qu'elles reposaient sur des réponses relativement stables et matures chez les nouveau-nés, et dont la forme était indépendante de la forme du stimulus (contrairement à ce que serait une réponse de reproduction, par exemple). Mais cet avantage est aussi une limitation des problèmes qui peuvent être traités à l'aide de ces techniques. Ces méthodes ne s'appliquent pas, en effet, à l'étude du développement même des réponses, de leur organisation, de leurs conditions de régulation, de leur variation en fonction de leurs conditions d'évocation.

Un exemple qui a été l'objet de nombreuses recherches est l'organisation du mouvement d'atteinte manuelle d'un objet présenté visuellement (reaching). Dans les jours qui suivent la naissance, il ne peut être obtenu que dans des conditions bien déterminées qui assurent à la fois la stabilité de la tête et la vigilance, tout en laissant la liberté des bras [13]. La limitation de ces conditions explique que l'existence même de cette réponse à cet âge ait pu être contestée. Au cours des premières semaines le mouvement présente un ralentissement plus important en fin de trajectoire quand l'objet est fixé par les yeux, bien que le mouvement puisse être exécuté sans que l'objet cible demeure fixé par le regard, mais alors avec une moindre précision [10]. Ensuite, vers la 10ème semaine, on constate une diminution de la précision, manifestant un changement dans la régulation du geste [10]. Ces recherches, par une analyse précise des conditions d'évocation et de réalisation, nous informent sur d'autres aspects du développement cognitif, que ceux que l'on peut atteindre par les méthodes exposées précédemment, et posent le problème du contrôle visuel du déroulement d'une trajectoire motrice à un moment du développement où on ne le soupçonnait pas autrefois.

L'étude de l'évolution de cette même réponse d'atteinte, puis de préhension, au cours du développement, soulève un autre problème. Ainsi vers la 24ème semaine apparaît une phase où l'enfant ne peut atteindre l'objet qui lui est présenté posé sur un support dans le plan sagittal médian [14]. Une telle difficulté dans l'exécution de cette conduite avait amené Piaget, puis Bower

[4] à considérer que l'obstacle résidait dans une incompréhension de la relation de l'objet à son support. Cette explication est infirmée, si l'on procède à une analyse plus précise de conditions d'évocation et que l'on constate que l'objet est atteint sur le support au même âge si la présentation est latérale ou si, en présentation sagittale, on retient l'un des bras de sorte qu'une seule main exécute le mouvement [14]. Ces faits, et d'autres exemples plus tardifs [13], témoignent que la connaissance perceptive de la situation d'un objet n'est pas nécessairement suffisante pour permettre le contrôle de l'exécution du mouvement d'atteinte.

Ceci montre, d'une part que l'observation « naturelle » de la forme d'une réponse ne permet pas de conclure à la connaissance perceptive de la cible, mais d'autre part que ces discordances mêmes deviennent une source d'information sur les processus cognitifs. On pourrait, bien entendu, présenter d'autres problèmes qui exigent, pour être traités, d'autres méthodes : développement de la latéralité périphérique ou centrale, interactions sociales dans l'imitation ou les co-régulations posturales et motrices, et bien d'autres. Mais les problèmes méthodologiques demeureraient dans l'ensemble de même nature. Ils sont en effet posés par l'organisation même du fonctionnement de l'enfant. Il s'agit, à chaque fois, de trouver les conditions de fonctionnement et de contrôle, en même temps que l'on cherche à déterminer les conditions de leur évolution, que celle-ci se fasse dans le sens d'une transformation des comportements étudiés ou de leur disparition. Mais on aborde alors les problèmes méthodologiques posés non plus dans le court terme d'une expérimentation, mais dans le long terme du développement.

BIBLIOGRAPHIE

[1] AMIEL-TISON C. et GRENIER A. — *Evolution neurologique du nouveau-né et du nourrisson.* Paris, Masson, 1980.

[2] ANDRANGO A. — *Représentation visuelle et organisation sensori-motrice.* Paris, thèse, E.H.E.S.S., 1984.

[3] BERRY D. C. and BROADBENT D. E. — On the relationship between task performance and associated verbalizable knowledge. *The Quaterly Journal of Experimental Psychology, 36 A,* 209-231, 1984.

[4] BOWER T. G. R. — *Development in infancy.* San Francisco, W. H. Freeman and Company, 1974 (2ème ed. 1982)

[5] BRESSON F. — Les fonctions de représentation. In *Psychologie,* IVème partie, chap. 3, édité par J. Piaget, J. P. Bronckart et P. Mounoud. Paris, Gallimard, Encyclopédie de la Pléiade (sous presse).

[6] FONTAINE R. — Imitative skills between birth and six months. *Infant Behavior and Development, 7,* 323-333, 1984.

[7] FONTAINE R. — Tonus, posture, niveau de vigilance dans l'atteinte manuelle chez le nouveau-né. In : *Colloque sur le développement cognitif et le traitement de l'information,* édité par P. Bertelson, Bruxelles (à paraître).

[8] GRENIER A. — La « motricité libérée » par fixation manuelle de la nuque au cours des premières semaines de la vie. *Archives Françaises de Pédiatrie, 38,* 557-561, 1981.

[9] LIDVAN P. — *Formation et identification des nœuds. Contribution à l'étude des représentations de l'espace.* Paris, thèse de l'E.H.E.S.S., 1979.

[10] HOFSTEN C. von — Visual guidance of arm movements in the prereaching infants: a longitudinal study (à paraître).

[11] JOUEN F. — Visual-vestibular Interaction in Infancy. *Infant Behavior and Development, 7,* 135-145, 1984.

[12] REBER A. S., KASSIN S. M., LEWIS S. and CANTOR G. — On the relationship between implicit and explicit modes in the learning of a complex rule structure. *Journal of Experimental Psychology, 6,* 497-502, 1980.

[13] SCHONEN S. de, et BRESSON F. — Developpement de l'atteinte manuelle d'un objet chez l'enfant. In : *La lecture sensori-motrice et cognitive de l'expérience spatiale. Directions et distances,* édité par J. Paillard, Paris, C.N.R.S. *Comportements,* 1985, p. 99-114.

[14] SCHONEN S. de, and BRESSON F. — Some postural and spatial determinants of reaching in 17 - to 25 - week-old infants (à paraître).

[15] SPELKE E. S. — Preferential - looking methods as tools for the study of cognition in infancy. In: *Methodological issues in the study of vision and audition in infancy,* edited by G. Gottlieb and N. Krosnegor. Norwood N.J., Ablex, 1984.

Comportements, nº 3, 1985, 103-123.

CHAPITRE VI

ACTIVITÉS MANUELLES ET DÉVELOPPEMENT COGNITIF

Pierre MOUNOUD, Annie VINTER et Claude-Alain HAUERT

Département de Psychobiologie Expérimentale et Appliquée
Faculté de Psychologie et des Sciences de l'Education
Université de Genève
24, rue Général Dufour, 1211 Genève, Suisse.

MOUNOUD P., VINTER A., HAUERT C.-A. — Activités manuelles et développement cognitif. In : *Etudier l'enfant de la naissance à 3 ans.* Edité par P.-M. Baudonnière. Collection *Comportements.* Paris, C.N.R.S., 1985, p. 103-123.

Ce chapitre recense une grande partie des travaux qui portent sur les activités manuelles du très jeune enfant. Ces activités ont été abondamment utilisées pour mettre en évidence les connaissances de l'enfant relatives à ses actions, aux objets sur lesquels elles portent et à l'espace dans lequel elles se déroulent. Les problèmes épistémologiques soulevés par ce type d'approche sont évoqués dans l'introduction. Une série de remarques critiques concernant les méthodologies utilisées dans ces travaux est également proposée dans le but de relativiser certains des résultats qu'ils ont entraînés. Enfin, la conclusion de ce chapitre plaide pour une approche plus intégrée des versants perceptifs et moteurs des conduites.

Préhension manuelle - Période sensori-motrice - Développement cognitif.

MOUNOUD P., VINTER A., HAUERT C.-A. — Manual behaviors and cognitive development. In: *Studying the preschooler from birth to three years of age.* Edited by P.-M. Baudonnière, Collection *Comportements.* Paris, C.N.R.S., 1985, p. 103-123.

This chapter presents an outline of a great number of experimental studies dealing with manual behaviors in the very young child. Such behaviors have widely served to attempt at describing infant's knowledges of her/his actions, of physical objects and of spatial relationships. The underlying and too often implicit epistemological aspects of these approaches are briefly discussed in the introduction of the chapter. A series of methodological comments is also propounded regarding the general results of the refered studies. Finally, the authors conclude their chapter claiming for a more integrated approach of the perceptual and motor aspects of the behaviors.

Grasping and reaching - Sensori-motor development - Cognitive development.

INTRODUCTION

On ne saurait introduire un tel chapitre en faisant l'économie d'un débat épistémologique, fut-il brièvement mené, relatif à la question de l'origine des connaissances chez l'individu. Les méthodes expérimentales adoptées sont en effet généralement liées aux conceptions théoriques des auteurs, de même qu'elles sont plus ou moins adéquates pour mettre à l'épreuve les problèmes que se posent les chercheurs.

La psychologie postule que les comportements témoignent, entre autre chose, des connaissances du sujet. Le problème fondamental qui se pose à ce propos est celui de l'origine de ces connaissances : résultent-elles d'informations simplement prélevées dans le milieu, ou contenues dans les stimulations atteignant l'organisme, sont-elles engendrées par les instruments d'assimilation du sujet (structures, capacités de calcul), lui permettant de rendre significatives les situations sur lesquelles il agit, ou encore résultent-elles de couplages reliant l'organisme à ses milieux et manifestant une adéquation réciproque entre les structures de ces milieux et les structures de l'organisme ? Cette interrogation est particulièrement pertinente selon nous dans le contexte de l'étude des conduites de préhension. Comment interpréter, par exemple, une incapacité du bébé à saisir un objet, ou des tentatives avortées et maladroites de saisie ? Essayons d'énumérer quelques-unes des réponses qui peuvent être données a priori à cette question :

1) la maturation insuffisante des voies et des centres d'analyse et d'intégration des messages sensoriels, ou :

2) la maturation insuffisante des centres et voies motrices, ou :

3) un apprentissage insuffisant : le bébé n'a pas eu le temps de prélever dans le milieu les informations pertinentes (constitution de règles, ou détection de régularités), ou n'a pas eu l'entraînement suffisant pour coordonner les réponses motrices qu'il est par ailleurs capable de produire séparément, ou encore :

4) le fait que la situation à laquelle il est confronté ne contient pas les informations suffisantes pour provoquer la réponse adéquate ?

Ces questions peuvent sembler vaines à de nombreux chercheurs enclins à adopter une attitude plus pragmatique. On pourrait par exemple imaginer que les recherches entreprises au début du siècle par les pionniers de la psychologie scientifique ne s'embarrassaient pas de tels problèmes. Il est toutefois facile de constater qu'il n'en est rien. Examinons à ce propos l'exemple des recherches « naturalistes » entreprises par Halverson [44] ou Castner [29]. Ces travaux peuvent paraître purement descriptifs et ne posent aucune des questions soulevées ci-dessus. Or, ils ont été menés dans le laboratoire de Gesell, auteur qui a développé une conception maturationniste du développement. Les comportements mis en évidence et étudiés dans ces recherches étaient surtout censés révéler les étapes de la maturation nerveuse, plus particulièrement des centres et voies moteurs. L'hypothèse fondamentale sous-jacente supposait que la myélinisation progressive des zones motrices corticales était à même de rendre compte de la succession des étapes observée au plan comportemental. Très peu d'importance est donnée dans ces travaux aux capacités perceptives du bébé, à ses possibilités d'estimer des distances, des orientations, des tailles, etc. La raison en est simple : il est supposé qu'à partir du moment où l'effecteur est parvenu à une certaine maturité, ces différentes dimensions sont automatiquement traitées par le bébé dans ses comportements.

Considérons maintenant la façon dont Piaget a abordé ces mêmes comportements à la même époque [76, 77]. Pour lui, la transformation des conduites résulte avant tout des activités organisatrices du bébé : ce sont les structures élémentaires des comportements (schèmes de vision, de succion, de préhension) qui sont génératrices, par leur application sur le milieu, ou par leur application les unes sur les autres, de la différenciation de ces structures élémentaires et de la construction de nouvelles structures plus complexes (le schème de la coordination vision-préhension). Dans ce cas, l'accent est donc mis sur la construction de structures nouvelles. D'autre part, toutes les recherches sur la permanence de l'objet concernent également les conduites de préhension et portent sur l'élaboration progressive des relations que les objets entretiennent entre eux (être sur, dessous, derrière, etc.), relations supposées résulter de l'activité organisatrice du sujet.

Enfin, dans le travail de Cruikshank [30] réalisé quelques années plus tard, les conduites de préhension sont étudiées en tant qu'elles manifestent les capacités ou incapacités du bébé à prendre en considération la taille des objets et la distance à laquelle ils se trouvent de lui. L'hypothèse implicite sous-jacente est celle d'une indépendance entre la forme du comportement et les capacités perceptives du bébé qui s'amélioreraient par apprentissage. Cet auteur traite ses résultats de manière très révélatrice, ne considérant que les variations de la fréquence d'apparition des comportements, si diversifiés soient-ils, en relation avec les variations de taille ou de distance des objets.

Le but de ces remarques introductives est de montrer l'importance déterminante des présupposés théoriques des auteurs dans leur démarche expérimentale. Toutefois, dans la suite de ce chapitre, nous avons jugé utile de présenter un large inventaire de travaux expérimentaux plutôt qu'un examen critique, nécessairement restreint, de quelques-uns d'entre eux. Enfin, quant à notre position personnelle, signalons qu'elle a été largement développée ailleurs (66, 67, 69, 71) pour qu'il suffise d'en rappeler ici les grands axes. De notre point de vue, le bébé vient au monde avec des comportements organisés par rapport aux milieux et aux problèmes auxquels il est confronté. Il existe donc un couplage initial entre l'organisme et le milieu, manifestant un niveau de complexité élevé. De plus, des capacités nouvelles de codage entrent successivement en fonction qui contraignent le bébé à redéfinir ses échanges avec son milieu de façon à réaliser de nouveaux couplages (définition de nouvelles configurations d'informations susceptibles de déclencher ou de contrôler les comportements). De notre point de vue toujours, la conduite de préhension ne saurait donc se concevoir autrement que comme une interaction complexe, un couplage, entre un sujet et un objet, ce couplage étant redéfini plusieurs fois au cours du développement.

I. — APPROCHES EXPÉRIMENTALES DE LA CONDUITE DE PRÉHENSION

Les diverses approches expérimentales de la conduite de préhension ont tenté de mettre l'accent tantôt sur son développement propre, indépendamment des particularités des objets sur lesquelles elle opère, tantôt sur les modifications entraînées dans certaines de ses caractéristiques en fonction des variations des propriétés du milieu.

La première de ces perspectives, centrée sur le développement de la conduite en tant que telle, regroupe les études portant sur la mise en place des différentes formes de coordinations entre les activités motrices manuelles et les systèmes extéroceptifs, plus particulièrement le système visuel. Ces études concernent l'organisation ou la réorganisation des systèmes sensoriels et moteurs et des interactions qu'ils entretiennent. Wallon, par exemple, adopte explicitement ce point de vue dans un article publié en 1931 [93] en considérant la conduite de préhension comme révélatrice des connaissances que le bébé élabore de son propre corps. Dans la même perspective, Piaget [76], et, plus récemment, White, Castle et Held [95], pour n'invoquer que des travaux maintenant classiques, décrivent les rapports entre les activités de l'œil et celles de la main, et montrent comment elles se coordonnent progressivement chez le bébé entre 1 et 5 mois pour aboutir à une conduite de préhension décrite comme visuellement déclenchée, rapide, précise et bien adaptée à l'objet. Mentionnons aussi, dans cette perspective, les travaux portant sur l'installation de la latéralité manuelle et dont on trouve une excellente revue dans Young [100], ou encore le travail de Fanny Flament [37]. Cette perspective ne sera pas abordée en détail dans ce chapitre.

La seconde de ces perspectives regroupe les travaux qui ont utilisé la conduite de préhension dans le but de caractériser le développement des *connaissances* relatives aux propriétés des *objets* et du *milieu physique*. Ces propriétés sont fondamentalement de quatre types : spatiales inter-objets (distance, direction, localisation, relations de support, d'enveloppement, etc.), spatiales intra-objet (dimensions, orientation propre, forme, etc.), spatio-temporelles (déplacement, phase, vitesse, accélération de l'objet) et physiques (poids, consistance, température, etc.). Les variations de ces propriétés, en tant que variables indépendantes, sont susceptibles de provoquer des variations de certaines caractéristiques de l'activité de préhension qui prennent alors le statut de variables dépendantes et que nous passerons en revue dans le paragraphe suivant (sous le titre *Variables dépendantes*).

Mais auparavant, il paraît intéressant de tenter de décrire la conduite de préhension *mature* de l'adulte, afin de disposer d'une référence claire. Une telle description est disponible dans les études de Jeannerod (51,52) dans lesquelles les sujets doivent produire des mouvements de déplacement du bras en direction d'un objet et de saisie de cet objet. Ces mouvements sont inscriptibles dans un plan vertical contenant l'objet à saisir. Les indices suivants de l'action sont étudiés : la *trajectoire* plane d'un élément précis (face radiale du poignet) du complexe <bras/avant-bras/main>, la *durée* du mouvement, la *cinématique* de cette trajectoire, et les variations en fonction du temps de l'*ouverture de la pince digitale* formée par l'extrémité du pouce et celle de l'index. Les auteurs montrent que l'atteinte et la saisie manuelle d'un objet visuellement localisable dans l'espace proche — appelé précisément espace de préhension — est une activité préprogrammée coordonnant de manière précise spatialement et temporellement deux sous-programmes, un programme de transport du membre supérieur en direction de l'objet et un programme d'ouverture anticipée et de fermeture de la main. Cette dernière est parfaitement synchronisée avec la fin de la phase de transport, et parfaitement adaptée à la forme de l'objet à saisir.

Il est clair que l'étude de la conduite de l'adulte est infiniment plus aisée que celle de la conduite de l'enfant et, a fortiori, du bébé, en raison de la nature des contraintes imposables au sujet. L'extrême complexité de cette conduite apparaît donc spécialement dans son étude chez l'enfant. Elle est illustrée dans le paragraphe qui suit et qui tente d'établir le catalogue le plus complet possible des variables dépendantes utilisées dans l'étude des activités de préhension chez le jeune enfant.

II. — VARIABLES DÉPENDANTES

Considérons le découpage suivant de l'activité de préhension : le *déplacement* du membre supérieur, produit fondamentalement par des activités articulaires proximales et intermédiaires, et pouvant conduire à l'atteinte de l'objet, la *saisie* (ou prise proprement dite), dont est responsable la main, et le *transport* (de l'objet). Dans l'étude de ces phases, une ou plusieurs des variables dépendantes suivantes ont été utilisées selon les auteurs : pour la *phase de déplacement* tout d'abord, les auteurs relèvent la fréquence (nombre par unité de temps) des mouvements produits, leur durée moyenne, le nombre de segments qu'ils comportent, le type de trajectoires qu'ils réalisent, leur position finale par rapport à l'objet (c'est-à-dire leur amplitude), leur vitesse moyenne, la présence ou l'absence d'activité des doigts, l'orientation de la main, le décours temporel (timing) et l'ajustement spatial (shaping) de l'ouverture/fermeture de la main, la fréquence des contacts main-objet, la fréquence des

« échecs », le type de mouvements (flexion/extension, abduction/adduction, pronation/supination, rotation interne/externe), les variations angulaires du coude, la nature des activités visuelles concomitantes (orientation du regard, nombre et durée des fixations sur l'objet, sur la main), des activités posturales concomitantes (du tronc, de la tête), les syncinésies, etc. ; pour la *phase de saisie,* sont relevés, selon les auteurs, la fréquence des saisies, leur durée, la main qui saisit, le type d'activité de l'autre main, l'orientation en prono-supination de la main, les doigts impliqués, le type de saisie, la pression exercée sur l'objet, etc. ; pour la *phase de transport* enfin, les trajectoires de la main (pronation/supination, participation du coude, de l'épaule, du tronc, de l'autre bras, de l'autre main, etc.) et leur cinématique, l'usage fait de l'objet (porté à la bouche, jeté, regardé, exploré avec les doigts, etc.), etc.

Il est intéressant de noter à ce propos que les études expérimentales sont d'autant plus complètes, dans le sens où elles utilisent un grand nombre de ces descripteurs, qu'elles sont anciennes ! (cf., par exemple, 44), mais qu'aucune d'entre elles ne tient compte de l'ensemble de ces variables. C'est par contre pratiquement le cas dans certaines études récentes de simulation et de robotique [50].

III. — L'ACTIVITÉ DE PRÉHENSION COMME RÉVÉLATEUR DU DÉVELOPPEMENT COGNITIF DU BÉBÉ

Direction de l'objet

Selon Bower, Broughton et Moore [12], les nouveau-nés orientent correctement leurs bras dans la direction d'un objet et l'atteignent même dans 30 % des cas. Ce résultat a ouvert une controverse qui a conduit, dans un premier temps, à des répliques essentiellement négatives [32, 84], ces études se différenciant par rapport à la manière dont est défini un mouvement de préhension. Pourtant, une coordination visuo-manuelle semble bien exister dès la naissance [80], Von Hofsten [47] montrant par ailleurs que le nouveau-né approche d'autant plus sa main de l'objet qu'il le fixe visuellement dans ce même temps.

Notons que la prise en compte de la localisation spatiale d'un objet a été mise en évidence également dès la naissance en analysant les mouvements latéraux de la tête et les mouvements des yeux en réponse à une cible visuelle et/ou auditive, statique comme mobile [5, 26, 62, 90, 91, 95]. La précision de ces mouvements est plus grande que celle des mouvements d'approche du bras et de la main et, surtout, ils sont plus systématiques. Paradoxalement, au premier abord, la conduite de préhension ainsi par ailleurs que la coordination auditivo-motrice intègrent plus précisément la propriété de direction de l'objet à la naissance que vers 2 mois. Un tel résultat montre immédiatement la nécessité de distinguer plusieurs formes de perception de la réalité apparaissant progressivement au cours du développement.

Orientation de l'objet

Les études qui ont analysé l'adaptation de la préhension à cette propriété de l'objet sont récentes.

Lockman, Ashmead et Bushnell [56] ont présenté verticalement et horizontalement des tiges (rods) à des bébés de 5 et 9 mois et ont analysé l'orientation de leurs mains durant la phase d'approche jusqu'au contact avec l'objet. A 5 mois, les enfants n'orientent pas leurs mains, durant l'approche vers l'objet, sur la base des informations visuelles disponibles, mais le font juste après avoir touché l'objet. Les bébés de 9 mois orientent par contre leurs mains déjà durant la phase d'approche. Von Hofsten et Fazel-Sandy [48] ont observé longitudinalement des bébés de 18 à 34 semaines, auxquels ils ont présenté également des bâtons orientés verticalement ou horizontalement. Ces auteurs ont choisi des mesures de l'orientation de la main du bébé plus fines que celles de Lockman et coll., en particulier selon un échantillonnage temporel plus précis. Ils ont montré que, dès 18 semaines, l'enfant anticipe l'orientation de la main en fonction de l'orientation de l'objet, quoique de manière plus grossière qu'à 30-34 semaines.

La confrontation de ces deux études, fort similaires, met bien en évidence l'importance du choix de la mesure. Souvent, des mesures plus analytiques conduisent à des résultats plus concluants sur l'existence de capacités perceptivo-motrices perfectionnées chez le bébé que des mesures plus grossières.

Taille de l'objet

Le recours à la préhension pour affirmer l'existence d'une perception de la taille de l'objet dans les premières semaines de la vie semble conduire à une impasse. Pourtant, des approches de l'objet différenciées selon sa taille, chez des bébés de 1-2 semaines pour le premier, de 8 semaines pour les seconds ont été mises en évidence [9, 20]. La manière dont les mouvements de préhension ont été mesurés est différente dans ces deux recherches : mesure de l'écart entre les doigts et le pouce ou de l'écart entre les mains chez Bower ; analyse du type de mouvement d'approche du bras chez Bruner et Koslowski. Mais des doutes ont été formulés à propos des conclusions de ces recherches car des explications alternatives à celle de la perception de la taille de l'objet pourraient rendre compte des résultats [55, 73]. Ainsi, que l'on considère la phase d'approche du bras ou de la main, et à plus forte raison la prise de l'objet, la conduite de préhension ne semble pas calibrée par rapport à la taille de l'objet dans les premières semaines de la vie, bien que le bébé soit alors capable de discriminer visuellement des objets de tailles différentes.

Ce problème de la perception de la taille des objets est lié à celui de la distance à laquelle l'objet est présenté [30]. Dès 10 semaines, les bébés ont tendance à effectuer davantage de mouvements d'approche vers un petit objet situé proche que vers ce même objet ou vers un objet plus grand situé au-delà de la limite de préhension. Néanmoins, vers 4-5 mois, les bébés répondent presque autant à un grand objet situé à 75 cm qu'à un petit objet situé proche, ces deux objets donnant lieu à des projections rétiniennes comparables, ce qui pourrait traduire un manque de constance perceptive de la taille à cet âge [58]. Dès 6 mois, la taille réelle de l'objet, associée à sa distance, constitue par contre des dimensions déterminantes pour le déclenchement de la conduite de préhension.

Distance de l'objet

La préhension constitue l'un des indices les plus valides de la perception de la profondeur par le bébé [97] car en tant que conduite qui se déroule dans un espace tridimensionnel, elle permet de révéler une utilisation fonctionnelle de la profondeur.

Un grand nombre de travaux ont examiné la sensibilité du bébé à la propriété de distance de l'objet. L'adaptation de la préhension à la distance de l'objet a été évaluée en analysant la fréquence des mouvements de préhension ou bien l'ajustement de l'amplitude du mouvement d'approche par rapport à la distance. Ces deux mesures conduisent à des résultats différents.

Des bébés de 7 à 15 jours de vie dirigent également leurs bras plus souvent en direction d'un objet à portée de main que vers un objet éloigné [9]. Field [34, 35, 36] confirme que la fréquence des mouvements de préhension décroît lorsque la distance de l'objet augmente, bien que les bébés plus jeunes (2 mois) cherchent encore à atteindre un objet qui est juste au-delà de la limite de préhension. Des objets à portée de main, mais à des distances différentes par rapport au sujet, déclenchent un même nombre de préhension [41].

En ce qui concerne l'ajustement de l'amplitude du mouvement du bras par rapport à la distance de l'objet, aucun résultat clair n'émerge avant 6 mois [9, 30, 34, 36, 41], alors que l'analyse en terme de fréquence est concluante déjà pour les bébés de 2 mois.

Yonas et ses collaborateurs (voir [97] pour une revue de questions) ont différencié les paramètres que le bébé peut utiliser pour la perception de la profondeur et les ont analysés séparément : l'information binoculaire [41, 43], l'information monoculaire statique ou intrafigurale ("pictorial depth information"), comme par exemple l'information fournie par la propriété de taille d'un objet familier [98], l'information cinétique [99]. La préhension, mesurée essentiellement en terme de fréquence, durée et direction, est systématiquement utilisée comme indice comportemental. Ces études, dans leur ensemble, attestent de l'existence d'une perception précoce de la profondeur basée sur des indices cinétiques (vers 3 mois), puis d'une perception de la profondeur basée sur les informations binoculaires vers 5 mois, et enfin, vers 7 mois, d'une perception de la profondeur basée sur des indices intrafiguraux.

La perception de la profondeur, dans le sens de la discrimination de cette dimension, se manifeste par contre beaucoup plus précocement. Avec des bébés de 3 mois [33], avec des bébés de 4 à 6 mois [46] la technique de la préférence visuelle en démontre l'existence. Une discrimination de la profondeur est révélée chez des bébés de 6 à 9 semaines au moyen d'une technique de conditionnement [8], chez des bébés de 3 mois et demi au moyen d'une technique de tracking visuel d'un objet virtuel [39]. Les potentiels évoqués visuels montrent une détection des disparités en profondeur entre 2 et 4 mois [75]. Enfin, des mouvements de clignement des yeux ou de retrait de la tête dans la réaction au « looming » constituent d'autres indices comportementaux de la perception de la profondeur [6, 11, 31], ainsi que la locomotion dans la situation du visual cliff [27, 28, 80, 81, 89]. Avec les premiers, elle est établie à 2 semaines de vie alors qu'avec la locomotion, il faut attendre environ 9 mois. Pour mettre encore plus en lumière les divergences dans les résultats qu'implique le choix d'une mesure particulière, mentionnons que Ball et Dibble [7] obtiennent des réactions de retrait de la tête entre 1 et 3 mois déjà, dans la situation du précipice visuel, indiquant par là une probable perception de la profondeur à cet âge dans une telle situation.

Tridimensionnalité de l'objet

Selon certains auteurs [10, 13], le bébé de 1 à 3 semaines effectue davantage de mouvements de préhension face à un objet solide tridimensionnel que confronté à des représentations ou images bidimensionnelles de cet objet. Mais ce résultat n'a pas été répliqué à un âge aussi précoce [35, 80]. Ce n'est que vers 24 semaines qu'une différenciation entre l'objet et son image apparaît au travers de la conduite de préhension, alors que dès 13 semaines, les temps de fixation visuelle laissent, quant à eux, entrevoir une discrimination entre l'objet tridimensionnel et l'objet bidimensionnel.

Solidité de l'objet

En utilisant un ingénieux dispositif d'ombre, Bower et ses collaborateurs [10, 12] ont réussi à présenter à des bébés âgés de 8 à 31 jours dans un cas, de 1 à 6 mois dans l'autre, des images visibles d'objets virtuels. Ils rapportent qu'à tout âge, les sujets sont troublés par le fait que le mouvement de préhension n'aboutisse pas à un contact avec un objet mais se déroule dans un espace vide. Vers 5-6 mois apparaissent des mouvements d'exploration de la situation et de ses propres mains par le bébé. L'anticipation d'un contact avec l'objet dénote, selon ces auteurs, le caractère intentionnel des préhensions précoces.

Les tentatives de replication de ce résultat se sont soldées par des échecs [36, 96]. Aucune réaction de surprise ou de détresse n'est signalée par les auteurs à des âges aussi divers pourtant que 3, 5, 7 et 9 1/2 mois en réponse au conflit visuo-tactile. Fort probablement, la surprise ou la détresse ne constituent pas les indices comportementaux les plus pertinents pour rendre compte de cette situation de discordance visuo-tactile. On pourrait aussi suggérer que la réaction de détresse à ce conflit est spécifique aux nouveau-nés et que les réplications des recherches de Bower ont été réalisées avec des bébés trop âgés. Le choix des âges à étudier constitue d'ailleurs un problème important de la méthodologie propre au nourrisson. Une prise en considération sérieuse de la dimension développementale pourrait contribuer quelquefois à éclaicir certains problèmes. Un bébé de 3 mois ne peut être considéré comme équivalant à un bébé de 2 semaines. Par ailleurs, le fait qu'une capacité perceptive donnée ne soit pas présente à 3 mois ne signifie pas qu'elle n'existe pas dans les premiers mois de la vie. Elle pourrait fort bien disparaître entre la naissance et 3 mois, comme c'est le cas pour les imitations précoces par exemple [38, 60, 92].

Forme et texture de l'objet

C'est au moyen du même paradigme expérimental que celui utilisé pour étudier la propriété de solidité de l'objet, à savoir celui de la discordance entre les informations visuelles et les informations tactiles, que Bushnell [22, 23] a enregistré les réactions de bébés âgés de 8 à 11 mois lorsqu'ils saisissent un objet qui diffère du point de vue de sa forme et de sa texture de celui qu'ils perçoivent simultanément par voie visuelle. Que l'objet saisi soit identique ou non à l'objet vu, les conduites des bébés de 8 mois sont similaires dans les deux cas. Dès 9 1/2 mois, la situation de discordance visuo-tactile implique par contre des explorations visuelles et tactiles plus soutenues que celle de concordance.

La propriété de texture semble pourtant être perçue dès la naissance de façon intermodale [61]. Les nouveau-nés sont en effet capables de reconnaître visuellement une tétine à partir des informations prélevées en la suçant, sur la base de sa texture.

Sonorité de l'objet

Il semble acquis qu'un objet vu déclenche dès les premières semaines de la vie des mouvements de préhension. Wishart, Bower et Dunkeld [94] ont vérifié s'il en était de même pour un objet spécifié auditivement uniquement. Ces auteurs ont montré que des bébés voyants tendent à prendre un objet sonore dans le noir dès 4 mois, une telle coordination auditivo-manuelle disparaissant progressivement après le cinquième mois de vie pour ne réapparaître que bien ultérieurement. Pour Bower, la disparition de cette coordination résulte de la différenciation des perceptions de l'enfant, l'ensemble des systèmes perceptifs étant indifférenciés au début de la vie.

Relations spatiales de l'objet avec son support

On présente [17] à des sujets entre 17 et 40 semaines, un objet à saisir placé sur différents supports (extrémités des doigts de l'expérimentateur, paume de la main de l'expérimentateur, cube, planche). Les performances varient, en plus de l'âge, avec le type de support sur lequel est présenté l'objet. Plus spécialement, l'atteinte à une seule main, directe ou indirecte, fait l'objet d'un bon taux de réussite plus précocement lorsque l'objet est présenté au bout des doigts de l'expérimentateur que dans les autres cas. Cependant, dans tous ces cas, le bébé cherche tout de même à atteindre l'objet. Au vu de ces constatations, les auteurs proposent de rejeter l'hypothèse de Bower [10] selon laquelle un objet posé sur un support ne serait pas discriminé du support lui-même jusqu'à un certain niveau de développement.

Le développement de la permanence de l'objet

Les études de Piaget sur le développement de la permanence de l'objet sont bien connues. Le paradigme expérimental de ces recherches est le suivant : un objet est placé, de manière visible ou non, sous un ou plusieurs écrans. L'expérimentateur observe alors la direction du mouvement de préhension de l'enfant. Un aspect des résultats de Piaget a donné lieu à une série de recherches, surtout d'origine anglo-saxonne relatives à « l'erreur du stade 4 », c'est-à-dire au fait d'aller chercher un objet caché au même endroit que celui où il a déjà été retrouvé, bien qu'il ait disparu sous un autre écran [14, 16, 24, 25, 45].

Bower [9] a réalisé une transposition de cette problématique de l'objet permanent sur le plan perceptif, dans l'intention de montrer qu'elle existe très tôt dans le développement. Il a montré, par exemple, que des bébés âgés de 4 semaines sont surpris lorsque le retrait d'un écran fait apparaître un espace vide alors que, précédemment, cet écran est venu cacher un objet. Des tâches de poursuite visuelle ont également été utilisées à cette fin, l'objet-cible disparaissant derrière un écran à un certain point de la trajectoire. A 8 semaines, le bébé est capable de garder les yeux sur l'objet le long de sa trajectoire, reconstituant de la sorte son déplacement derrière l'écran. Mais ce n'est que vers 20 semaines que le bébé est troublé par la réapparition, après le passage derrière l'écran, d'un objet différent de celui poursuivi précédemment. La forme initiale de permanence de l'objet ne prend ainsi pas en considération les propriétés de taille, forme ou couleur de l'objet. Un tel résultat illustre de nouveau un des points que nous avons soulignés en introduction : si le passage de la conduite de préhension aux comportements visuels permet de révéler une permanence de l'objet beaucoup plus précoce, cette dernière est néanmoins qualitativement différente de celle qui est mesurée plus tardivement.

Le développement de la conduite de détour

Bruner [18, 19] a confronté des bébés de 6 à 9 mois, de 10 à 13 mois et de 14 à 17 mois à un écran opaque ou translucide, derrière lequel l'expérimentateur fait disparaître un objet. Les plus jeunes enfants cherchent à prendre directement l'objet et se heurtent à l'écran qu'ils ne contournent pas. Des conduites de détour apparaissent par contre vers 10-13 mois, bien qu'elles soient encore maladroites.

Cette conduite a été étudiée plus récemment par Lockman [54] qui a comparé les résultats obtenus en utilisant la préhension ou la locomotion comme mesures de la compréhension du détour spatial. Des bébés de 8 à 12 mois ont été suivis longitudinalement. Si l'écran derrière lequel l'objet disparaît est opaque, alors les bébés se montrent capables de le contourner avec la main vers 9,8 mois, vers 11,2 mois avec la locomotion. Pour des écrans translucides, ces réussites apparaissent un peu plus tard, vers 10,7 mois dans le cas de la préhension, ou vers 11,8 mois dans le cas de la locomotion.

Le développement des conservations physiques

En recourant essentiellement à des jugements verbaux [78] on a mis en évidence, chez l'enfant de 7-8 ans, la compréhension de l'invariance du poids d'un objet, quelle que soit sa forme. Mounoud [63], Mounoud et Bower [68] ont, pour leur part, montré l'existence d'une forme comportementale de conservation chez le bébé apparaissant autour de 16 à 18 mois, en analysant les paramètres mécaniques de l'action de prise de l'objet. Le paradigme expérimental est comparable à celui utilisé par Piaget et Inhelder. Un objet est présenté plusieurs fois de suite au bébé de manière qu'il le saisisse, ce qui permet d'établir les mesures de références relatives à la prise de l'objet (importance et variabilité des chutes ou élévations de l'avant-bras consécutives à la saisie). L'objet est ensuite transformé et proposé de nouveau au bébé. Des réponses de non-conservation du poids se traduisent par une élévation subite (sur-estimation de poids) ou un abaissement (sous-estimation du poids) de l'avant-bras du bébé. Dès 14 à 16 mois une première forme de conservation du poids apparaît, le bébé n'anticipant pas une modification du poids d'un objet consécutivement à une modification de sa forme.

Le développement de l'orientation propre dans l'espace

La préhension d'objets est également exploitée comme indice de la capacité de l'enfant à structurer l'espace proche, en particulier à maîtriser les relations spatiales entre son propre corps et les objets externes. La notion piagétienne « d'égocentrisme » est au cœur de ces recherches, certains auteurs tendant à montrer que le bébé structure l'espace essentiellement par rapport à son propre corps et à ses actions, d'autres affirmant au contraire l'existence de structurations « objectives » de l'espace dès la première année de vie [1, 15, 24].

Les mêmes situations que celles utilisées pour l'étude de la permanence de l'objet sont principalement à la base de ces recherches, avec quelques variantes. L'enfant reste immobile et l'objet est caché de manière invisible en A, où il est retrouvé, puis en B. Quelquefois, l'expérimentateur exécute une rotation de 180° du bébé à un certain point de la série d'essais relatifs aux disparitions et réapparitions de l'objet sous plusieurs écrans. La complexité de la transformation géométrique opérée sur l'enfant ou sur l'environnement constitue un paramètre important des capacités de l'orientation spatiale. Des nourrissons de 9 mois sont par exemple capables de « repérage » spatial objectif si l'enfant subit une rotation ou une translation mais pas s'il subit une combinaison de ces deux transformations [53].

Les mouvements d'orientation de la tête vers la gauche ou vers la droite constituent un indice comportemental alternatif à la préhension dans ces recherches sur l'orientation spatiale. L'expérimentateur apprend à l'enfant à anticiper l'apparition d'un objet dans l'une des deux fenêtres d'une pièce, lui fait alors exécuter une rotation de 180° et observe ensuite la direction de ses mouvements de tête [2,82]. Les deux types d'indices, préhension et mouvements de la tête, fournissent des résultats cohérents entre eux, contrairement à l'ensemble des cas que nous avons signalés jusqu'à présent, où un changement dans la mesure entraînait de fortes différences. Par contre, des variations de la situation expérimentale, des rotations de l'enfant inférieures à 180°, la présence d'éléments spécifiques (par exemple, associer des repères visuels différents aux deux fenêtres), le type de contexte dans lequel elle se déroule (familier ou non) impliquent des différences dans les résultats, des bébés de 6 mois déjà pouvant alors faire preuve de réponses d'orientation « exocentrée » [2, 3, 4, 59, 79].

Les activités manuelles d'exploration et de manipulation

Les activités manuelles de toucher et d'exploration ont été utilisées par certains auteurs pour étudier le développement de la perception intermodale (toucher-vision) et, plus rarement, intramodale. [Voir 73, 74 pour une revue de question de ces travaux].

La perception intermodale

Bryant, Jones, Claxton et Perkins [21] présentent visuellement deux formes différentes (un cube et une ellipse, l'un et l'autre pouvant faire du bruit) à des bébés âgés de 6 à 11,5 mois, puis font explorer tactilement seulement l'une de ces formes qui est à reconnaître ensuite visuellement. L'ellipse est « reconnue » mais pas le cube. La reconnaissance visuelle d'une forme à partir de la manipulation semble donc dépendante des propriétés de l'objet choisi.

Familiarisés manuellement avec un objet, des bébés de 12 mois regardent ensuite plus longtemps (ou cherchent à le prendre) un nouvel objet que celui connu [42], alors qu'à 6 mois, c'est vers l'objet familier que se dirigent préférentiellement les enfants [85]. Cette dimension, familiarité-nouveauté de l'objet, donne des résultats différents lorsque la familiarisation et la reconnaissance sont réalisées au travers de la modalité visuelle uniquement. Le bébé préfère l'objet nouveau à l'objet familier, dès 12 semaines pour certains [49], dès la naissance pour d'autres [86].

En recourant au paradigme de la discordance perceptive (toucher un objet et voir un autre simultanément), Bushnell [22] a précisé les propriétés des objets que le bébé de 15 mois peut transférer d'une modalité perceptive à l'autre : celles de taille, de texture, et leur combinaison donnent lieu à des reconnaissances, mais pas celle de forme (des cubes et des croix ont été utilisés comme objets, alors que Bryant et coll. [21] ont montré que le cube ne donne pas lieu à un transfert intermodal). Si la discordance dans la forme est associée à une discordance dans la texture, alors dès 9,5 mois les nourrissons réagissent à ces différences [23]. Certaines propriétés de forme sont pourtant discriminées aussi bien tactilement que visuellement dès 5 mois, comme des lignes droites par rapport aux courbes, des formes pleines par rapport à des formes creuses, et sont également reconnues tactilement après une familiarisation visuelle. Le contraire, une familiarisation tactile et une reconnaissance visuelle, donne par contre lieu à des résultats plus ambigus à cet âge [88].

De nouveau, il est possible de démontrer l'existence de transfert tact-vision à un âge plus précoce, en faisant recours à un organe sensoriel autre que la main, la langue en l'occurrence. Meltzoff et Borton [61] affirment de la sorte que le nouveau-né est capable de reconnaître visuellement une tétine à partir des informations prélevées en la suçant. La propriété de l'objet sur laquelle se base la reconnaissance dans cette recherche est celle de texture.

Propriétés des objets et actions spécifiques

Un certain nombre d'auteurs ont cherché à inférer la perception par l'enfant de certaines propriétés des objets à partir de la spécificité de ses actions de manipulation ou d'exploration pour définir ce qui est appelé dans la perspective gibsonnienne des « affordances » (pouvoirs d'attraction, de sollicitation).

McCall [57] a ainsi montré que les bébés entre 8 et 12 mois manipulent davantage des objets sonores et des objets plastiques que des objets ayant une structure complexe. A 6 mois, les objets nouveaux différenciés des objets familiers soit par leur forme, soit par leur texture, sont manipulés plus longtemps que les objets familiers [87].

Gibson et Walker [40] ont mis en évidence des liens spécifiques à 12 mois entre les actions de presser, de serrer, et des objets à substance molle, entre les actions de secouer, de taper, et des objets à substance rigide. Ainsi, la propriété de substance donne lieu à des manipulations spécifiques de l'objet. Ces mêmes auteurs ont par ailleurs montré que la propriété de substance est perçue beaucoup plus précocement, à 1 mois, en familiarisant les nourrissons avec des objets mous et rigides, au travers de la succion, et en testant leur préférence visuelle ensuite.

Les recherches de Ruff [83, 85] spécifient davantage ce lien entre les catégories d'action et les propriétés des objets. Des bébés de 6, 9 et 12 mois pouvaient explorer manuellement une série de cubes de différentes couleurs et de « blocks » se différenciant selon la forme. Les cubes ont surtout été explorés avec les doigts et les blocks ont surtout été mis à la bouche ou passés de main à main. Il semble possible que l'exploration digitale soit donc liée à la texture et les deux autres actions à l'exploration de la propriété de forme. Palmer [72, 73] poursuit ces travaux en diversifiant les propriétés des objets manipulés par l'enfant et en spécifiant davantage les catégories d'actions du bébé.

DISCUSSION ET CONCLUSION

Une remarque s'impose d'emblée à l'examen de cette série de travaux : ils utilisent en majorité le comportement de préhension pour évaluer les connaissances du bébé, qualifiées tantôt de perceptives, tantôt de cognitives, sans toutefois tenir compte de l'évolution propre de cette conduite. Symétriquement, il serait possible de montrer que les recherches qui ont tenté de décrire cette évolution (voir sous *Introduction*) n'ont par contre pas systématiquement tenu compte des particularités dans lesquelles les bébés étaient placés. Or, il est bien évident qu'il n'existe pas *une* conduite de préhension, mais plusieurs conduites qui caractérisent, selon nous, des niveaux d'organisation distincts des échanges du bébé avec ses milieux. Si l'on considère en particulier ce que nous avons appelé la forme mature de ce comportement, la description fournie par Jeannerod [51, 52] est curieusement très proche de descriptions fournies, par d'autres auteurs, de la conduite du bébé à des âges fort divers : à la naissance [12], vers 22 à 24 semaines [95], ou vers 52 semaines [44]. Il nous semble aller de soi que ces descriptions très voisines concernent trois niveaux de développement du bébé qui ne sauraient être considérés comme équivalents. Ils sont en effet séparés par des phases de réorganisations que l'un d'entre nous a décrites en terme de « révolutions successives » [64, 66]. La première de ces révolutions concerne l'évolution précoce de cette conduite (durant les 6 premiers mois de la vie post-natale), la seconde son évolution tardive (entre 6 et 18 mois). Chacune de ces révolutions peut être décrite par une succession d'étapes présentant chacune une forme spécifique de préhension. Notre plaidoyer est par conséquent en faveur d'une approche intégrée qui renonce délibérément à séparer les versants perceptifs et moteurs des comportements, comme le font trop de travaux en vertu de principes méthodologiques stricts. Une telle approche devrait permettre de caractériser une histoire générale des échanges que le bébé peut entretenir avec son milieu au moyen de cet instrument remarquable que constitue sa main.

Une deuxième remarque, sous forme de question, a trait à la complexité inhérente à l'étude des connaissances du jeune enfant à travers une conduite comme la préhension étant donné l'impossibilité dans laquelle nous nous trouvons de considérer le mesurant utilisé comme invariant. Comment dès lors qualifier une évolution estimée au moyen d'un étalon lui-même variable, comme c'est si manifestement le cas avec les conduites de préhension ?

Nous pouvons néanmoins envisager les travaux passés en revue par rapport à la diversité des capacités perceptives et cognitives que la préhension est susceptible de mettre en évidence, en gardant toutefois présentes à l'esprit ces deux remarques.

Ces travaux révèlent l'existence d'une première forme de préhension à la naissance, ou plutôt de coordination œil-main [47]. Cette coordination intègre la propriété de direction de l'objet et rend possible une anticipation de la position de la main du bébé relativement au déplacement de l'objet [47]. Par contre, il apparaît beaucoup plus hasardeux de conclure qu'elle est calibrée par rapport aux propriétés de taille, de forme, de tridimensionnalité ou de solidité de l'objet. D'un point de vue développemental, cette coordination disparaît dans les premières semaines de la vie. Elle se reconstitue ensuite progressivement, mais les préhensions d'un bébé de 6 mois ou de 12 mois sont ajustées par rapport aux propriétés de taille, forme ou distance. Certaines dimensions de l'objet, comme son poids, sont intégrées plus tardivement.

Chaque fois qu'il s'est avéré possible, nous avons souligné que si les préhensions précoces ne permettaient pas d'affirmer la prise en compte par le bébé de certaines propriétés de l'objet, d'autres conduites fournissaient par contre des informations allant dans un autre sens. Par exemple, le nouveau-né est capable d'appareiller une tétine perçue visuellement avec une tétine sucée sur la base de la texture, alors que le bébé de 9 mois ne semble pas troublé par le fait de toucher un objet de texture différente de celui perçu visuellement. Dans cet exemple, l'indicateur comportemental ainsi que l'âge des sujets sont radicalement différents (dans un cas comme dans l'autre). Les recherches sur le développement de la conduite de détour illustrent un autre cas, dans lequel, au moyen de la préhension, le bébé résout un problème de contournement un peu plus précocement qu'au travers de la locomotion. Lockman [54] rend compte, avec raison, de ce dernier décalage par la loi de développement du proximal au distal, ce qui revient à faire recours au degré de maturation du comportement considéré comme indicateur. Mais de notre point de vue, une telle interprétation ne convient pas au premier exemple cité, qui confronte les performances du nouveau-né avec celles d'un bébé âgé de quelques mois. Car comment expliquer autrement ce qu'il est devenu commun d'appeler les « régressions » dans le développement, comme celles qui caractérisent l'évolution des imitations précoces, de la coordination œil-main ou de la coordination auditivo-motrice ? Relativement à cet autre type de décalage, il semble plus satisfaisant de postuler l'existence de plusieurs formes d'élaboration de la réalité. Selon le modèle évoqué ci-dessus [65, 69, 70], les comportements à la naissance sont basés sur une organisation sensori-motrice, alors qu'entre la naissance et 2 ans, se construit un nouvelle organisation qualifiée de perceptivo-motrice. La différence fondamentale entre ces deux organisations est liée à la nature des représentations sur lesquelles s'appuient les coordinations des comportements : représentations sensorielles pour la première, perceptives pour la seconde. Une perception du réel au sens strict, c'est-à-dire la reconnaissance de l'existence d'un monde constitué d'objets ayant des propriétés définies, n'existe pas à la naissance, mais se construit dans les deux premières années de la vie.

Nous avons insisté sur le fait que la préhension peut renseigner sur l'utilisation que le sujet fait des propriétés de son milieu. Nous devons maintenant préciser que la préhension à la naissance ne possède pas cette caractéristique : ce « milieu » (univers d'objets et de situations) n'existe pas pour le nouveau-né. Les différents indicateurs comportementaux (vision, succion, etc.) renseignent sur la capacité du nouveau-né à différencier, à discriminer les propriétés des objets, sans que ces propriétés puissent être référées à des objets externes. Ce serait la raison pour laquelle la préhension précoce n'est pas ajustée par rapport aux propriétés intrinsèques de l'objet (ce qui suppose une utilisation de ces propriétés) mais seulement par rapport à certaines propriétés relationnelles, ce qui suppose une orientation du corps et des actions par rapport aux objets. On peut ainsi comprendre pourquoi d'autres indicateurs comportementaux peuvent apporter davantage d'informations sur les capacités du nouveau-né que ne le fait la préhension.

REFERENCES

[1] ACREDOLO L. P. — Development of spatial orientation during infancy. *Developmental Psychology: 14*, 224-234, 1978.

[2] ACREDOLO L. P. — Laboratory versus home: The effect of environment on the 9-month-old infant's choice of spatial reference system. *Developmental Psychology: 15*, 666-667, 1979.

[3] ACREDOLO L. P. — The familiarity factor in spatial research: What does it breed besides contempt ? Conférence présentée au Biennal Meeting of the Society for Research in Child Development, Boston 1981.

[4] ACREDOLO L. P. and D. EVANS. — Developmental changes in the effects of landmarks on infant spatial behavior. *Developmental Psychology: 16*, 312-318, 1980.

[5] ASLIN R. N. and SALAPATEK P. — Saccadic localization of visual targets by the very young human infants. *Perception and Psychophysics: 17*, 293-302, 1975.

[6] BALL W. and TRONICK E. — Infant responses to impeding collision: Optical and real. *Science: 171*, 818-820, 1971.

[7] BALL W. and DIBBLE A. — Perceived movement in the visual crib. *Journal of Genetic Psychology: 137*, 191-198, 1980.

[8] BOWER T. G. R. — Stimulus variables determining space perception in infants. *Science: 149*, 88-89, 1965.

[9] BOWER T. G. R. — Object perception in infants. *Perception: 1*, 15-30, 1972.

[10] BOWER T. G. R. — *Development in infancy*. San Francisco: Freeman, 1974.

[11] BOWER T. G. R., BROUGHTON J. M. and MOORE M. — Infant responses to approaching objects: An indicator of response to distal variables. *Perception and Psychophysics: 9*, 193-194, 1970a.

[12] BOWER T. G. R., BROUGHTON J.M. and MOORE M. — Demonstration of intention in the reaching behavior of neonate humans. *Nature: 228*, 679-681, 1970b.

[13] BOWER T. G. R., DUNKELD J. and WISHART J. G. — Infant perception of visually presented object. *Science: 203*, 1137-1138, 1979.

[14] BREMNER J. G. — The infant's understanding of space. In: *Is the young child egocentric?* Edited by M. V. Cox. Londres: Concord Books, 1980.

[15] BREMNER J. G. and BRYANT P.E. — Place versus response as the basis of spatial errors made by young infants. *Journal of Experimental Child Psychology: 23*, 162-171, 1977.

[16] BREMNER J. G. and KNOWLES L. S. — Piagetian stage IV search error with an object that is directly accessible both visually and manually. *Perception: 13* (3), 307-314, 1984.

[17] BRESSON F., MAURY L., PIÉRAUT-LE BONNIEC G. and DE SCHONEN S. — Organization and lateralization of reaching in infants: an instance of asymetric functions in hand collaboration. *Neuropsychologia: 15,* 311-320, 1977.

[18] BRUNER J. S. — *Processes of cognitive growth: Infancy.* Boston, Massachusetts: Clark University Press, 1969.

[19] BRUNER J. S. — The growth and structure of skill. In: *Mechanisms of motor skill development,* edited by K. Connolly. New York: Academic Press, 1970.

[20] BRUNER J. S. and KOSLOWSKI B. — Visually preadapted constituents of manipulatory action. *Perception: 1,* 3-14, 1972.

[21] BRYANT P. E., JONES P., CLAXTON V. and PERKINS G. M. — Recognition of shapes across modalities by infants. *Nature: 240,* 303-304, 1972.

[22] BUSHNELL E. W. — The ontogeny of intermodal relations: Vision and touch in infancy. In: *Intersensory perception and sensory integration,* edited by H. L. Pick and R. D. Walk. New York: Plenum Press, 1981.

[23] BUSHNELL E. W. — Visual-tactual knowledge in 8, 9 1/2 and 11 month-old infants. *Infant Behavior and Development: 5,* 63-75, 1982.

[24] BUTTERWORTH G. — Object permanence and error in Piaget's stage IV task. *Journal of Experimental Child Psychology: 23,* 391-401, 1977.

[25] BUTTERWORTH G. — Thought and things: Piaget's theory. In: *Perspectives on thinking,* edited by A. Burton and J. Radford. Londres: Methuen, 1978.

[26] BUTTERWORTH G. and CASTILLO M. — Coordination of auditory and visual space in newborn human infants. *Perception: 5,* 155-160, 1976.

[27] CAMPOS J. J., LANGER A. and KROWITZ A. — Cardiac responses on the visual cliff in prelocomotor human infants. *Science: 170,* 196-197, 1970.

[28] CAMPOS J. J., HIATT S., RAMSAY O., HENDERSON C. and SVEJDA M. — The emergence of fear in the visual cliff. In: *The origins of affect,* edited by M. Lewis and J. Rosenblum. New York: Plenum Press, 1978.

[29] CASTNER B. M. — The development of fine prehension in infancy. *Genetic Psychology Monographs: 2,* 105-193, 1982.

[30] CRUIKSHANK R. M. — The development of visual size constancy in early infancy. *Journal of Genetic Psychology: 58,* 327-351, 1941.

[31] DAY R. H. and McKENZIE B. E. — Infant perception of the invariant size of approaching and receding objects. *Developmental Psychology: 17,* 670-677, 1981.

[32] DODWELL P. C., MUIR D. W. and DIFRANCO D. — Responses of infants to visually presented objects. *Science: 194,* 209-211, 1976.

[33] FANTZ R. L. — A method for studying depth perception in infants under six months of age. *Psychological Record: 11,* 27-32, 1961.

[34] FIELD J. — The adjustment of reaching behavior to object distance in early infancy. *Child Development: 47,* 304-308, 1976a.

[35] FIELD J. — Relation of young infants' reaching behavior to stimulus distance and solidity. *Developmental Psychology: 12,* 444-448, 1976b.

[36] FIELD J. — Coordination of vision and prehension in young infants. *Child Development: 48,* 97-103, 1977.

[37] FLAMENT F. — *Coordination et prévalence manuelles chez les nourrissons.* Paris : Les Editions du C.N.R.S., 1975.

[38] FONTAINE R. — Imitative skills between birth and six months. Thèse de l'Université de Paris, 1983.

[39] FOX R., ASLIN R. N., SHEA S. L. and DUMAIS S. T. — Stereopsis in human infants. *Science: 207,* 323-324, 1980.

[40] GIBSON E. J. and WALKER A. — Development of knowledge of visual-tactual affordances of substance. *Child Development* (sous presse).

[41] GORDON F. R. and YONAS A. — Sensitivity to binocular depth information in infants. *Journal of Experimental Child Psychology: 22,* 413-422, 1976.

[42] GOTTFRIED A. W., ROSE S. A. and BRIDGER W. H. — Cross-modal transfer in human infants. *Child Development: 48,* 118-123, 1977.

[43] GRANRUD C. E. and YONAS A. — Infants perception of picturally specified interposition. *Journal of Experimental Child Psychology:* sous presse.

[44] HALVERSON H. M. — An experimental study of prehension in infants by means of systematic cinema records. *Genetic Psychology Monographs: 10* (2-3), 107-285, 1931.

[45] HARRIS P. L. — Development of search and object permanence during infancy. *Psychological Bulletin: 82,* 332-344, 1975.

[46] HELD R., BIRCH E. and GWIEDZA J. — Stereoacuity of human infants. *Proceedings of the National Academy of Sciences: 77,* 5572-5574, 1980.

[47] HOFSTEN von C. — Eye-hand coordination in the newborn. *Developmental Psychology: 18,* 450-467, 1982.

[48] HOFSTEN von C. and FAZEL-ZANDY S. — Development of visually guided hand orientation in reaching. *Journal of Experimental Child Psychology:* sous presse.

[49] HUNTER M. A. and LAMPARD R. — The effects of stimulus dimension on infant exploratory behavior. *Infant Behavior and Development: 7,* 176, 1984.

[50] IBERALL T., BINGHAM G. and ARBIB M. A. — Opposition space as a structuring concept for the analysis of skilled hand movements. Papier présenté au symposium "Generation and modulation of action patterns", Bielefeld, octobre 1984, à paraître dans *Experimental Brain Research Supplement.*

[51] JEANNEROD M. — The timing of natural prehension movements. *Journal of Motor Behavior: 16* (3), 235-254, 1984.

[52] JEANNEROD M. and BIGUER B. — Visuo-motor mechanisms in reaching within extrapersonal space. In: *Advances in the analysis of visual behavior,* edited by D. J. Ingle, R. J. W. Mansfield and M. A. Goodale. Cambridge, Massachusetts: The M. I. T. Press, 1982.

[53] LANDAU B. — Rotations and translations in infancy. *Infant Behavior and Development: 7,* 197, 1984.

[54] LOCKMAN J. J. — The development of detour knowledge during infancy. Thèse de l'Université de Minnesota, 1980.

[55] LOCKMAN J. J. and ASHMEAD D. H. — Discontinuities in the development of manual behavior. In: *Advances in Infancy Research, vol. 2,* edited by L. P. Lipsitt. Norwood, NJ: Ablex Publishing Corp., 1983.

[56] LOCKMAN J. J., ASHMEAD D. H. and BUSHNELL E. W. — The development of anticipatory hand orientation during infancy. *Journal of Experimental Child Psychology: 37,* 176-186, 1984.

[57] McCALL R. B. — Exploratory manipulation and play in the human infant. *Monographs of the Society for Research in Child Development: 39,* 1974.

[58] McKENZIE B. E., TOOTELL H. E. and DAY R. H. — Development of visual size constancy during the first year of human infancy. *Developmental Psychology: 16,* 163-174, 1980.

[59] McKENZIE B. E., DAY R. H. and IHSEN E. — Localization of events in space: Young infants are not always egocentric. *British Journal of Developmental Psychology: 2,* 1-9, 1984.

[60] MARATOS O. — The origin and development of imitation in the first six months of life. Thèse de l'Université de Genève, 1973.

[61] MELTZOFF A. N. and BORTON R. W. — Intermodal matching by human neonates. *Nature: 282,* 403-404, 1979.

[62] MENDELSON M. J. and HAITH M. M. — The relation between audition and vision in the human newborn. *Monographs of the Society for Research in Child Development: 41* (4), Serial 167, 1976.

[63] MOUNOUD P. — Les conservations physiques chez le bébé. *Bulletin de Psychologie: 312,* 722-728, 1973.

[64] MOUNOUD P. — Les révolutions psychologiques de l'enfant. *Archives de Psychologie: 44,* 103-114, 1976.

[65] MOUNOUD P. — Développement cognitif : construction de structures nouvelles ou construction d'organisations internes. *Bulletin de Psychologie: XXXVI,* 107-118, 1979.

[66] MOUNOUD P. — L'évolution des conduites de préhension comme illustration d'un modèle du développement. In : *Le développement dans la première année,* édité par S. de Schonen. Paris: Les Presses Universitaires de France, 1983.

[67] MOUNOUD P. — L'utilisation du milieu et du corps propre par le bébé. In : *La Psychologie,* édité par J. Piaget, P. Mounoud et J. P. Bronckart. Paris : Gallimard, Encyclopédie de la Pléiade, sous presse.

[68] MOUNOUD P. and BOWER T. G. R. — Conservation of weight in infants. *Cognition: 3* (1), 29 (4), 1974.

[69] MOUNOUD P. and VINTER A. — Representation and sensori-motor development. In: *Infancy and Epistemology,* edited by G. Butterworth. Hassocks, England: Harvester Press, 1981.

[70] MOUNOUD P. and HAUERT C. A. — Development of sensori-motor organization in young children: Grasping and lifting objects. In: *Action and thought: From sensori-motor schemes to symbolic operations,* edited by G. Forman. New York: Academic Press, 1982a.

[71] MOUNOUD P. and HAUERT C. A. — Sensori-motor and postural behaviors: Their relation to cognitive development. In: *Review of Child Development Research, volume 6,* edited by W.W. Hartup, I. M. Ahammer and H. L. Pick Jr. Chicago: The University of Chicago Press, 1982b.

[72] MUIR D., ABRAHAM W., FORBES B. and HARRIS L. — The ontogenesis of an auditory localization response from birth to four months of age. *Canadian Journal of Psychology: 33,* 320-333, 1979.

[73] PALMER C. F. — The early development of manipulation skill. Document non publié de l'Université de Minnesota, 1984a.

[74] PALMER C. F. — Infants knowledge of objects: relations between perceiving and acting. Conférence présentée aux Annual Meetings of the American Psychological Association, Toronto 1984b.

[75] PETRIG B., JULESZ B., KROPFL W., BAUMGARTNER G. and ANLIKER M. — Development of stereopsis and cortical binocularity in human infants: Electrophysiological evidence. *Science: 213,* 1402-1405, 1981.

[76] PIAGET J. — *Le développement de l'intelligence chez l'enfant.* Neuchâtel et Paris: Delachaux et Niestlé, 1936.

[77] PIAGET J. — *La construction du réel chez l'enfant.* Neuchâtel et Paris: Delachaux et Niestlé, 1947.

[78] PIAGET J. et INHELDER B. — *Le développement des quantités physiques chez l'enfant.* Neuchâtel et Paris: Delachaux et Niestlé, 1941.

[79] PRESSON C. C. and IHRIG L. H. — Using mother as a spatial landmark: Evidence against egocentric coding in infancy. *Developmental Psychology: 18,* 699-703, 1982.

[80] RADER N. and STERN J. D. — Visually elicited reaching in neonates. *Child Development: 51,* 1004-1007, 1980.

[81] RADER N., BAUSANO M. and RICHARDS J. E. — On the nature of the visual-cliff avoidance response in human infants. *Child Development: 51,* 61-68, 1980.

[82] RIESER J. J. — Spatial orientation of six-month-old infants. *Child Development: 50,* 1078-1087, 1979.

[83] RUFF H. A. — Infants' manipulative exploration of objects: Effects of age and object characteristics. *Developmental Psychology: 20,* 9-20, 1984.

[84] RUFF H. A. and HALTON A. — Is there directed reaching in the human neonate ? *Developmental Psychology: 14,* 425-426, 1978.

[85] RUFF H. A. and KOHLER C. J. — Tactual-visual transfer in six-month-old infants. *Infant Behavior and Development: 1,* 259-264, 1978.

[86] SLATER A. M. — Organization of visual perception at birth. *Infant Behavior and Development: 7,* 338, 1984.

[87] STEELE D. and PEDERSON D. R. — Stimulus variables which affect the concordance of visual and manipulative exploration in six month-old infants. *Child Development 48: 1,* 104-111, 1977.

[88] STRERI A., PÊCHEUX M. G. and VURPILLOT E. — Cross-modal transfer of form in 5-month-old infants. Poster présenté à l'ICIS, New York, avril 1984.

[89] SCHWARTZ A. N., CAMPOS J. J. and BAISEL E. J. — The visual cliff: Cardiac and behavioral responses on the deep and shallow sides at five and nine months of age. Conférence présentée aux Meetings of Eastern Psychological Association, Boston 1972.

[90] VINTER A., DE NOBILI G. L., PELLEGRINETTI G. and GIONI G. — Auditory-visual coordination in neonates and infants. *Infant Behavior and Development: 5,* 250, 1982.

[91] VINTER A., DE NOBILI G. L., PELLEGRINETTI G. and CIONI G. — Auditory-visual coordination: Does it imply an external world for the newborn? *Cahiers de Psychologie Cognitive: 4,* 309-332, 1984.

[92] VINTER A. — *L'imitation chez le nouveau-né.* Paris et Neuchâtel: Delachaux et Niestlé, 1985.

[93] WALLON H. — Comment se développe chez l'enfant la notion de corps propre. *Journal de Psychologie,* 1931. Reproduit dans *Enfance,* N° spécial: *1-2,* 121-150, 1963.

[94] WISHART J. G., BOWER T. G. R. and DUNKELD J. — Reaching in the dark. *Perception: 7,* 507-512, 1978.

[95] WHITE B. L., CASTLE P. and HELD R. — Observations on the development of visually directed reaching. *Child Development: 35,* 349-364, 1964.

[96] YONAS A. — Studies of spatial perception in infancy. In: *Perception and its development: a tribute to Eleonor J. Gibson,* edited by A. D. Pick. Hillsdale, New Jersey: Erlbaum, 1979.

[97] YONAS A. and GRANRUD C. E. — Reaching as a measure of infants' spatial perception. Document non publié de l'Université de Minnesota, 1983.

[98] YONAS A., CLEAVES W. T. and PETTERSON L. — Development of sensitivity to pictorial depth. *Science: 200,* 77-79, 1978.

[99] YONAS A., GRANRUD C. E. and SMITH I. M. — Infants perceive accretion/deletion information for depth. *Investigative Ophtalmology and Visual Science: 22,* 124, 1982.

[100] YOUNG G., SEGALOWITZ S. J., MISEK P., ALP I. E. and BOULET R. — Is early reaching left-handed? Review of manual specialization research. In: *Manual Specialization and the Developing Brain,* edited by G. Young, S. J. Segalowitz, C. M. Corter and S.E. Trehub. New York: Academic Press, 1983, p. 13-32.

Comportements, n° 3, 1985, 125-138.

CHAPITRE VII

LE NOURRISSON FACE A UN OBJET ET A UNE PERSONNE : UN PROBLÈME DE RÉPERTOIRE ET D'ENREGISTREMENT DES COMPORTEMENTS*

Thérèse GOUIN DÉCARIE, Marcelle RICARD

Laboratoire de psychologie du développement
Département de psychologie
Université de Montréal
C.P. 6128, Succursale « A »
Montréal, Qc
Canada, H3C 3J7

GOUIN DÉCARIE T. et RICARD M. — Le nourrisson face à un objet et à une personne : un problème de répertoire et d'enregistrement des comportements. — In : *Etudier l'enfant de la naissance à 3 ans.* Edité par P.-M. Baudonnière. Collection *Comportements*, Paris, CNRS, 1985, p. 125-138.

Dans la plupart des études visant à comparer les comportements du nourrisson en présence de l'objet social et non social, deux problèmes méthodologiques fondamentaux et intimement liés se posent aux chercheurs : d'abord, l'élaboration d'un répertoire approprié d'unités comportementales à observer, puis le choix de la procédure pour le recueil des données, c'est-à-dire pour l'enregistrement desdites unités comportementales. Les auteurs abordent ces deux problèmes en effectuant un bref relevé des expériences récentes et en décrivant les grandes lignes de leur propre recherche. Cette dernière porte sur 38 nourrissons de 9-10 mois placés dans deux situations différentes et dont les réactions sont enregistrées à l'aide d'un micro-ordinateur spécialement adapté en fonction de deux répertoires de comportements comprenant respectivement 30 et 32 unités.

Nourrisson - Socialisation - Unités comportementales - Répertoire - Enregistreur d'événements.

---

* *Cette recherche a été rendue possible grâce à des subventions du Conseil de recherches en sciences humaines du Canada (nos 410-80-0414, 410-82-0740) et du Fonds de formation des chercheurs et d'action concertée (F.C.A.C.) du ministère de l'Education du Québec (n° EQ 2331). Y ont participé, outre les auteurs : R. Belley, A. Clouâtre, M.F. Dionne, J. Gascon, A. Poissant.*

GOUIN DÉCARIE T. and RICARD M. — Infant's encounters with object vs person: a matter of behavior repertory and recording. In: *Studying the preschooler from birth to three years of age.* Edited by P.M. Baudonnière. Collection *Comportements,* Paris, CNRS, 1985, p. 125-138.

In most studies aiming to compare the infant's reactions to social vs non social objects, researchers are confronted with two fundamental, closely related methodological issues: the building of an appropriate catalog of behavioral units to be observed, and the choice of a data collecting procedure, that is, of a method by which the forementioned behavioral units should be recorded. The authors approach these issues by a short review of recent experimental literature, and by describing the main features of their own research conducted on 38 nine-ten months old infants placed in two different situations. The infants' reactions are recorded with an especially adapted micro-computer, according to two behavioral catalogs of 30 and 32 units respectively.

Infant - Socialization - Behavioral units - Catalogs - Event recorder.

Ce n'est que depuis une dizaine d'années que le problème de la différenciation des comportements du nourrisson face à l'objet physique et à la personne humaine suscite l'intérêt soutenu des psychologues spécialistes de la première enfance. Avant 1970, il semblait admis que la personne provoquait, à partir d'un certain âge (et les controverses portaient principalement sur cet aspect chronologique), des comportements dits sociaux, tandis que l'objet physique provoquait de la curiosité et des tentatives d'exploration. A cette époque, le sourire était perçu comme l'un des premiers indices de la socialisation quand il était nettement orienté vers les personnes ; mais, adressé aux objets, le même comportement — noté entre autres par Piaget [23] — était considéré comme une forme d'assimilation recognitive ne pouvant être qualifiée de « sociale » [41, 42].

En 1972 Watson [37], se basant sur une étude expérimentale [38, 39], suggère que les réponses sociales apparaissent chez le nourrisson quand il découvre qu'il peut exister un lien de dépendance entre ce qu'il fait et ce qui se produit dans le monde extérieur. Normalement, c'est au cours de ses interactions avec des membres de sa propre espèce que le bébé fait cette découverte qui lui permet de distinguer très tôt les personnes des choses. Dans cette perspective, le sourire du nourrisson, qu'il soit dirigé vers l'objet ou vers les personnes, remplit la même fonction : il exprime le plaisir associé à la découverte de l'efficacité de ses propres actions et du contrôle qu'il peut ainsi exercer sur son environnement.

Animée par des chercheurs qui pour la plupart ont travaillé à un moment ou l'autre avec Brazelton [1, 5, 6, 7, 8], une autre école de pensée rejette cette interprétation des origines de la socialisation [28, 29, 30, 31, 32,33]. Selon ces chercheurs, l'être humain est programmé biologiquement à entrer en contact avec le milieu environnant de deux façons distinctes. L'une est relative aux personnes : il peut dès le début de la vie moduler ses échanges avec ses congénères en utilisant des comportements spécifiques (des regards brefs et cycliques, une activité motrice harmonieuse, etc.) dans le but d'établir ou de maintenir la communication ; l'autre est relative aux objets physiques, animés ou inanimés, vis-à-vis desquels le bébé a des comportements très différents : fixation visuelle soutenue, activité motrice saccadée.

Très rapidement d'ailleurs, ces chercheurs se sont désintéressés de l'analyse comparative des réactions face aux personnes et aux objets pour se centrer sur la difficile étude de l'interaction nourrisson-mère, étude qui est devenue ces dernières années, selon Užgiris et Fafouti-Milenković [35], un problème méthodologique et conceptuel fondamental en psychologie de la première enfance. C'est pourquoi la liste des travaux contemporains cherchant à comparer de façon systématique les comportements du nourrisson à l'égard de ce qu'il est convenu d'appeler l'objet social et l'objet non social reste fort courte [7, 10, 12, 13, 15, 19, 20, 21, 25, 27, 28, 29].

En dépit de leur intérêt, ce ne sont pas les conclusions de ces travaux que nous voulons discuter ici, mais les problèmes méthodologiques que soulève inévitablement ce genre très particulier de recherche. Deux aspects ont surtout retenu notre attention : 1°) la constitution du répertoire des comportements à observer et 2°) l'enregistrement de ces comportements. Espérant que les solutions auxquelles nous sommes parvenues (après bien des tâtonnements) pourront éventuellement servir d'autres chercheurs, nous illustrerons notre propos à l'aide d'une étude actuellement en cours à notre Laboratoire.

Cette étude porte sur 38 sujets âgés de 9-10 mois et placés dans deux situations expérimentales (P et T) en tous points semblables, sauf par le type d'« objet » non familier auquel sont confrontés les nourrissons. Dans la situation P, cet « objet » est une personne étrangère « passive », c'est-à-dire qui se contente de répondre aux initiatives de l'enfant à son endroit sans chercher à provoquer elle-même de telles initiatives. Dans la situation T, l'objet « non-social » consiste en un jouet expérimental conçu de manière à « répondre » aussi de façon dépendante aux manipulations de l'enfant ; en l'occurrence, il s'agit d'une tortue de bois de 45 × 30 × 22 cm, dont la carapace est creusée de rainures assez profondes pour y insérer le doigt et pourvue d'écailles

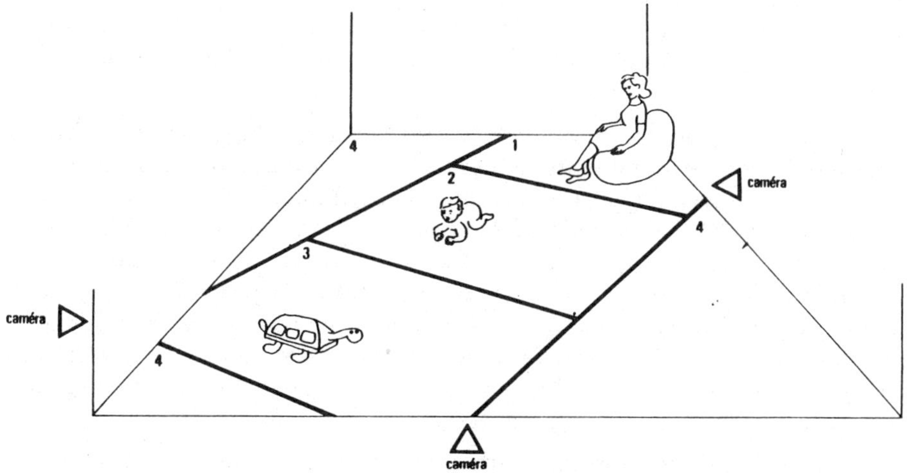

FIG. 1 — Schéma de la situation expérimentale T.
— *Plan of the experimental situation T.*

multicolores pouvant être soulevées et rabattues aisément ; les pattes sont mobiles et la queue, quand elle est déplacée horizontalement, produit un bruit sourd ; enfin, une légère pression sur la tête de la tortue provoque l'illumination des deux yeux. Pour favoriser l'exploration, la mère est présente dans les deux situations expérimentales.

La surface de la salle est divisée en quatre cases (voir Figure 1) : la case 1 où se trouve d'abord l'enfant (accompagné de sa mère), la case 2 qui correspond à l'espace séparant la case 1 de la case 3 où se tient l'objet P ou T, et la case 4 représentant la surface extérieure au couloir ainsi constitué. Chaque séance est enregistrée sur vidéo au moyen de trois caméras commandées de l'extérieur de la salle en fonction de la position de l'enfant. La durée moyenne des sessions est de 12,41 mn pour la situation P et de 11,76 mn pour la situation T.

Parce que le but de l'étude est de distinguer les stratégies utilisées par l'enfant sensori-moteur face à l'objet social et à l'objet non social inconnus, nous nous devons de laisser aux sujets, dans chaque situation, suffisamment de latitude pour que leur répertoire « naturel » de comportements apparaisse. Ceci n'est pas sans soulever nombre de difficultés, relatives à la fois aux unités comportementales retenues et à leur mesure.

I. — LE RÉPERTOIRE DES COMPORTEMENTS

Deux facteurs sont déterminants dans l'établissement d'un répertoire de comportements infantiles : l'âge des sujets et le contexte situationnel. Il semble superflu de souligner que le répertoire d'un bébé de six mois sera plus étendu que celui d'un bébé de six semaines et qu'en conséquence, si l'expérimentation porte sur plusieurs niveaux d'âge, le répertoire devrait être suffisamment flexible pour inclure certaines unités comportementales inexistantes chez de très jeunes nourrissons mais susceptibles de devenir cruciales à partir d'un certain âge. Ainsi, si l'âge des sujets va de 2-3 semaines à 40-45 semaines, la locomotion, nécessairement absente dans les premiers groupes de sujets, pourrait constituer, à 9-10 mois, un indice-clef permettant de différencier, de façon particulièrement révélatrice, les réponses des bébés face à l'objet et à la personne.

Dans notre propre étude, nous avons constaté à cet égard que dans la situation T, la quasi-totalité des bébés, soit 36, ont quitté rapidement (moins de 45 sec. en moyenne) la case 1, et que 34 se sont déplacés jusqu'à la tortue. Par contre, dans la situation P, seulement 23 d'entre eux ont quitté leur mère après une hésitation relativement longue (4 mn. 27 sec. en moyenne) et 21 se sont rendus jusqu'à la personne, les deux autres ne dépassant pas la case 2. Or dans certains travaux portant sur des sujets dont l'âge varie entre quelques semaines et 9-10 mois, la locomotion n'apparaît pas dans le répertoire des comportements observés, les sujets se trouvant placés dans un petit siège qui permet les mouvements des bras et des jambes mais interdit les déplacements.

Même quand le problème particulier de la locomotion ne se pose pas, c'est-à-dire dans les études où les sujets ont moins de 40 semaines, l'utilisation d'un répertoire constitué de comportements propres aux enfants de cet âge et qui néglige ceux que l'on trouvera chez des enfants plus âgés, est une pratique méthodologique discutable. En employant un répertoire aussi statique, une telle méthode ne tient pas compte du développement extraordinairement rapide du nourrisson ni de l'apparition de « shifts » à certains âges clefs [11, 36]. Certes, dans ces études, les chercheurs n'ont pas la prétention de construire un répertoire exhaustif, mais il faut se demander si le nombre parfois peu élevé d'unités comportementales retenues (voir Tableau I) permet une analyse comparative qui reflète non seulement les différences mais aussi les similitudes (tout aussi importantes) dans les réponses du nourrisson face à l'objet social et non social.

Ceci nous amène au rôle du « contexte situationnel » dans la structuration du répertoire des comportements. Parce que le schème expérimental dans ce genre de travaux comprend nécessairement deux situations, le chercheur est immédiatement confronté à un important problème méthodologique. Faut-il construire un répertoire unique, constitué d'unités comportementales identiques susceptibles d'être observées quel que soit le contexte situationnel ? Ou faut-il construire deux répertoires, chacun aussi complet que possible et qui seraient, en conséquence, constitués d'unités comportementales distinctes ? Il est clair que le choix du chercheur sera fonction de ses options théoriques. S'il estime que ce sont les mêmes processus socio-cognitifs qui sont en jeu dans les deux situations, il aura tendance à élaborer un répertoire unique ; par contre, s'il croit à deux modalités très différentes d'appréhender le réel, alors il sera porté à structurer deux répertoires comprenant des unités comportementales qui ne se recouvrent pas.

Sous certains aspects, ce problème méthodologique se rapproche de celui que rencontrent les observateurs de l'interaction nourrisson-mère. Ceux-ci ont à se demander jusqu'à quel point les deux répertoires, celui du bébé et celui de la mère, doivent être distincts ou semblables. Le groupe de recherche de Tronick, Als et Brazelton [34] a résolu ce problème en utilisant de grandes « catégories » comme les vocalisations, l'expression faciale, l'attitude posturale, etc., à partir desquelles un double répertoire est construit où seules ces « catégories » sont communes au nourrisson et à la mère, chacune d'entre elles recouvrant des unités comportementales différentes : par exemple, la catégorie « vocalisations » comprend, dans le cas du bébé, le gazouillis, les pleurs, le babillage, etc., et dans le cas de la mère, les chuchotements, le ton narratif, etc.

Nous avons procédé de façon analogue avec toutefois quelques nuances. Comme les deux situations expérimentales, en elles-mêmes, sont pour nous sujet d'étude, nous avons cherché à bâtir deux répertoires (P et T) aussi complets que possible et susceptibles de cerner les stratégies du nourrisson de 9-10 mois qui tente de se familiariser soit à la personne étrangère « non interventionniste », soit à un objet physique très particulier.

Initialement, nous nous sommes inspirées pour le répertoire P, relatif à la personne, des travaux portant sur les réactions à la personne étrangère, que celle-ci soit active ou passive [2, 9, 14, 16, 24, 26]. Pour le répertoire T relatif

TABLEAU I. — Quelques caractéristiques des études comparant les réactions du nourrisson à l'objet social et non social.

— *Some characteristics of the studies comparing the infant's reactions to social and non social objects.*

Auteurs	Sujets N	Sujets Age	Durée de chaque session	Objet social	Objet non social	Unités comportementales observées
Brazelton et al (1974) Trevarthen (1974)*	5	2 à 20 semaines	5 min.	mère active à 45 cm du sujet	singe de peluche (9 cm) suspendu, oscillant à 30 cm du sujet	1) vocalisations 2) sourire 2a) rire 3) regard intense 4) regard vague 5) détournement du regard 6) yeux fermés 7) tendre le bras 8) toucher 9) tortillements 10) mouvements de cycliste 11) mouvements saccadés 12) gestes vers l'avant 13) gestes vers l'arrière 14) pleurs 15) baîllements 16) régurgiter 17) mouvements intestinaux 18) mouvements buccaux 19) divers**
Eckerman et Rheingold (1974)	10	10 mois	15 min.	une personne étrangère, soit attentive, soit souriante à 5,2 m du sujet		1) entrée dans la pièce 2) regard dirigé 3) vocalisations négatives et non négatives 4) contacts avec la mère 5) contacts avec l'objet ou la personne 6) sourire dirigé
	10	10 mois	15 min.		deux jouets à tirer avec une corde à 5,2 m du sujet	
Klein et Jennings (1979)	38	4 à 20 semaines	1 min.	mère et expérimentatrice actives	un mobile sonore	1) mouvements des membres, de la tête et du tronc 2) fixation visuelle 3) sourire 4) vocalisations
Sylvester-Bradley (1980)	8	9 à 11 semaines	2 min.	mère active à 40 cm du sujet	balle rouge (4.5 cm) suspendue, oscillant par à coups entre 15 et 40 cm du sujet	1) bouche ouverte 2) langue sortie 3) sourire 4) sourcils haussés 5) sourcils abaissés 6) bâillements 7) étendre le bras ou la main 8) durée du regard 9) détournement
Frye et al (1983)	12	3 à 10 mois	1 min.	mère active et passive à 1 m du sujet	jouet familier sonore à 1 mètre du sujet	1) main à la bouche 2) bouche ouverte 3) pleurs 4) sourire 5) regard 6) mouvements des bras
Legerstee et al (1983, 1984)	8	3 à 23 semaines	1 min.	mère active et passive; expérimentatrice active et passive à 50 cm du sujet image spéculaire du sujet	poupée familière de 40 cm immobile ou mobile avec clochettes à 50 cm sujet	1) fixation visuelle 2) vocalisations positives 3) vocalisations neutres 4) vocalisations négatives 5) extension des bras a) vers l'avant b) de côté c) gravitation en avant d) " de côté e) flexion frontale f) flexion latérale g) en avant horizontalement h) de côté horizontalement i) mouvements vers le corps 6) sourire

* Trevarthen a utilisé les mêmes données que Brazelton et al (1974).

** Brazelton désigne ces unités comme des "variables".

à la tortue, nous avons utilisé les études sur la familiarisation à l'objet nouveau [3, 4, 17, 18, 22]. Nous avons ensuite complété ces répertoires souvent trop restreints en y introduisant des unités comportementales spécifiques à nos deux situations, définies à l'aide de catalogues existants [40] et opérationalisées grâce à une série d'observations portant sur 24 sujets pré-expérimentaux.

Les tableaux II et III présentent les deux répertoires ainsi élaborés. La définition de chaque unité y est précédée d'une numérotation dont la raison d'être sera précisée plus loin. Pour l'instant, notons que les deux répertoires ont en commun six grandes catégories de comportements : les manipulations, les déplacements, les postures, les regards, les expressions faciales et les vocalisations. Ces catégories recouvrent à la fois des comportements identiques (v.g. « S regarde la mère » et « S rechigne ») et des comportements distincts (v.g. « S se déplace en étant soutenu par la personne étrangère » et « S abaisse la tête de la tortue »). Dans le répertoire P, une septième catégorie (gestes alternés) comprend des activités imitatives du nourrisson face à la personne étrangère.

Pour l'analyse comparative, comme le montre le Tableau IV, nous n'avons retenu, parmi les 32 unités du répertoire P et les 30 unités du répertoire T, que 14 comportements identiques qui se retrouvent dans cinq de nos six catégories communes. En outre, la partie comparable des données propres à

TABLEAU II. — Répertoire des comportements : situation/personne (P).
— *Behavioral catalog: situation/person P.*

Manipulations:	PA1:	S touche/presse le visage de P
	PA2:	S touche/presse le corps de P
	PA3:	S tire les cheveux de P
	PA4:	S tapote les mains ou les doigts de P
	PA5:	S entre (et sort) le(s) doigt(s) dans la bouche de P
	PA6:	S frappe sa tête contre celle de P
	PA7:	S lève et abaisse les doigts de P
	PA8:	P répond aux manipulations de S*
Gestes alternés:	PB1:	S fait "bye-bye" de la main
	PB2:	S frappe ses mains ensemble en signe de contentement
Vocalisations:	PB3:	S émet des vocalisations non négatives
	PB4:	S rechigne
	PB5:	S pleure
	PB6:	P répond aux gestes alternés et aux vocalisations
Postures:	PB7:	S est debout, à genoux ou assis sur P
	PB8:	S est debout, à genoux ou assis sur sa mère
	PC1:	S touche P mais se tient à distance
	PC2:	S est en contact avec la mère
	PC3:	S saute sur P
	PC4:	S se cache le visage dans les mains ou contre sa mère
Regards:	PC5:	S regarde P
	PC6:	S regarde ailleurs
	PC7:	S regarde la mère
	PC8:	S regarde ce qu'il fait
Déplacements:	PD1:	S se déplace dans la case 1
	PD2:	S se déplace dans la case 2
	PD3:	S se déplace dans la case 3
	PD4:	S se déplace dans la case 4
	PD5:	S se déplace en étant soutenu par sa mère ou par P
Expressions faciales:	PD6:	S présente un visage souriant
	PD7:	S présente un visage attentif
	PD8:	S présente un visage pré-pleur.

* Le fait que certaines unités désignent des comportements de la personne et non du sujet obéit à la nécessité de pouvoir vérifier la "dépendance" de certaines réponses de la personne, laquelle dépendance , dans la situation T, est mécanique, donc inutile à noter.

TABLEAU III. — Répertoire des comportements : situation/tortue (T).
— *Behavioral catalog: situation/turtle T.*

Manipulations:	TA1:	S touche/presse la tête
	TA2:	S touche/presse les écailles
	TA3:	S touche/presse la queue
	TA4:	S touche/presse la carapace
	TA5:	S touche/pince les yeux
	TA6:	S touche/presse les pattes
	TA7:	S suce ou mord les yeux ou la queue
	TA8:	S suce ou mord la carapace, les écailles, les pattes
Manipulations:	TB1:	S abaisse la tête
	TB2:	S soulève/abaisse les écailles
	TB3:	S secoue les pattes
	TB4:	S secoue la queue
	TB5:	S tapote/frappe la tête, les yeux ou la queue
	TB6:	S tapote/frappe les écailles ou les pattes
	TB7:	S tapote/frappe la carapace
	TB8:	S frotte/gratte T
Déplacements:	TC1:	S se déplace dans la case 1
	TC2:	S se déplace dans la case 2
	TC3:	S se déplace dans la case 3
	TC4:	S se déplace dans la case 4
Expressions faciales:	TC5:	S présente un visage souriant
	TC6:	S présente un visage attentif
	TC7:	S présente un visage pré-pleur
Postures:	TC8:	S est en contact avec la mère
Regards:	TD1:	S regarde T
	TD2:	S regarde ailleurs
	TD3:	S regarde la mère
Vocalisations:	TD4:	S émet les vocalisations non négatives
	TD5:	S rechigne
	TD6:	S pleure

chaque situation peut être élargie en regroupant sous des rubriques plus larges des comportements non directement comparables. Par exemple, les unités TA1 à TA6 peuvent être réunies dans une sous-catégorie dénommée « manipulations simples » qui, du côté de P, correspond aux unités PA1 et PA2. Même chose pour les unités TA7 à TB8 et PA3 à PA7, qu'on peut regrouper en une sous-catégorie « Manipulations complexes ». En d'autres termes, nous avons jugé, par exemple, que l'on pouvait considérer le comportement PA1 « S touche/presse le visage de la personne » comme analogue au comportement TA1 « S touche/presse la tête de la tortue ». Nous sommes bien conscientes que ces quelques comportements dits « correspondants » peuvent répondre à des fonctions différentes, tout comme des comportements différents peuvent avoir la même fonction. Mais une telle opération permet de réduire l'effet de la variable contexte situationnel et de rendre comparable d'une situation à l'autre la catégorie des manipulations.

TABLEAU IV. — Répertoire des comportements : analyse comparative des deux situations personne/tortue.
— *Behavioral catalog: comparison between the two situations: person and turtle.*

	personne	tortue
Regards:		
S regarde l'objet	PC5	TD1
S regarde ailleurs	PC6	TD2
S regarde la mère	PC7	TD3
Vocalisations:		
S émet des vocalisations non négatives	PB3	TD4
S rechigne	PB4	TD5
S pleure	PB5	TD6
Déplacements:		
S se déplace dans la case 1	PD1	TC1
S se déplace dans la case 2	PD2	TC2
S se déplace dans la case 3	PD3	TC3
S se déplace dans la case 4	PD4	TC4
Expressions faciales:		
S présente un visage souriant	PD6	TC5
S présente un visage attentif	PD7	TC6
S présente un visage pré-pleur	PD8	TC7
Postures:		
S est en contact avec la mère	PB8, PC2, PC4	TC8
Manipulations:		
Manipulations simples	PA1, PA2	TA1, TA2, TA3, TA4, TA5, TA6
Manipulations complexes	PA3, PA4, PA5, PA6, PA7	TA7, TA8, TB1, TB2, TB3, TB4, TB5, TB6, TB7, TB8

II. — LE MODE D'ENREGISTREMENT DES DONNÉES

Le poids des options théoriques est tout aussi marqué dans le recueil des données que dans l'élaboration des répertoires.

Ainsi Brazelton et ses collaborateurs, au cours de deux sessions de cinq minutes chacune, l'une avec la mère, l'autre avec l'objet, filment le bébé en brèves séquences de quelque 90 secondes. Mais parce que c'est l'interaction mère-enfant qui retient leur intérêt, ils élaborent aussi un répertoire des comportements maternels, parallèle au répertoire du bébé. Deux observateurs, analysant les séquences image par image, codent les réponses des deux partenaires et les réponses à l'objet non social. Aussi les observations relatives à la situation-objet sont-elles beaucoup moins nombreuses que les observations relatives à la situation-personne. Mais pour ces chercheurs, attentifs avant tout à l'interaction sociale, les différences sont telles entre les deux situations que, affirment-ils, au moment où le bébé atteint quatre semaines, "we could predict correctly from watching parts of his body and observing his span and degree of attention whether he was responding to the object or to his mother" [7].

Cette affirmation n'ayant pas de base statistique, Frye et son équipe [12] ont tenté d'en faire la vérification par un recueil de données particulièrement astucieux avec deux groupes de sujets, âgés respectivement de trois et dix mois. Les enregistrements vidéo obtenus sont silencieux et cadrés de telle sorte que seul le sujet est visible, les 12 juges ne pouvant savoir si le nourrisson est face à l'objet social ou non social. L'évaluation se fait à partir du visionnement des bandes vidéo à vitesse normale, par séquences de 60 secondes (et non image par image comme chez Brazelton et al.) et les données sont saisies à l'aide d'un ordinateur. Avec cette technique, c'est seulement chez les bébés de dix mois que les observateurs arrivent à distinguer 1° si les sujets sont seuls ou avec la personne ou l'objet, et 2°, quand ils sont avec les objets sociaux ou non sociaux, si ceux-ci sont actifs ou passifs.

Utilisant un mode d'enregistrement analogue, c'est-à-dire sans inclure la mère ou l'objet dans l'image, et une méthode de codage traditionnelle (notant l'apparition et la durée des comportements), Sylvester-Bradley [27] nuance également les conclusions de Brazelton et al. [7] et de Trecarthen [28] quant à la différenciation précoce des comportements face à l'objet social et non social. Si, selon lui, à l'encontre de Frye, cette différenciation se situe beaucoup plus tôt qu'à l'âge de dix mois, soit vers 9-11 semaines, par contre, à cet âge, seules des différences de fréquences distinguent les deux situations et non la nature des unités comportementales, les bébés répondant par le même répertoire dans les deux cas.

Klein et Jennings [19] observent aussi, quant à eux, dès l'âge de 12 semaines des différences significatives entre les deux situations dans une étude portant sur 38 enfants de 4 à 20 semaines. Toutefois, dans cette étude l'ordre de présentation des deux situations était maintenu constant pour les 38 sujets, de sorte que les observateurs connaissaient le contexte situationnel, même s'ils n'étaient pas au courant des hypothèses de recherche. De plus, cette étude ne comportait que quatre unités comportementales notées sur un enregistreur d'événements.

Dans la belle étude longitudinale de Legerstee, Pomerleau et Malcuit [20, 21] qui compare sept situations différentes, l'enregistrement des données est plus sophistiqué. Un double système magnétoscopique et magnétophonique permet l'enregistrement simultané de deux images sonores sur un même écran (« split-screen »). Un système chronométrique intégré assure l'enregistrement de repères temporels au centième de seconde sur le même écran. Le codage se fait avec un micro-ordinateur OS-3 par des juges qui ont subi un entraînement mais sont ignorants du contexte puisque seule la moitié de l'image où apparaît le bébé leur est visible. L'étude établit l'apparition de certaines différences significatives aux environs de deux mois.

Avant de présenter notre propre façon de procéder, signalons enfin qu'Eckerman et Rheingold [10] sont les seuls, à notre connaissance, à recueillir leurs données chez deux groupes de sujets différents : dix nourrissons de dix mois placés face à un objet non familier, et dix autres sujets du même âge mis en présence d'une étrangère active ou passive. Parce qu'ils se servent, comme nous, de la locomotion comme indice, les auteurs ne peuvent utiliser d'observateurs ignorant le contexte situationnel. L'« entrée dans la pièce » est enregistrée par des cellules photo-électriques et les autres unités de comportements à l'aide d'un enregistreur d'événements standard. Les auteurs constatent certaines différences significatives entre les deux groupes.

Notre propre recherche, comme cela a été signalé précédemment, porte sur des enfants de 9-10 mois, âge auquel les comportements face à la personne et à l'objet semblent déjà bien différenciés, ainsi que l'admettent tous les auteurs que nous venons de présenter. C'est que notre objectif n'est pas de déterminer le moment d'apparition de cette différenciation, mais de mieux comprendre la différence elle-même, c'est-à-dire ce qu'ont de particulier les comportements dits sociaux par rapport aux comportements de familiarisation à l'objet. C'est pourquoi en plus de construire des répertoires plus étendus que ceux des autres chercheurs, nous avons mis au point une technique d'enregistrement permettant de recueillir des données qui tiennent compte non seulement des fréquences et des durées de chaque comportement mais aussi de leurs diverses combinaisons temporelles. Cette technique repose, d'une part, sur le codage continu des séances expérimentales à partir des bandes vidéo et, d'autre part, sur l'emploi d'un enregistreur d'événements non standard.

Cet enregistreur consiste en un micro-ordinateur Osborne 1, modifié de façon à pouvoir y brancher quatre claviers différents (claviers PA, PB, PC, PD pour le codage de la situation P ; claviers TA, TB, TC, TD pour le décodage de la situation T) de huit touches chacun, chaque touche correspondant à l'une des 30 (Répertoire T ; deux touches non utilisées) ou des 32 (Répertoire P) unités comportementales à observer. Ces correspondances sont précisées aux tableaux II et III. Pour abréger, nous ne décrirons ici l'emploi de l'enregistreur que pour l'étude de la situation T, les choses se déroulant de la même manière pour celle de la situation P.

Avant de pouvoir procéder au codage des séances expérimentales elles-mêmes, une assez longue période de préparation a été nécessaire pour 1) entraîner les observateurs ; et 2) vérifier la clarté et la fiabilité de nos répertoires de comportements.

D'abord deux observateurs s'entraînent simultanément à coder les mêmes unités comportementales (par exemple celles du clavier TA). Revisionnant plusieurs fois les mêmes bandes, ils enregistrent chacun de leur côté l'apparition et la durée des comportements TA1, TA2, TA3, TA4, TA5, TA6, TA7, TA8 quand ceux-ci se produisent. Au besoin, des discussions ont lieu pour préciser la définition de tel ou tel comportement, et ce, jusqu'à ce qu'un taux d'accord constant (calculé à chaque seconde) d'au moins 80 % soit atteint pour chaque clavier. Le niveau d'accord des observateurs est alors vérifié à l'aide de quatre bandes qu'ils n'ont jamais vues jusque-là, et considéré comme satisfaisant si le même taux de 80 % ou plus est atteint. En ce cas, on recommence le même entraînement avec le clavier B, et ainsi de suite jusqu'à ce que les quatre claviers soient bien maîtrisés.

Une fois l'entraînement terminé, lequel se fait à partir de bandes pré-expérimentales, a lieu le codage proprement dit des 38 bandes vidéo provenant des séances expérimentales. Ce codage demande deux visionnements de chaque bande, chacun des observateurs travaillant sur un clavier à la fois. Ainsi, pour chaque sujet, deux fichiers informatisés sont constitués : un fichier pour les événements notés sur les claviers A et B, et un fichier pour les événements notés sur les claviers C et D. Dès lors, la combinaison synchronisée de ces deux fichiers, c'est-à-dire des événements enregistrés par les quatre claviers, permet d'obtenir, pour chaque sujet, la transcription détaillée et continue au dixième de seconde, de ses comportements de familiarisation à l'objet T, que ces comportements soient ponctuels ou prolongés, simultanés ou successifs, et quelles que soient les catégories auxquelles ils appartiennent.

Les mêmes données sont aussi obtenues pour la situation P, compte tenu, comme on l'a vu au Tableau II, que le nombre et la définition des unités observées dans ce cas diffèrent sensiblement.

A partir des données ainsi obtenues, deux types d'analyses sont maintenant envisagées : d'abord l'analyse de chacune des deux situations T et P qui permettra de décrire les stratégies du nourrisson en fonction de l'objet en présence ; et ensuite, l'analyse comparative des deux situations, qui permettra de déterminer ce qu'ont de spécifique les processus de familiarisation. Pour ce faire, les fichiers de l'enregistreur Osborne sont transférés à l'ordinateur Cyber 855 du Centre de Calcul de l'Université de Montréal, où s'effectue leur traitement en fonction de ces analyses.

Ce traitement consiste d'abord, à partir des unités comportementales enregistrées, à rechercher, dans chacune des deux situations P et T, les ensembles composés de deux ou plusieurs unités mais fonctionnant pratiquement comme un seul comportement complexe. Ces ensembles peuvent être simultanés (2, 3 ou 4 comportements se produisant en même temps) ou successifs, deux types de succession étant possibles : l'alternance (série de trois comportements dont le premier et le troisième sont identiques mais différents du deuxième — PC7/PC5/PC7 — le troisième pouvant devenir le premier du trio suivant), et la répétition (de deux comportements identiques, le second pouvant constituer le premier d'une paire contiguë).

Les nouveaux comportements complexes ainsi déterminés modifieront donc les répertoires de base préalablement établis (Tableaux II et III), soit en s'y ajoutant comme de nouvelles unités, soit en permettant d'éliminer certaines des unités d'abord retenues comme autonomes. Ces versions révisées et plus exhaustives des répertoires de base et les nouveaux fichiers qu'elles permettront de constituer pour chaque sujet comme pour l'ensemble des sujets se prêteront mieux à l'analyse que nous projetons et qui voudrait dépasser le niveau habituel des analyses de ce genre, où ne sont considérées généralement que les fréquences et les durées de divers comportements.

C'est seulement une fois complétée l'analyse particulière des deux situations P et T que pourra être abordée l'analyse comparative proprement dite qui, comme nous l'avons mentionné, portera sur un nombre moindre d'unités comportementales. Cette analyse tentera de mettre en évidence les similitudes et les différences entre les deux situations, c'est-à-dire entre les conduites de familiarisation face à l'objet physique et à la personne, en tenant compte là encore non seulement de la fréquence et de la durée des divers comportements, mais aussi de leur organisation d'ensemble et des structures globales qu'ils forment ou dans lesquelles ils sont compris. Ainsi croyons-nous parvenir à des conclusions plus sûres que celles qui ont été obtenues jusqu'ici, malgré la portée restreinte d'une étude ne portant pour le moment que sur un seul niveau d'âge.

REFERENCES

[1] ALS H., TRONICK E. and BRAZELTON T.B. — Analysis of face-to-face interaction in infant-adult dyads. In: *Social Interaction Analysis: Methodological Issues,* edited by M.E. Lamb, S.J. Suomi and G.R. Stephenson. Madison: University of Wisconsin Press, 1979, p. 33-76.

[2] BATTER B.S. and DAVIDSON C.V. — Wariness of strangers: reality or artifact. *Journal of Child Psychology and Psychiatry 20,* 93-109, 1979.

[3] BERLYNE D.E. — *Conflict, Arousal and Curiosity.* New York: McGraw-Hill, 1960.

[4] BERLYNE D.E. — Curiosity and exploration. *Science 153: 3731,* 25-33, 1966.

[5] BRAZELTON T.B. — Joint regulation of neonate-parent behavior. In: *Social Interchange in infancy,* edited by E.Z. Tronick. Baltimore: University Park Press, 1982, p. 7-22.

[6] BRAZELTON T.B. and ALS H. — Four early stages in the development of mother-infant interaction. *Psychoanalytic Study of the Child 34,* 349-369, 1979.

[7] BRAZELTON T.B., KOSLOWSKI B. and MAIN M. — The origins of reciprocity: early mother-infant interaction. In: *The Effect of the Infant on its Caregiver,* edited by M. Lewis and L.A. Rosenblum. New York: John Wiley and Sons, 1974, p. 49-77.

[8] BRAZELTON T.B., TRONICK E., ADAMSON L., ALS H. and WISE S. — Early mother-infant reciprocity. In: *Parent-Infant Interaction,* edited by M.A. Hofer. London: Ciba, 1975, p. 137-154.

[9] CLARKE-STEWART A. — Recasting the lone stranger. In: *The Development of Social Understanding,* edited by J. Gluck. New York: Gardner Press, 1978, p. 109-17.

[10] ECKERMAN C.O. and RHEINGOLD H.L. — Infants' exploratory responses to toys and people. *Developmental Psychology 10: 2,* 255-259, 1974.

[11] EMDE R.N. and ROBINSON J. — The first two months: Recent research in developmental psychology and the changing view of the newborn. In: *Basic Handbook of Child Psychiatry,* edited by Z. Noshpitz and J. Call. New York: Basic Book, 1979, p. 72-102.

[12] FRYE D., RAWLING P., MOORE C. and MYERS I. — Object-person discrimination and communication at 3 and 10 months. *Developmental Psychology 19: 3,* 303-309, 1983.

[13] GELMAN R. and SPELKE E. — The development of thoughts about animate and inanimate objects: implications for research on social cognition. In: *Social Cognitive Development,* edited by J.H. Flavell and L. Ross. New York: Academic Press, 1981, p. 43-66.

[14] GOUIN DÉCARIE T. — *La réaction du jeune enfant à la personne étrangère.* Montréal : Presses de l'Université de Montréal, 1972.

[15] GOUIN DÉCARIE T. et RICARD M. — La socialisation du nourrisson. *La Recherche 13 : 139,* 1388-1396, 1982.

[16] HORNER T.M. — Two methods of studying stranger reactivity in infants: a review. *Journal of Child Psychology and Psychiatry, 21: 3,* 203-219, 1980.

[17] HUGHES M. — Sequential analysis of exploration and play. *International Journal of Behavioural Development 1: 1,* 83-97, 1978.

[18] HUTT C. — Exploration and play. In: *Play and Learning,* edited by B. Sutton-Smith. New York: Gardner Press, 1979, p. 175-194.

[19] KLEIN R.P. and JENNINGS K.D. — Responses to social and inanimate stimuli in early infancy. *The Journal of Genetic Psychology 135,* 3-9, 1979.

[20] LEGERSTEE M., POMERLEAU A. et MALCUIT G. — La socialisation par la communication : les premiers six mois. Communication affichée présentée au XIXe journées d'étude de l'Association de Psychologie scientifique de langue française, Montréal, septembre 1983.

[21] LEGERSTEE M., POMERLEAU A. and MALCUIT G. — Person-object distinction and communication: the first ten months. Audio-visual presentation at the International Conference on Infant Studies, New York, April 1984.

[22] McCALL R.B. — Exploratory manipulation and play in the human infant. *Monographs of the Society for Research in Child Development 39: 155,* 1-87, 1974.

[23] PIAGET J. — *La naissance de l'intelligence chez l'enfant.* Neuchâtel : Delachaux et Niestlé, 1936.

[24] RHEINGOLD H.L. and ECKERMAN C.O. — Fear of the stranger: a critical examination. In: *Advances in Child Development and Behaviour, vol. 8,* edited by H.W. Reese. New York: Academic Press, 1973, p. 185-222.

[25] RICARD M. et GOUIN DÉCARIE T. — Observation du nourrisson et micro-ordinateur : considérations méthodologiques. *Ethologie, Ecologie humaines 3 : 1,* 1984.

[26] SROUFE L.A. — Wariness of strangers and the study of infant development. *Child Development 48: 3,* 731-746, 1977.

[27] SYLVESTER-BRADLEY B. — A study of young infants as social beings. Unpublished doctoral dissertation, Edinburgh University, 1980.

[28] TREVARTHEN C.B. — The psychobiology of speech development. In: *Language and Brain: Developmental Aspects. Neurosciences Research Program Bulletin, vol. 12,* edited by E. Lenneberg. Boston: Neurosciences Research Program, 1974, p. 570-585.

[29] TREVARTHEN C.B. — Descriptive analysis of infant communicative behaviour. In: *Studies in Mother-Infant Interaction,* edited by R.H. Schaffer. New York: Academic Press, 1977, p. 227-270.

[30] TREVARTHEN C.B. — The foundations of intersubjectivity: development of interpersonal and cooperative understanding in infants. In: *The Social Foundations of Language and Thought,* edited by D.R. Olson. New York: W.W. Norton, 1980, p. 316-342.

[31] TRONICK E.Z. — *Social Interchange in Infancy.* Baltimore: University Park Press, 1982.

[32] TRONICK E., ALS. S.H., ADAMSON L., WISE S. and BRAZELTON T.B. — The infant's response to entrapment between contradictory messages in face-to-face interaction. *Journal of the American Academy of Child Psychiatry 17: 1,* 1-13, 1978.

[33] TRONICK E., ALS H. and ADAMSON L. — Structure of early face-to-face communicative interactions. In: *Before Speech. The Beginning of Interpersonal Communication,* edited by M. Bullowa. Cambridge: Cambridge University Press, 1979, p. 349-376.

[34] TRONICK E., ALS H. and BRAZELTON T.B. — Monadic phases: a structural descriptive analysis of infant-mother face-to-face interaction. *Merrill-Palmer Quarterly 26: 1,* 3-24, 1980.

[35] UŽGIRIS I.Č and FAFOUTI-MILENKOVIĆ M. — The tie between methodology and theory in the study of parent-infant interaction. In: *Psychologen over Het Kind, vol. 8,* edited by J. de Wit, K. van Meel and H. Groenendaal. A paraître.

[36] VURPILLOT E. et BULLINGER A. — Y a-t-il des âges clés dans la première année de vie de l'enfant ? In: *Le Développement dans la Première Année,* édité par S. De Schonen. Paris : Presses Universitaires de France, 1983, p. 177-207.

[37] WATSON J.S. — Smiling, cooing and « the game ». *Merrill-Palmer Quarterly 18: 4,* 323-329, 1972.

[38] WATSON J.S. — Perception of contingency as a determinant of social responsiveness. In: *Origins of the Infant Social Responsiveness,* edited by E.B. Thoman. Hillsdale, N.J.: Lawrence Erlbaum, 1979, p. 33-64.

[39] WATSON J.S. and RAMEY R.T. — Reactions to a response contingent stimulation in early infancy. *Merrill-Palmer Quarterly 18: 3,* 219-221, 1972.

[40] YOUNG G. and DÉCARIE T.G. — An ethology-based catalogue of facial/vocal behaviour in infancy. *Animal Behaviour 25: 1,* 95-107, 1977.

[41] ZELAZO P. — Smiling and vocalizing: a cognitive emphasis. *Merrill-Palmer Quarterly 18: 4,* 349-365, 1972.

[42] ZELAZO P. and KOMER M. — Infant smiling to nonsocial stimuli and the recognition hypothesis. *Child Development 42: 5,* 1327-1339, 1971.

Comportements, n° 3, 1985, 139-163.

CHAPITRE VIII

L'OBJET : MOYEN D'ÉTUDE DES COMPÉTENCES A COMMUNIQUER

Jacqueline NADEL et Pierre-Marie BAUDONNIÈRE

Laboratoire de Psychobiologie de l'enfant
L.A. 315 CNRS — 3e Section EPHE
41, rue Gay Lussac, 75005 Paris.

NADEL J. et BAUDONNIÈRE P.-M. — L'objet, moyen d'étude des compétences à communiquer. In : *Etudier l'enfant de la naissance à 3 ans.* Edité par P.-M. Baudonnière. Collection *Comportements,* Paris, CNRS, 1985, p. 139-163.

L'objet fournit un moyen avantageux pour opérationnaliser les compétences à interagir et communiquer, sur la base d'observables aisément repérables et codables, parce que constitués de comportements manifestes à cible concrète. Ainsi se trouvent évitables trois écueils majeurs de l'étude des interactions et de la communication préverbales : 1 - l'attribution abusive d'intentionnalité à des actes qui n'avaient pas de destinataire, voire même de destin ; 2 - l'assimilation entre interaction et contiguïté temporelle de deux comportements ; 3 - l'assimilation entre interaction et échange de message.

Autre intérêt de l'utilisation de l'objet, en tant que dispositif d'étude, il peut soulever des difficultés susceptibles de réorienter des problématiques concernant le développement social précoce : l'objet est en fait souvent sujet en même temps que moyen d'étude.

Ces remarques sont développées à partir de la présentation de trois groupes d'études concernant :

1. les capacités d'attention conjointe ;
2. le rôle de l'objet dans les premières interactions entre pairs ;
3. les modes prédominants d'interaction entre enfants.

En conclusion de cette présentation, les auteurs regrettent l'exploitation partielle et peu systématique des possibilités offertes par l'objet : peu de recherches de paradigme, pas de dispositif de référence analogue à la « boulette de glaise » de Piaget, pour l'étude des conservations.

Pourtant, même si des progrès se font jour, ils ne résoudront que partiellement les problèmes issus de la limitation qu'entraîne l'opérationnalisation par l'objet des actes de communication.

Nourrisson - Enfant - Objet - Interaction sociale - Communication - Imitation - Jeu parallèle - Comportement socialement dirigé - Attention conjointe.

NADEL J. and BAUDONNIÈRE P.-M. — The objects as a means for the study of social skills. — In: *Studying the preschooler from birth to three years of age.* Edited by P.-M. Baudonnière. Collection *Comportements,* Paris, CNRS, 1985, p. 139-163.

The object provides a useful means for recording and coding interactive and communicative skills. The analyses of three groups of studies illustrate the uses of objects. Those studies focused on:

1. the growth of joint attention capabilities;
2. the part played by the object in the beginning of peer interactions;
3. the prevalent means of non-verbal interactions between 2 to 4 year-olds.

Homogeneous procedures with objects in quasi-experimental settings are required. Nevertheless, those improvements are not expected to provide an overall solution to the study of non-verbal communication, as they neglect symbolic and expressive gestures occurring without any object context.

Infant - Child - Object - Social Interaction - Communication - Imitation - Peer - Parallel play - Socially directed behavior - Joint attention - Toddlers.

INTRODUCTION

Durant la période prélangagière, les plus spectaculaires progrès des compétences à interagir et à communiquer résident dans l'accès à la médiatisation.

C'est l'objet qui, le plus souvent, sert de dispositif d'étude de ces progrès, dans la mesure où il est propre à susciter des comportements sociaux ayant l'avantage d'être médiats mais repérables sans ambiguïté parce qu'un élément concret en est le motif (« topic »). Le deuxième avantage provient du fait que le dispositif à base d'objet crée un cadre défini et donc répétable permettant de diminuer les interprétations à propos de l'intentionnalité. Les rituels, les gestes conventionnels et la référenciation symbolique ne sont pas toujours clairement détectables, durant cette période, où le langage n'est pas encore véritablement utilisé dans sa fonction informative. Avec l'objet, il est plus simple de définir l'émission et son destinataire, et, le cas échéant, la réponse, puisque celle-ci donne lieu à des comportements manifestes ayant l'objet pour enjeu.

Pour discuter l'interêt méthodologique du recours à l'objet dans l'étude des compétences à communiquer, nous avons utilisé trois exemples de problématiques permettant d'illustrer les avantages et les limites de ce dispositif d'étude :

1) l'exploration des capacités d'attention conjointe ;
2) l'exploration du rôle de l'objet dans le développement des interactions entre pairs ;
3) l'exploration des modes prédominants d'interactions non verbales entre enfants.

I. — L'EXPLORATION DES CAPACITÉS D'ATTENTION CONJOINTE

Les plus élémentaires exemples appréhendables de contact social à motif externe (i. e. dont le motif est autre que les partenaires eux-mêmes) semblent bien être les cas d'attention conjointe sur un même objet. Ces cas supposent, en effet, de porter l'attention à la fois sur les aspects sociaux et physiques de l'environnement, en reliant les deux centres d'intérêt que constituent le partenaire et l'objet, soit que ce dernier devienne source d'intérêt en fonction de l'attention du partenaire, soit que le partenaire devienne attractif en raison de l'objet qui capte son attention.

Si l'accord est depuis longtemps établi sur l'importance d'une telle capacité d'attention conjointe dans le développement de la compétence à communiquer [51], en revanche, les avis divergent en ce qui concerne ses origines (endogènes ou exogènes), ses conditions d'émergence (du fait de l'adulte ou du fait du bébé) et sa date d'apparition (précoce ou tardive). En effet, selon que les références des auteurs sont de type nativiste ou constructiviste, l'importance accordée aux facteurs de guidage par l'adulte est, bien entendu, inégale, et les témoins de l'apparition de cette compétence seront recherchés plus ou moins précocément.

Un accord semble pourtant se manifester, même s'il n'est pas toujours présenté de façon aussi explicite, sur le modèle proposé par Trevarthen concernant l'évolution des interactions mère-bébé. Il s'agit du passage entre une « intersubjectivité primaire » et l'apparition du mode de communication à motif externe. Avec l'intersubjectivité primaire, le motif de l'interaction est la dyade elle-même. La dyade est en quelque sorte enfermée dans une sorte de fascination, et il lui suffit, pour se maintenir en communication, d'utiliser le mode expressif connotant la nature de l'émotion ressentie et partagée [11, 44, 45, 47]. Après une période de reflux de l'intérêt social et de centration prévalente sur l'objet (dite période du « mode praxique ») entre 3 et 6 mois environ, l'intérêt social redeviendrait dominant mais « à propos » d'un motif extérieur aux partenaires, permettant de relier les deux sources d'attention du bébé : l'adulte et l'objet.

Trevarthen et Hubley [46] considèrent l'attention conjointe comme le témoin de progrès de nature endogène. Ces progrès résideraient dans l'intégration des capacités très précoces d'interaction avec les personnes et des capacités ultérieures d'interaction avec les objets. L'intégration du « mode praxique », prévalent après 3 mois, et du « mode communicatif » apparu dès le deuxième mois, se manifesterait par l'attention conjointe sur le même objet, et par l'activité coopérative à propos d'un objet.

Si ces progrès sont endogènes, il n'y a aucune raison de postuler des différences importantes liées à l'environnement culturel et social dans leurs manifestations. C'est ce qui explique le soin apporté par les auteurs à décrire l'évolution du comportement d'un bébé et d'un seul, Tracey, en présence de sa mère et de ses jouets familiers. L'enfant a été filmé en laboratoire 32 fois en un an, avec sa mère face à elle ou à côté. La date signalée d'émergence du comportement d'attention conjointe se situe entre 25 et 28 semaines sur l'initiative d'une animation des objets par la mère, et à partir de 32 semaines sur l'initiative de l'enfant. D'autres bébés ont aussi été examinés dans ce même cadre, mais les auteurs ne sont pas très précis sur l'analyse des résultats de ces autres enfants. Ainsi, la datation proposée mériterait d'être confirmée, et le critère d'identification de l'attention conjointe précisé. De plus, la démonstration manque, concernant le caractère endogène du progrès que constitue le passage de « l'intersubjectivité primaire » aux capacités d'interaction à motif externe.

Pour nombre d'auteurs d'option constructiviste, la « socialisation » de l'objet est réalisée par l'adulte qui trouve ainsi un moyen de contourner le reflux d'intérêt porté à sa personne, et détourner à son profit l'intérêt de l'enfant pour l'objet, en incluant celui-ci dans la sphère interactionnelle. Ainsi, bien avant que le bébé ne soit capable lui-même de structurer l'intégration des modes praxique et communicatif, on pourrait constater l'avènement du système triadique « bébé-objet-partenaire » [3].

Les constructivistes de référence piagétienne vont plus loin encore : ils pensent que l'adaptation à l'environnement social ne diffère pas, dans ses régulations, de l'adaptation au monde physique, et postulent le primat de l'intérêt pour l'objet. Le développement du concept d'objet, aux stades IV et V, est alors une condition pour la prise en compte du partenaire en tant que pourvoyeur ou récepteur d'information. Une telle hypothèse cognitiviste sur les conditions de la construction de la compétence à communiquer est notamment représentée par Bates et al. [6], Lewis et Brooks [27] et Schaffer [41] pour lequel la surestimation, par la mère, des signaux de l'enfant tend à camoufler l'égocentrisme du bébé. Ainsi, Collis et Schaffer [14] se sont attachés à montrer que l'attention conjointe sur l'objet, décrite précocément, est en fait le résultat de la mobilisation de l'attention de la mère sur l'objet intéressant le bébé.

Collis et Schaffer ont filmé des mères et des bébés dans une pièce nue, excepté quatre jouets fixés sur un mur. Le bébé est assis sur les genoux de sa mère devant les jouets, et les fixations des objets par chaque participant sont relevées pendant 6 minutes. Il s'agit de savoir si le bébé tient compte de ce que regarde la mère dans ses propres fixations, ou si la synchronisation de l'attention visuelle de la mère et du bébé sur le même objet est due en fait à la mère. Les résultats sont en faveur de la deuxième éventualité, même pour les bébés âgés de près d'un an. Les auteurs en concluent que les bébés restent longtemps égocentriques, et que la synchronie du couple ne reflète pas une véritable réciprocité.

Sur une base constructiviste autre, axée par Bruner sur l'acquisition des règles de l'interaction et leur rôle dans l'accès au langage, Scaife et Bruner [40] trouvent ces comportements d'attention conjointe chez une majorité (2/3) d'enfants de 8 mois, mais précisent qu'il n'est pas exclu d'en observer dès 4 mois. Toutefois, les conditions de leur étude sont peu comparables, puisque l'expérience se déroule sans objet.

En effet, Scaife considère que les conditions choisies par Collis et Schaffer pour étudier l'attention conjointe pourraient bien conduire à une sous-estimation des capacités du nourrisson à coordonner son attention avec celle de son partenaire et mèneraient donc à une datation tardive de ces capacités. Scaife fait remarquer que, dans l'expérience de Collis et Schaffer, les jouets sont attractifs pour l'enfant et non pour la mère, qui n'a d'autres motifs d'intérêt que de suivre ce que fait son bébé. Par ailleurs, les bébés sont face aux jouets et tournent le dos à la mère : il leur faut se retourner pour la voir. Ainsi, la situation expérimentale elle-même est-elle propice à une focalisation d'attention du bébé sur les jouets, et de la mère sur ce qui intéresse le bébé.

Scaife et Bruner ont examiné des dyades mère-bébé de 2 à 14 mois dans une petite pièce, sobrement meublée, munie d'une glace sans tain à une extrémité. L'enfant était placé sur une chaise haute. Après une période de familiarisation aux lieux avec la mère, l'expérimentateur restait seul avec le nourrisson, assis en face de lui, les yeux au même niveau à environ 0,5 m de distance. L'expérimentateur, silencieux, établissait un contact œil à œil puis tournait la tête de 90 degrés pour fixer une petite lampe-témoin (dissimulée et distante de 1,5 m) durant 7 secondes. Il se retournait alors pour reprendre le contact œil à œil avec l'enfant. Dans un deuxième essai, l'expérimentateur tournait la tête de l'autre côté. L'intervalle entre les essais était de 20 à 50 secondes selon les difficultés du rétablissement du contact œil à œil. Deux caméras vidéo permettaient d'enregistrer les profils de l'enfant sous un angle de 45 degrés, de chaque côté. Les résultats montrent que la proportion d'enfants qui regardent dans la même direction que l'expérimentateur augmente régulièrement avec l'âge (30 % à 3-4 mois, 38 % à 5-7 mois, 2/3 à 8-10 mois, 100 % à 11-14 mois). Les auteurs en concluent que les bébés sont capables précocement de localiser spatialement le motif d'attention de l'expérimentateur, et en tout cas avant un an.

Le problème reste donc entier de savoir quelle est la condition la plus valide pour évaluer les capacités d'attention conjointe : celle où l'enfant est placé dans une situation avec objet et partenaire social, ou celle dans laquelle l'enfant se trouve dans une situation sociale mais sans objet ? Cette différence de dispositif peut rendre compte, en partie, des écarts de datation. Mais, entre la situation utilisée par Trevarthen et Hubley, et celle de Collis et Schaffer, les seules différences de dispositif concernent les conditions d'observation, libres dans un cas, fixées étroitement dans l'autre. Ceci peut-il rendre compte des divergences d'interprétation entre ces auteurs, concernant la part d'initiative du bébé dans l'attention conjointe et la coopération sur l'objet au même âge ? Ce n'est pas impossible. En effet, l'étude du système de relations asymétriques et complémentaires que constitue la dyade mère-bébé paraît bien peu propice à l'estimation indépendante des capacités d'initiative de chacun des individus qui composent le système. La difficulté s'accroît encore lorsque l'on choisit d'étudier le rôle de chacun dans des conditions libres, c'est-à-dire dans le cadre d'un fonctionnement intégré du système. L'étude récente de Bakeman et Adamson [3] constitue un progrès important, nous semble-t-il, pour trancher sur la part respective de l'initiative de la mère et de celle du bébé dans l'instauration du système triadique « bébé-objet-partenaire ». En effet, ces auteurs étudient les mêmes bébés avec leur mère et avec un pair connu.

14 bébés de 6 mois, et 14 de 9 mois ont été filmés chez eux 4 fois, à 3 mois d'intervalle, donc jusqu'à 15 mois pour les uns, et jusqu'à 18 mois pour les autres. Chaque séance de filmage comportait trois conditions contrebalancées : une condition mère-bébé, une condition bébé seul et une condition pair connu-bébé.

Les couples mère-bébé et pair-bébé étaient installés face à face au centre de la chambre du bébé, près d'un ensemble de jouets, et filmés par deux caméras de part et d'autre du couple. Les résultats montrent que les indices d'attention convergente se manifestent plus tardivement dans le cas de dyades bébé-pair que dans les dyades bébé-mère. C'est l'occasion pour les auteurs de marquer la différence entre mise en évidence de la présence de capacités dans le répertoire comportemental de l'enfant et mise en œuvre de ces capacités. Ces auteurs situent cette mise en œuvre de l'attention conjointe et de l'activité conjointe (ou co-opération) plus tardivement que Trevarthen. En particulier, le va-et-vient entre l'objet et la personne, signalé avant la fin de la première année [36,5] ne représente que 10 % du temps total de réunion (soit 10 minutes), quand le nourrisson est observé avant 15 mois, alors qu'il augmente spectaculairement, et se rencontre chez tous les enfants, à 18 mois. Distinguant, dans le codage de leurs données filmées, entre attention coordonnée passive (c'est-à-dire du fait du partenaire) et active (du fait du bébé), ils montrent ainsi les stratégies de l'adulte pour rendre social l'objet, en utilisant celui-ci afin d'attirer et de maintenir l'attention de l'enfant sur sa personne, et ceci bien avant que le bébé ne soit capable de piloter lui-même le système interactif triadique. Ce n'est qu'à partir de 15-18 mois que l'enfant se montrerait capable de partager l'exploration de l'environnement avec un partenaire de son âge, dans une attention conjointe non guidée.

Mais il reste, une fois signalés les biais liés à la situation asymétrique adulte-bébé, à s'interroger sur les éventuels biais issus de l'utilisation du dispositif d'objets. On a évoqué le débat portant sur l'utilisation même d'objets afin de mesurer les capacités d'attention conjointe. On retrouvera d'ailleurs ce problème à propos de l'exploration des capacités sociales entre pairs très jeunes, où se trouve discutée l'opportunité d'utiliser une situation avec jouets ou de lui préférer une situation sans jouet.

Un autre point demeure sans réponse dans ces recherches sur les capacités d'attention conjointe sur un même objet : quelle est l'incidence du choix des jouets, et en particulier, du choix pour des jouets familiers, voire les préférés du bébé (comme chez Trevarthen) ou pour des jouets nouveaux (comme chez Bakeman et Adamson) ? Peut-on sérieusement faire l'hypothèse que l'intérêt et l'attention du nourrisson pour la situation est totalement indépendante du degré de familiarité avec les objets proposés ? Les phénomènes d'habituation, qui font l'objet d'un chapitre de ce livre, ne s'appliqueraient-ils pas aux situations sociales ?

II. — L'OBJET : ENTRAVE OU CONDITION DE L'INTERACTION SOCIALE ENTRE PAIRS ?

Avec l'exploration des conditions de survenue des interactions entre pairs durant la 1re et la 2e année, on entre dans le domaine des événements rares, ou plus exactement, des événements dont le seuil initial d'occurrence est très bas. L'un des points de débat, dans ce cadre, est de faire, de façon fiable, la distinction entre les interactions sociales, qui supposent des séquences cohérentes d'émissions et de réponses comportementales entre partenaires, et de simples comportements dirigés socialement, qui supposent seulement d'être adressés à un partenaire (l'orientation du regard étant prise comme témoin), même s'ils ne sont pas suivis de réponse [12]. Cette seconde catégorie de comportements sociaux est évidemment plus fréquemment relevée durant le premier semestre de la première année.

Devant la progression relativement lente des séquences d'interaction (en contraste avec ce qui est rapporté pour les échanges adulte-bébé), le problème est posé de savoir si le développement des compétences à interagir et à communiquer entre pairs est un processus « sui generis », ou s'il procède d'une généralisation des compétences acquises au cours des interactions de tutelle avec l'adulte [13].

Les auteurs qui considèrent qu'il y a généralisation des règles acquises lors des interactions de tutelle n'accordent que peu de place aux objets dans le développement des interactions entre pairs. Au contraire, les tenants de l'hypothèse d'un processus « sui generis » attribuent une place importante à l'objet dans ce processus, qu'ils se réfèrent ou non, d'ailleurs, au débat évoqué précédemment à propos de l'expérience de Collis et Schaffer [14], sur l'existence d'un égocentrisme initial du bébé.

L'exemple le plus net de cette importance accordée à l'objet dans le développement des compétences sociales entre pairs est fourni par le modèle développemental de Mueller et Lucas [31] inspiré de Piaget. Pour ces auteurs, l'enfant d'un an serait encore démuni pour entrer en contact avec un pair. Pourtant, à cet âge, il est capable de stratégies efficaces pour contrôler son environnement physique, grâce à l'acquisition de nombreux schèmes d'action sur les objets. Il sait également utiliser les comportements pertinents pour provoquer les réponses sociales qu'il attend de l'adulte proche. Mais ces deux séries de compétences ne seraient pas directement applicables aux situations sociales particulières caractérisées par la parité de moyens de communication. C'est pourquoi les interactions entre pairs ne sauraient d'abord se développer que dans le contexte d'un intérêt centré sur le même objet. C'est au cours de la deuxième année que les interactions sociales, d'abord encouragées par une convergence d'action sur le même objet, pourraient progressivement se dégager de ce contexte.

La plupart des recherches concernant la place de l'objet dans les interactions entre pairs tentent de mettre à l'épreuve tout ou partie de ce modèle, en opérationnalisant une ou plusieurs des questions suivantes :

— peut-on parler d'un intérêt précoce du bébé pour son compagnon d'âge ?

— cet intérêt est-il véritablement distinct de celui porté aux objets inanimés ?

— y a-t-il compétition entre l'attraction pour l'objet et l'attraction pour le partenaire ? ou au contraire, l'objet constitue-t-il une condition facilitatrice pour amorcer et maintenir l'interaction ?

— l'objet est-il plus propice aux interactions brèves ou donne-t-il les moyens d'échanges soutenus ?

A. Le dispositif avec objets/sans objets

L'opérationnalisation de ces questions mène bon nombre d'auteurs à adopter un même schéma d'expérience : des pairs sont observés dans des situations avec jouets et dans des situations sans jouets. Les études réalisées à partir de ce schéma prennent pour point de départ le deuxième semestre de la première année, car l'intérêt pour le partenaire du même âge est considéré comme difficilement évaluable au cours des tout premiers mois [21].

Toutes les recherches sont convergentes et en désaccord avec les études exploratoires de Mueller et Lucas [31]. Contrairement à ces auteurs qui constatent un intérêt focalisé sur l'objet et une absence d'intérêt pour le partenaire, chez des bébés de 7 mois, les résultats indiquent tous qu'on peut parler d'un intérêt pour le pair à partir de six mois [18, 24, 38, 49]. Les indices comportementaux, comme les caresses, les frottements, les mimiques, les gestes, les sourires, garantissent, selon certains, que le pair est considéré plus comme un partenaire adulte que comme un objet inanimé [18]. Pour d'autres auteurs [24], l'absence de corrélation, chez un même enfant, entre la fréquence des manipulations des jouets lorsqu'ils sont à sa disposition, et la fréquence des contacts tactiles au partenaire, lorsqu'il n'y a pas de jouets présents, est considéré comme une indication fiable de cette distinction entre le pair et les objets.

Par ailleurs, la confrontation des deux conditions expérimentales avec et sans objets montre dans tous les cas que les indices d'intérêt social pour le partenaire sont plus fréquents en l'absence de jouet que dans les situations avec jouets. Deux conclusions sembleraient donc devoir s'imposer : ce ne serait pas l'animation de l'objet par le pair qui expliquerait l'intérêt que celui-ci suscite ; il y aurait compétition entre intérêt pour l'objet et intérêt pour le pair.

Pourtant, les conclusions sont rarement aussi affirmées, et ces résultats ont donné lieu à deux types de débats : l'un sur la distinction que l'on doit opérer entre émission sociale et interaction, l'autre sur la validité du schéma expérimental avec et sans objets.

1) Emissions et interactions sociales

Les contacts sociaux ne se résument pas à de simples comportements socialement orientés. Si certaines études ne se donnent pas les moyens de distinguer entre les émissions sociales et les interactions [29, 38], d'autres par contre se centrent sur les interactions sociales, définies comme une suite d'au moins deux comportements socialement orientés contigus [49]. Malgré cette exigence sur la définition de l'interaction, les résultats vont toujours dans le sens d'un avantage en faveur de la situation sans objet [18]. D'autres auteurs ont alors fait remarquer que la définition de l'interaction, comme une chaîne d'émissions contiguës, présente l'inconvénient de ne pas distinguer les cas, peut-être fréquents chez le bébé, où des émissions contigües sont cependant indépendantes. Hay, Nash et Pedersen [24] ont ainsi cherché à limiter cet inconvénient en analysant les seuls épisodes débutant par une émission hautement génératrice de réaction : le contact physique avec le partenaire, ou avec l'objet en sa possession, le cas échéant. Les résultats sont cependant, là encore, en faveur de la situation sans objet.

Une telle cohérence de résultats, obtenus dans des conditions différentes (observations naturalistes de grands groupes ou observations en situations quasi-expérimentales de dyades ; enfants connus ou inconnus...) et avec des définitions de plus en plus précises de l'interaction, pourrait rendre les auteurs assurés dans leurs conclusions. Or, ils manifestent tous une répugnance étonnante à conclure que les objets sont une entrave aux interactions sociales entre bébés. On peut en grande partie imputer cet embarras à leur doute quant à la validité du dispositif de comparaison « avec/sans objets ».

2) Validité du schéma « avec et sans objets »

Prenons l'exemple d'Eckerman et Whatley [18]. Malgré leurs résultats, qui indiquent une augmentation des comportements sociaux en l'absence de jouet, ces auteurs se refusent à conclure que les objets sont en compétition avec l'intérêt social, ou même l'entravent. Pourquoi ? Il n'existe pas de critère d'équivalence, disent-elles, qui pourrait permettre de soutenir qu'une offrande n'équivaut pas à trois sourires ou deux contacts physiques. Ce qui les frappe, c'est la modification spectaculaire des comportements sociaux en présence et en l'absence des objets : les modifications que cette variable entraîne sont plus importantes que 12 mois de développement, si l'on compare des dyades de 10-12 mois et des dyades de 22-24 mois.

Vandell, Wilson et Buchanan [49] sont plus embarrassées encore. En effet, elles ont dû limiter les séances sans jouet à 5 minutes (Ramey et al. utilisent aussi des séquences de 5 minutes) car, après cette limite, les bébés (âgés de 6, 9 et 12 mois) pleurent et s'accrochent à leurs mères, qui réclament pour eux des jouets. Au contraire, les séquences avec jouets « pourraient se poursuivre indéfiniment ». Il faut remarquer d'ailleurs que chez Eckerman et Whatley [18], avec des bébés plus âgés que Vandell et al. [49] et dans les mêmes conditions d'observation, les catégories comportementales « pleurs » et « frappe le partenaire » sont significativement plus représentées dans les séquences sans objets. Vandell et al. parlent même de réaction paradoxale. Elles se demandent si l'augmentation de l'intérêt social pour le partenaire en l'absence d'objets, n'est pas un phénomène éphémère, de type réactif, et si, en tout état de cause, le faible seuil de tolérance de cette situation permet de la considérer comme écologiquement valide. De même, Hay, Nash et Pedersen [23] formulent des conclusions évasives sur le rôle des conditions avec et sans objets. Ils admettent que les facteurs de situation sont les déterminants qui ont le plus d'influence sur les interactions entre pairs au cours de la première année (Hay, Pedersen et Nash [25]) et ils soulignent la convergence de leurs résultats avec ceux de leurs prédécesseurs : la présence et le comportement des pairs sont plus susceptibles d'influencer le bébé en l'absence de jouet. Mais, ils remarquent plus de détresse, plus de gestes pouvant être considérés comme liés à l'angoisse, et plus d'interventions des mères quand il n'y a pas de jouet ; ainsi, l'absence de jouet dans l'environnement pourrait déclencher certaines activités de la part des bébés et de leur mère, qui pourraient créer l'illusion d'une interaction avec le partenaire.

La situation sans objet peut donc être suspectée, sinon de produire artificiellement, du moins de surestimer la fréquence des comportements sociaux et des interactions sociales entre bébés. Elle indique cependant que le bébé de 6 mois est capable de manifester un intérêt social pour le partenaire du même âge, qui ne se confond pas avec l'intérêt pour l'objet détenu par celui-ci (si l'on a bien l'assurance de pouvoir distinguer les comportements associés aux deux types d'intérêt — cf. chapitre de Gouin Décarie et Ricard).

En revanche, ainsi que le souligne Jacobson [26], le schéma avec/sans objets ne permet pas d'analyser le rôle du contexte d'objets dans la mise en place des interactions de longue durée, par opposition aux interactions courtes qui se limitent à l'échange de deux comportements socialement orientés. Ceci tient principalement au fait que la durée des réunions ne peut dépasser 5 minutes, et que les mesures utilisées concernent la fréquence mais non la durée, ni l'organisation temporelle des interactions.

B. Interactions courtes / Interactions soutenues

Les auteurs qui se préoccupent particulièrement de rechercher les origines et les conditions de l'établissement des interactions durables entre pairs, adoptent tous un dispositif d'observation comportant des objets. A partir de ce dispositif, ils comparent les épisodes d'interaction ayant l'objet pour motif, et les épisodes sans objet. Le travail de Mueller et Brenner [30] en constitue un prototype. Ces auteurs tentent de valider leur hypothèse selon laquelle l'origine des interactions serait à rechercher dans l'intérêt commun pour un objet. L'intérêt commun pour un objet est défini par la manipulation du même matériel, au cours de laquelle le contact ainsi réalisé est centré exclusivement sur l'objet pendant plus de 50 % du temps de manipulation (object-focused contact). Cette définition précise celle du « jeu parallèle », compris comme une utilisation solitaire simultanée du même matériel par deux ou plusieurs partenaires [37]. Observant des dyades d'enfants suivis en longitudinale de 12 à 18 mois pour les uns, de 17 à 23 mois pour les autres, Mueller et Brenner concluent à une facilitation des interactions sociales liée aux contacts centrés sur l'objet. Cette facilitation décroît vers la fin de la deuxième année.

Jacobson [26] reprend l'hypothèse, les conditions d'observation et les critères d'analyse de Mueller et Brenner mais pour des enfants plus jeunes (10 mois, revus à 12 et 14 mois). Il cherche à vérifier :

a) si les interactions les plus précoces se rencontrent dans un contexte centré sur l'objet, et si cet effet facilitateur décroît ensuite ;

b) si les compétences interactives qui sous-tendent les interactions de longue durée se manifestent d'abord à propos d'un objet.

Contrairement aux prédictions, les résultats montrent que la plupart des interactions à 10 et 12 mois interviennent durant des périodes où les enfants n'ont pas d'objets en main. Ce résultat est en accord avec ceux des auteurs utilisant le dispositif avec/sans objets, et converge également avec les observations longitudinales naturalistes de Vincze [50]. Par contre, la plupart des interactions de longue durée, surtout présentes à 14 mois, se produisent au cours de contacts centrés sur des objets, confirmant ainsi les résultats de Mueller et Brenner.

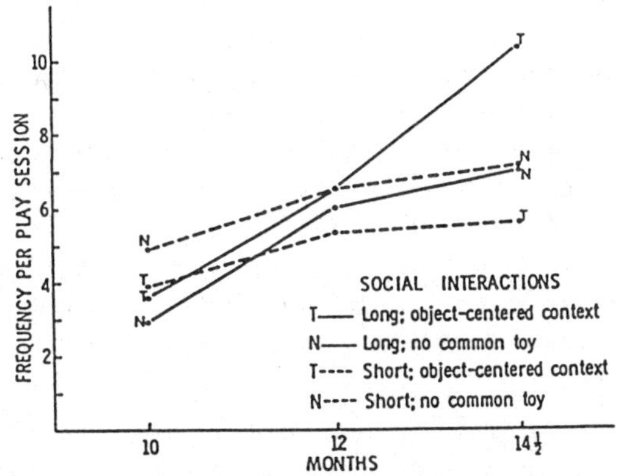

FIG. 1. — Interactions longues et courtes dans 2 contextes. A partir d'une analyse de la variance basée sur l'âge (10, 12 et 14 mois), la familiarité avec le pair (familier/non familier), la durée de l'interaction (courte ou longue) et le contexte (centré sur un objet/sans objet commun). (A partir de Jacobson J.L., Child Development, 1981, 52, 623.)

— Long and short interactions in 2 contexts. From an analysis of variance based on age (10 months/12 months/14 months), peer familiarity (familiar/unfamiliar), length of interaction (short/long), and context (object centered/no common toy). (From Jacobson J.L., Child Development, 1981, 52, 623.)

Sur la base de ces résultats, Jacobson [26] propose de distinguer deux niveaux de capacités interactives entre pairs. Le plus élémentaire se manifesterait dès le second semestre de la première année, hors d'un contexte d'objet, et sous la forme d'interactions courtes de type émission-réponse. Le deuxième niveau se manifesterait surtout après un an, sous la forme de chaînes de comportements socialement orientés contigus, alimentant un contact longuement maintenu (éventuellement plusieurs minutes).

Ces capacités d'interactions durables interviendraient plutôt au cours de contacts référés à l'objet, et supposeraient acquises les capacités cognitives impliquées dans l'attention conjointe : les interactions durables semblent bien nécessiter, en effet, pour l'enfant, de pouvoir porter simultanément l'attention sur plusieurs stimuli, ceux émis par le partenaire et ceux constitués par l'environnement physique. La datation proposée par Jacobson [26] pour l'accès aux interactions de longue durée (14-15 mois) est en tout cas cohérente avec celle de Bakeman et Adamson [3] pour l'attention coordonnée entre pairs. Mais, ce qu'il faut retenir des conclusions de Jacobson, c'est que ces interactions durables apparaissent certes plus fréquemment au cours de contacts centrés sur l'objet mais pas exclusivement : au cours de la deuxième année, l'objet serait facilitateur et non condition des interactions de longue durée. On ne peut en fait soutenir que l'objet en est l'origine ou le médiateur obligé. Le modèle de la compétence interactive, comme généralisation des coordinations d'actions sur les objets, n'est donc pas validé.

Smith [42], étudiant en longitudinale l'évolution des contacts sociaux de dyades de pairs à 2 et 3 ans, parle du jeu parallèle comme d'un stade « facultatif ». Bakeman et Brownlee [4] sont plus nets encore. Ils font remarquer que ces comportements mixtes de contact avec les objets et avec les personnes occupent également 1/4 à 1/3 du temps de réunion dans toutes les études sur les interactions sociales entre enfants, de la deuxième à la sixième année. Ceci les conduit à faire l'hypothèse que les contacts centrés sur l'objet (ou jeu parallèle) ne constituent pas une étape du développement social. Etudiant les probabilités transitionnelles de passage du jeu parallèle au jeu solitaire ou au jeu social, au cours de réunions de dyades d'enfants de 32 à 42 mois, ils montrent que le jeu parallèle constitue plutôt une stratégie efficace pour entrer en interaction avec le partenaire et non un passage obligé entre jeu solitaire et jeu social.

Ainsi l'accent est-il placé actuellement sur l'analyse micro-génétique du rôle de l'objet dans la survenue d'une interaction et non plus sur son rôle dans la genèse des compétences à interagir : « Le passage du jeu parallèle au jeu social n'est pas une affaire d'années ou de mois, mais de minutes... » [4].

C'est également sur la base d'une microanalyse, qu'Eckerman et Stein [17] ont étudié les conséquences sociales du fait de s'intéresser à l'objet de l'autre. Des dyades de pairs inconnus de 18 et de 24 mois sont réunies pendant 20 minutes en présence de leurs mères, assises à l'écart, dans une pièce contenant des équipements de jeu et des jouets jugés propices au jeu coopératif. Les résultats indiquent que le fait de venir toucher l'objet que le partenaire détient est un comportement fréquent, qui ne distingue les deux groupes d'âge que sur la vitesse de la réponse et la fréquence de réponse, liée aux opportunités offertes par les partenaires. Par contre, ce n'est pas avant 24 mois que le fait de toucher le même objet réalise l'accès à un motif d'intérêt partagé, estimé par le temps passé à manipuler le même objet (object-focused contact de Mueller et Brenner [30]) ou « joint-object-engagement » chez Eckerman et Stein [17] : les enfants de 24 mois passent la moitié du temps de réunion sur cette base, contre 1/4 seulement pour les plus jeunes.

Encore reste-t-il à savoir si la source d'attention commune (joint focus of attention) facilite la communication entre « toddlers ». Pour répondre à cette question, la fréquence de survenue de différents signaux sociaux est comparée pour les périodes d'engagement conjoint et les périodes d'engagement solitaire sur l'objet. Les auteurs montrent alors que la fréquence des signaux sociaux (principalement les vocalisations) est significativement supérieure dans les périodes d'engagement conjoint sur le même objet. Le regard mutuel, autre indicateur utilisé, est plus fréquent dans les cas d'engagement conjoint sur le même objet que dans les cas de jeux solitaires. En outre, les enfants ne répondent aux signaux du partenaire que dans les situations d'engagement conjoint. Et encore ceci n'est-il notable qu'à 24 mois. On peut alors se demander si Eckerman et Stein ne mettent pas en doute les capacités précoces d'interaction entre pairs ? En fait, ils cherchent à assurer le maximum de fiabilité au critère de contiguïté temporelle utilisé (faute de mieux) comme indice de la dépendance entre deux comportements socialement dirigés : aussi réduisent-ils à 3 secondes le délai temporel acceptable pour qu'un comportement socialement dirigé puisse être considéré comme une réponse à un comportement socialement dirigé antérieurement émis. Cette exigence, bien supérieure à celle de la plupart des auteurs, souligne les incertitudes de définition d'une interaction pour les très jeunes enfants.

Ainsi, pour ces auteurs, le « joint-object-engagement » facilite à la fois l'émission de signaux communicatifs et la réponse aux signaux du partenaire. Toutefois, ce deuxième terme de la compétence interactive survient plus tardivement que le premier, puisque la fréquence des émissions sociales ne diffère pas entre 18 et 24 mois, alors que les réponses sociales à ces émissions augmentent entre ces deux âges.

L'idée que le support d'intérêt et d'activité que constitue l'objet est la base principale sur laquelle se construit le motif des interactions durables entre enfants, est encore précisée par Ross, Lollis et Elliott [39], qui font remarquer que la plupart des travaux portant sur les interactions sociales ne permettent pas d'évaluer s'il y a communication au cours de ces interactions. En effet, la nature des comportements sociaux émis n'étant pas prise en compte, la relation entre comportements contigus n'est pas évaluable. Reste donc entier le fait de savoir si les toddlers se « comprennent », c'est-à-dire si la réponse qui est produite constitue bien une réaction appropriée à l'émission qui l'a déclenchée. Leur étude, sur 12 dyades de garçons et 12 dyades de filles de 20-22 mois, vidéo-filmées en présence de leur mère dans une grande salle de laboratoire garnie de nombreux jouets, les mène aux constats suivants :

1) Les actions, les gestes et les mimiques de leur pair véhiculent de l'information pour les enfants de cet âge, puisqu'ils y répondent le plus souvent. Toutefois, lorsqu'on évalue la pertinence des réponses, on s'aperçoit que seules les actions sont fréquemment génératrices de réponses cohérentes.

2) Certaines catégories d'actions, comme offrir et donner un objet, sont rarement accompagnées d'émissions vocales ou verbales. Ces actions, qui sont les mieux comprises des partenaires, sont fortement corrélées avec les invitations à jouer et les tentatives pour se joindre à un jeu. D'autres actions au contraire, comme montrer ou demander un objet, sont le plus souvent accompagnées d'émissions vocales ou verbales. Selon Ross, Lollis et Elliott [39], ces résultats ne sont qu'en accord très partiel avec la classification de Bates [5], qui regroupe montrer et offrir comme protodéclaratifs. Pour ces auteurs, c'est l'action de demander qui doit être rapprochée de montrer, comme leurs résultats l'indiquent, ainsi que ceux des études sur le pointage et le « reaching ». Ces deux actions de montrer et de demander ont, en effet, en commun de préparer l'accès à un motif d'attention mutuel.

3) La communication verbale par l'utilisation des déclaratifs échoue notoirement à l'âge considéré. Même si les enfants utilisent des émissions verbales et vocales, appropriées aux contextes non-verbaux, ces émissions ne sont pas suivies de réponses sur le registre verbal. Serait-ce que les règles du commentaire verbal en jeu dans la conversation ne seraient pas encore acquises ? Les auteurs suggèrent plutôt qu'à 21 mois le contexte plus concret de l'action est nécessaire à la communication interpersonnelle. En tout état de cause, ce sont les actions à support d'objet qui constituent les meilleurs gages d'une communication réussie au cours d'interactions.

C. Limites des situations avec objets

Il ne faudrait pourtant pas croire que le choix d'une situation avec objets permet de résoudre tous les problèmes posés par l'étude des compétences à communiquer entre pairs.

1) Objets : entraves aux médiations symboliques ?

Ces situations constituent un choix délibéré de la part des chercheurs, un choix privilégiant, ainsi que le disent Ross, Lollis et Elliott [39], « le définissable et l'observable ». Or peut-être ce choix s'opère-t-il aux dépens du développement de médiations plus symboliques, comme celles qui sont en jeu dans l'évocation figurée, que les conditions avec objets seraient moins propices à engendrer (tout du moins à ces âges). De tels problèmes ont été abordés par des auteurs comme Bruner [13], à propos de l'acquisition des règles interactives, ou par Deleau [15] à propos des routines interactives. Mais ces auteurs travaillent sur les interactions de tutelle (adulte/bébé), dans lesquelles le référé peut être évoqué verbalement par l'un au moins des deux partenaires, ce qui donne une base plus fiable pour l'étude du motif externe de l'interaction. Dans les échanges entre pairs au cours de la période prélangagière, la situation à base d'objets reste le garant contre des interprétations hasardeuses concernant la nature et le contenu des messages. La pertinence du schéma avec/sans objet peut notamment être questionnée sur la base des conditions inégales qu'il fournit pour le recueil des observables : ainsi, plusieurs auteurs parmi lesquels Hay, Nash et Pedersen [23] signalent une difficulté accrue à établir une liaison de dépendance entre deux comportements socialement orientés contigus, dans la situation sans objet.

2) Le choix des objets proposés

Aucun consensus ne s'est établi actuellement sur le type d'objets à utiliser : le résultat en est que chacun « bricole » son dispositif en fonction de critères empiriques liés aux pré-expérimentations, sur les seules bases d'une adéquation des objets au niveau de développement moteur et cognitif des enfants de l'âge étudié, et, plus rarement, de leur attractivité. Nulle place n'est faite au problème de l'équivalence fonctionnelle entre objets et jouets : les deux termes sont le plus souvent employés comme synonymes l'un de l'autre. Aucun accord ne s'est établi sur le fait que les jouets eux-mêmes ne sont pas équivalents et que, selon leurs propriétés, certains peuvent être plus propices aux activités solitaires, tandis que d'autres seraient de puissants médiateurs d'interaction et de communication. Il se trouve que cette remarque est loin d'être sans importance, lorsqu'il s'agit, par exemple, d'estimer le rôle de la présence de jouets comme une entrave ou au contraire un élément facilitateur pour les interactions : dans ce cas, est-il démonstratif de sélectionner un ensemble de jouets éducatifs adéquats aux activités plutôt solitaires, comme des livres en tissu, des cubes, un sablier, des clés et des anneaux en plastique chez Vandell, Wilson et Buchanan [49], ou des boîtes à empiler, des cubes et un bus chez Eckerman et Whatley [18], ou encore des jouets à tirer, des cubes et des anneaux en plastique chez Hay, Nash et Pedersen [24] ?

Rien ne permet de répondre à cette interrogation. De telles incertitudes nous semblent imputables à la sous-estimation dans laquelle ont été longtemps maintenus les déterminants des interactions sociales, liés à l'environnement physique (cf. chapitre de Legendre). Stambak et al. [43] mettent l'accent sur l'importance du type d'objets dans le développement d'activités coopératives, sans parvenir, cependant, à des conclusions décisives. Auparavant, une seule équipe, celle de Mueller, avait pris en compte l'influence de la taille des objets, de leur maniabilité et de leur nombre, sur l'intérêt social manifesté aux partenaires, et sur le type d'interactions alors développées. En particulier, pour De Stefano [16], les petits objets portables et manipulables constitueraient plutôt des obstacles à l'intérêt pour le partenaire, et partant, aux tentatives de communication, au cours de la deuxième année, tandis que les gros objets constitueraient une base favorable aux échanges sociaux positifs. Pour autant, cette recherche exploratoire, déjà ancienne, n'est pas vraiment exploitée dans les choix actuels des dispositifs d'étude. Tout au plus, est-elle prise en compte comme un argument pour refuser de généraliser les résultats obtenus, ou même pour considérer ces résultats comme non décisifs. Vandell et al. [49] offrent un bon exemple d'une telle attitude : obtenant des résultats en faveur de l'hypothèse selon laquelle les jouets constituent une entrave à la communication entre nourrissons, ces auteurs se demandent si le choix des jouets, petits, portables et manipulables, ne serait pas responsable de ces résultats.

3) Le rôle de la nouveauté et de la familiarité des objets

Le caractère de nouveauté ou de familiarité des jouets proposés est également souvent invoqué comme un élément susceptible d'influencer l'apparition et le développement des interactions entre pairs. Jacobson [26] note, par exemple, que lorsque des jouets nouveaux sont retirés de la pièce, plus d'attention est portée au pair ; quand le pair est familier et les jouets nouveaux, les jouets deviennent le centre de beaucoup plus d'activité ; quand à la fois les pairs et les objets sont nouveaux, l'attention de l'enfant est divisée, sauf pour les plus âgés des « toddlers » (15 mois) qui arrivent à intégrer les deux sortes d'intérêt. Mais aucune étude ne peut être invoquée qui confirme ces constats empiriques.

En fait, et malgré l'ingéniosité et la prudence des chercheurs, les études utilisant un dispositif à base de jouets comme moyen d'approche des compétences à communiquer souffrent de ne pas pouvoir constituer des expériences cruciales, car les dispositifs retenus ne représentent pas véritablement des bases de références stables permettant une confrontation systématique des résultats obtenus par des auteurs différents dans des conditions bien répertoriées.

III. — L'ÉTUDE DES MODES PRÉDOMINANTS D'INTERACTION ENTRE ENFANTS

Au cours de la troisième année, le développement des gestes conventionnels et l'utilisation des codes mimicogestuels, avec leurs concomitants vocaux ou verbaux, rendent plus manifestes les anticipations des réactions du partenaire, et le lien de dépendance entre émissions et réponses. Le problème ne réside plus dans la recherche de critères fiables pour définir une émission sociale ou une interaction sociale. Au contraire, les problèmes naissent de l'abondance des moyens non-verbaux au service de l'interaction et de la communication, qui restent préférentiellement non-verbales entre pairs.

Quels critères rendent alors le mieux compte des progrès du développement des compétences à interagir et communiquer ? Est-ce la diversité des moyens ? C'est l'option prise par une éthologie humaine descriptive tournée vers l'établissement de catalogues exhaustifs d'unités comportementales de communication et la microanalyse de leurs liaisons transitionnelles. Est-ce les mécanismes de régulation de ces moyens par le groupe, autre option éthologique (cf. chapitre de Strayer et Trudel) ? Ou est-ce plus généralement la différenciation de l'utilisation de ces moyens selon les conditions proposées par l'environnement physique et humain ? Cette dernière option a l'intérêt de prendre en compte les critères de diversification et de régulation des registres, et de mettre en outre l'accent sur le fait que les choix comportementaux sont produits par l'enfant en fonction des objectifs poursuivis dans la limite de ses capacités actuelles.

Questionner les choix spontanés opérés par l'enfant dans les situations de la vie quotidienne, pourrait paraître une solution à l'étude des choix comportementaux. Toutefois, on se heurte, lorsqu'on prétend utiliser de telles situations, à un écueil insurmonté jusqu'ici : le recueil des observables se déroule dans des conditions non-répétables et donc non-comparables. Se dégager d'une description globale pour parvenir à l'analyse tient alors de la gageure, puisqu'on ne saurait imputer les variations constatées aux effets d'une variable, faute de rien pouvoir maintenir constant.

Adopter des situations que nous avons appelées « ouvertes - contrôlées », nous est apparu une solution intéressante et pertinente. Ces situations sont « ouvertes » parce qu'elles laissent à l'enfant le choix entre plusieurs objectifs rendus possibles, et le choix des moyens comportementaux pour y parvenir. Mais elles sont aussi « contrôlées » parce que les choix sont limités, ce qui rend ces situations répétables, et donc les résultats comparables, leurs variations d'une étude à l'autre étant référables aux effets d'une variable ou d'un ensemble de variables manipulées [7, 32, 34].

Evidemment, le risque est important de ne rien pouvoir mettre en évidence si certains objectifs et/ou certains moyens comportementaux ne sont pas privilégiés par l'échantillon étudié dans la situation retenue. Si tout est également possible, rien ne se manifestera avec une fréquence ou une régularité suffisante pour être repéré par l'expérimentateur. Mais une telle méthodologie s'est montrée bien adaptée à l'étude des comportements prédominants au cours des interactions entre pairs de 2-3 ans. L'hypothèse que nous mettions à l'épreuve était la suivante : les comportements d'imitation directe, synchronisés sur l'activité du partenaire, constituent le mode prédominant d'échange entre pairs de 2-3 ans. Pour mettre à l'épreuve cette hypothèse, nous avons utilisé cette méthodologie des choix en nombre limité, que nous avons rapportés à des choix concernant les objets, et nous avons construit un paradigme expérimental permettant de lever les incertitudes de définition de l'imitation spontanée.

En effet, si l'existence de comportements imitatifs au cours de la prime enfance est d'observation courante, leur relevé et leur mesure n'en sont pas aisés pour autant. D'abord parce que plus l'enfant est jeune, moins les reproductions sont précises et complètes [53]. Ensuite, parce qu'il est nécessaire de distinguer les comportements imitatifs de simples convergences fortuites de comportements similaires : autrement dit, la relation de dépendance entre le comportement imitatif et le comportement modèle doit être appréhendable.

Différentes précautions sont classiquement adoptées pour s'assurer de cette dépendance : la restriction des relevés aux seuls comportements similaires portant sur des actes originaux [1] ; la contiguïté temporelle des deux comportements assurée par un écart de moins de dix secondes, chez des auteurs comme Abramovitch et Grusec [1, 22] ou Lubin et Field [28], et de moins de 3 secondes chez d'autres, comme Uzgiris [48] ; l'existence d'une prise d'information visuelle sur le comportement initial [1, 18, 28] ; enfin, l'agrément entre juges [1, 52]. Ces différentes précautions nous paraissent être plutôt des palliatifs insatisfaisants, voire même des biais, qui n'aboutissent qu'à sous-estimer l'évaluation du recours aux comportements imitatifs [34]. Notre solution consiste à opérationnaliser l'imitation comme une recherche de similitude appréhendable par le choix du port de l'objet identique, quand ce choix est possible.

Puisque l'objet occupe une place majeure, à partir de la deuxième année, pour sous-tendre toute activité, qu'elle soit cognitive, motrice ou sociale, il devrait aussi constituer un auxiliaire puissant des comportements sociaux imitatifs. Un dispositif où tous les objets proposés sont en autant d'exemplaires que d'enfants réunis doit permettre de mettre en évidence l'existence et la densité des comportements sociaux imitatifs entre enfants.

La situation expérimentale est la suivante : des dyades ou des trios d'enfants volontaires sont réunis dans une salle familière de leur crèche, ou de leur école maternelle, mais que nous réaménageons de manière à obtenir un espace équivalent de lieu en lieu. Cet espace, de 15 m^2 pour les dyades et de 18 m^2 pour les trios, comporte 10 catégories d'objets en autant d'exemplaires que d'enfants. Ces exemplaires sont rassemblés par catégorie de manière à ce que la situation ne soit pas ambiguë pour l'enfant. En effet, ayant le choix entre 10 catégories d'objets différents, l'enfant qui décide de se munir d'un objet doit pouvoir immédiatement savoir s'il le fait en fonction du choix de son(ses) partenaire(s). Dans ces conditions, l'expérimentateur est en droit de considérer que prendre un objet différent ou identique à ceux pris par le(s) partenaire(s) constitue un choix fait en connaissance de cause.

Les objets, groupés par catégorie, sont placés de manière standardisée. Ils sont disposés soit à terre, soit sur des petites tables, soit suspendus [7, 9, 32, 33, 34, 35]. Ils ont été sélectionnés en fonction de la diversité des activités qu'ils rendent possibles. Ces objets sont présentés dans la figure 2.

Les enfants entrent seuls dans l'espace expérimental, sans autre indication que d'aller voir un changement dans leur salle. Ils sont filmés en vidéo, à leur insu, par un opérateur invisible. L'enregistrement de la réunion, au moyen d'une caméra mobile avec zoom, se fait en continu, sans échantillonnage temporel, et dure jusqu'au départ spontané des enfants, une porte étant toujours accessible.

Etant donné que les enfants de cet âge passent très peu de temps sans objets en main, et que leurs activités les conduisent à changer fréquemment d'objets, on peut être assurés que ce dispositif permet un relevé fiable des comportements imitatifs, puisqu'ils sont, le plus souvent, associés à des prises, des ports et des poses d'objets, qui constituent des observables aisément repérables et datés sur les films, dans une situation propre à mettre à l'épreuve l'existence et l'importance de ces comportements. Autre avantage : il est possible d'évaluer le délai entre prises (et poses) successives de l'objet identique comme indice du rôle de la synchronisation de l'activité similaire sur l'activité modèle. Dans les conditions de ce dispositif, on étudie bien les comportements sociaux spontanés de l'enfant, mais dans une situation déterminée, laissant place à un nombre fini de choix. Ces choix sont atteints par le biais des prises, ports et poses d'objets, identiques ou non, qui se produisent en grand nombre. Ils indiquent les préférences soit pour l'utilisation solitaire des objets dans leur propriétés spécifiques, soit pour le choix des objets sur une base sociale mais sans référence aux choix des autres partenaires, soit pour le choix de l'objet identique, c'est-à-dire référé aux choix des compagnons.

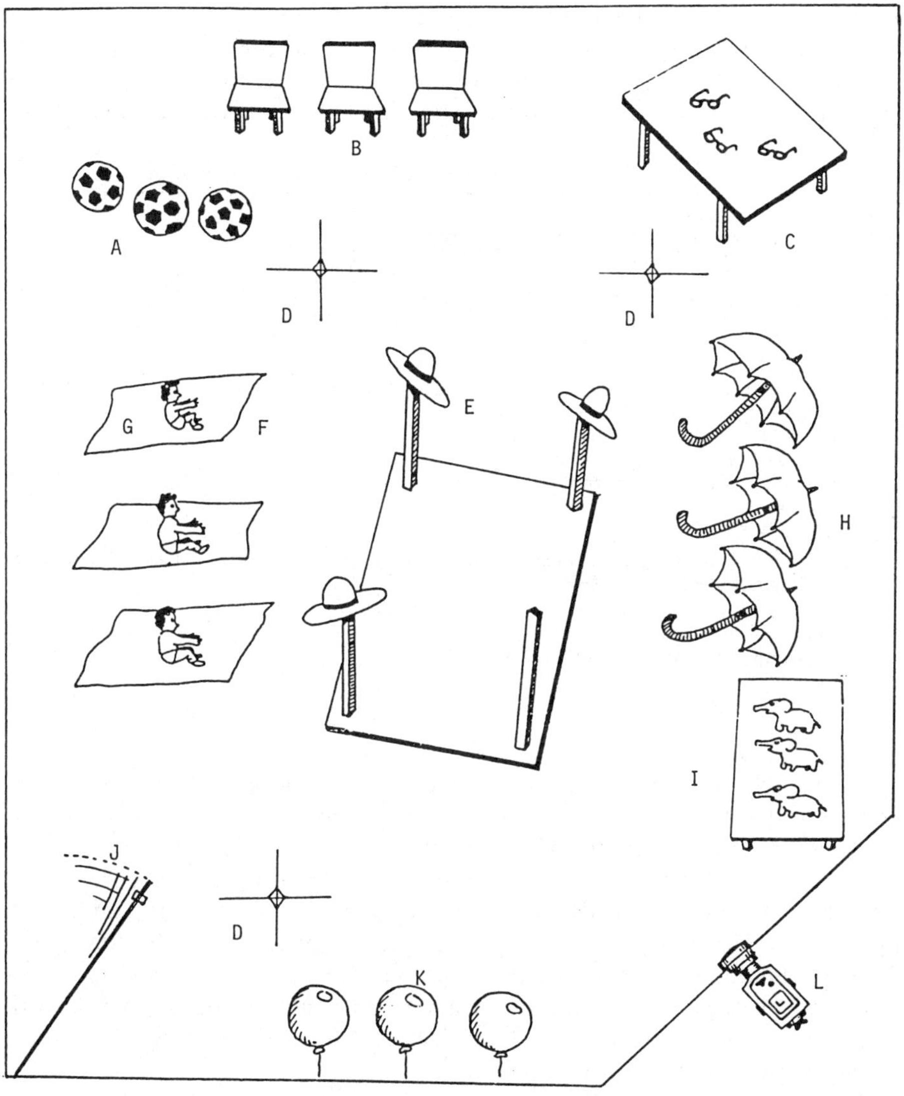

FIG. 2. — L'espace expérimental : (A) - ballons, (B) - chaises, (C) - lunettes sur la table, (D) - mobiles suspendus, (E) - chapeaux de cowboy sur la table retournée, (F) - serviettes bariolées avec (G) - poupées, (H) - parapluies, (I) - animaux en peluche sur la table, (J) - porte accessible aux enfants, (K) - ballons de baudruche, (L) - caméra vidéo mobile avec zoom.

— *Experimental setting: (A) - multicolor footballs, (B) - children chairs, (C) - glasses on table, (D) - mobiles hung from the ceiling, (E) - red cowboy hats on upturned table, (F) -brightly colored towels, (G) - dolls, (H) - transparent umbrellas, (I) - stuffed animals on table, (J) - door accessible to children, (K) - inflated balls, (L) - videocamera with zoom behind.*

La situation se prête à toutes les manipulations que l'on désire, en ce qui concerne les caractéristiques des partenaires (nombre, sexe, compétences paritaires ou non, degré de familiarité...).

Les indicateurs sont construits de façon à évaluer les choix prédominants, à partir de relevés individuels datés, avec pour unité de temps la seconde. Comme le montre la figure 3, ces relevés indiquent pour chaque enfant de chaque groupe la date de la prise, la durée du port (défini comme une prise maintenue plus d'une seconde) et la date d'abandon de chaque objet.

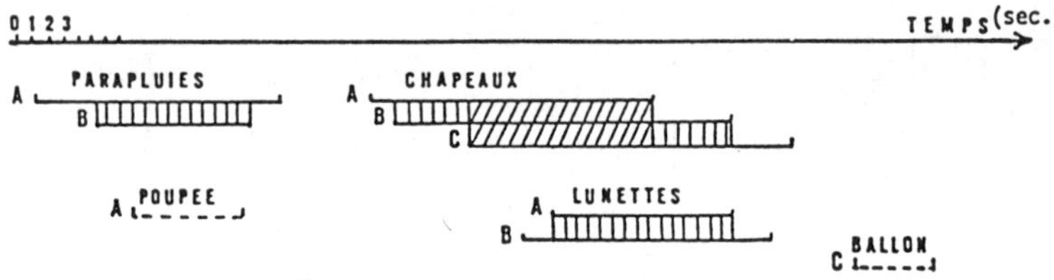

FIG. 3. — Exemple de relevé daté des ports d'objets dans un trio d'enfants. Les lettres A, B, C désignent les enfants.
Port d'objet solitaire : --------
Port d'objet identique : ———
Port simultané d'objet identique
à 2 : ⅢⅢⅢ
à 3 : ////////

— *Example of data concerning the holds of object in a trio of children. Letters A, B, C designate the three children.*
Solitary hold of object: -------
Hold of a matching object: ———
Simultaneous hold of a matching objet
by 2 children: ⅢⅢⅢ
by 3 children: ////////

Ces relevés permettent de distinguer immédiatement, pour une date donnée, les ports concernant un seul enfant, des ports d'objets identiques pour deux ou pour les trois partenaires. Le port solitaire est pris en compte comme critère de choix de l'objet pour ses caractéristiques propres ; le port d'objet identique comme critère de recherche de similitude. Si, pour l'enfant, la signification des ports d'objets solitaires est la même que celle des ports d'objets identiques, l'objet a un statut unique, et il n'y a aucune raison pour constater des différences de fréquence et de durée entre ces deux types de port. Si, par contre, des différences notables se révèlent, elles permettent d'assurer que le statut de l'objet est double.

La comparaison des paramètres de fréquence et de durée moyenne des ports solitaires et des ports d'objets identiques est d'autant plus fiable que leur présence n'est pas exclusive l'une de l'autre : ainsi les quantifications ne sont pas complémentaires, mais concurrentes, puisqu'à un même instant un enfant peut être en possession d'objets identiques et d'objets différents de ceux de son partenaire. Ceci résulte du fait qu'un enfant de 2-3 ans est parfaitement capable de porter et d'utiliser simultanément plusieurs objets. Ces ports simultanés peuvent ainsi être tous solitaires ou tous en ports identiques, ou encore les uns en port solitaires et les autres en port identiques (cf. l'enfant A, sur la figure 3, présente un port identique avec l'enfant B : les parapluies, et un port solitaire : la poupée).

Pour estimer l'importance de la synchronisation des imitations sur l'activité modèle, il est possible de ne retenir que la zone de recouvrement temporel entre les périodes de port de l'objet identique pour les différents partenaires : il s'agit des ports simultanés d'objets identiques dont la fréquence et la durée peuvent alors être comparées avec celles des autres types de ports pour l'ensemble de la durée des réunions [34, 35]. Plus récemment, Baudonnière [7, 9] propose de calculer un rapport, seconde par seconde, entre le nombre d'objets portés en commun et le nombre total d'objets portés par chacun des partenaires. Variant de 0 à 1, ce rapport est indicateur du fait que l'enfant privilégie le port d'objets identiques à ceux de son partenaire (rapport proche de 1) ou le port d'objets différents (rapport proche de 0).

Les résultats montrent qu'en trios comme en dyades, les enfants, au cours de la troisième année, privilégient massivement le mode d'interaction au moyen de l'imitation immédiate du partenaire, mesurée par les ports simultanés d'objets identiques [7, 8, 9, 32, 33, 34, 35]. Ces résultats sont cohérents avec ceux d'Eckerman et al. [19] qui avaient aussi utilisé un dispositif comportant des objets en double exemplaire pour étudier les interactions en dyades. Les autres utilisations d'un dispositif en double exemplaire concernent l'imitation provoquée entre mère et enfant [2]. D'autres manipulations de variables ont été effectuées par notre équipe de recherche, ou sont en cours. La variable de parité d'âge et de compétence permet d'aborder la question de la flexibilité des modes d'échange utilisés, selon les caractéristiques des partenaires [9]. Ceci met en évidence la sensibilité et la fiabilité du paradigme, qui ne produit pas artificiellement des comportements imitatifs d'échange puisque ceux-ci disparaissent, avec le même dispositif, après 3.6, ou ne sont observables qu'avec des fréquences moindres entre enfants d'âge différent (1 an d'écart).

Cet important élément méthodologique a été vérifié en comparant les mêmes dyades d'enfants de 2-3 ans dans deux conditions : l'une où tous les objets sont en double exemplaire, l'autre où tous les objets sont en exemplaire unique (le nombre total d'objets étant cependant le même dans les deux cas). L'absence du mode d'interaction imitatif dans la situation à exemplaire unique montre que ce mode d'échange suppose à la fois la synchronie et le support d'objets. La pauvreté quantitative et qualitative des moyens non-verbaux qui s'y substituent, le maintien égal du taux d'interactions verbales, et la connotation moins joyeuse des réunions (mesurée par le taux de rires) montrent qu'un certain degré de « vide social » s'instaure en l'absence de ce moyen privilégié qui permet de s'adresser au partenaire et de lui répondre simultanément [32]. Ici, le choix par l'enfant du statut qu'il prête à l'objet pour réaliser ses objectifs se montre un excellent révélateur des moyens les plus spontanément utilisés pour réaliser des interactions sociales entre pairs.

CONCLUSION

Trois remarques s'imposent en conclusion de ce chapitre. La première concerne l'efficacité du recours à des dispositifs composés d'objets. Ce recours résout sans doute bon nombre des problèmes posés par l'étude de la communication durant la période prélangagière. En particulier, il répond à l'exigence de se prémunir contre l'attribution abusive d'intentionnalité. Or ce danger guette, si toute manifestation du très jeune enfant peut être qualifiée d'émission sociale à condition qu'elle provoque une réponse. De ce point de vue, les comportements à support d'objets constituent une sélection fiable parmi les comportements socialement dirigés, parce qu'ils sont aisément repérables, datables et codables. De même, en permettant la désignation explicite du motif externe commun aux partenaires, l'objet facilite la détection et la quantification des interactions, lorsque celles-ci sont définies classiquement, c'est-à-dire comme des chaînes de comportements socialement dirigés, à la fois contigus et dépendants. En effet, la dépendance entre les actions peut être plus clairement reconnue, dans les cas où elle concerne un objet. Malheureusement, il n'est pas prouvé, rappelons-le, que son utilisation soit pertinente pour étudier les émissions sociales avant l'acquisition des capacités d'attention conjointe.

Malgré ses avantages, le recours au dispositif composé d'objets n'est pas exploité dans toutes ses potentialités. Comme on l'a déjà souligné, les dispositifs utilisés sont d'une trop grande diversité, ce qui rend problématique la confrontation des résultats d'auteurs différents, voire d'un même auteur dans des études successives. Bien plus, la « paradigmatisation » de l'objet en tant que réactif susceptible de révéler des comportements dont il est le support, n'est que rarement entreprise, ce qui limite l'intérêt méthodologique des dispositifs. Même lorsque l'utilisation paraît optimale, l'étude de la communication prélangagière par le biais de l'objet ne peut apporter qu'une connaissance partielle, puisqu'elle exclut les expressions faciales et posturales à objectif de communication qui se développent sans support ou motif d'objet. Les tentatives actuelles de codification précise de ce versant expressif [10, 20] constituent des microanalyses qui découpent les séquences interactives à un niveau beaucoup plus segmentaire et à une échelle temporelle beaucoup plus réduite que les comportements socialement dirigés. Aussi, tenter de dresser un bilan exhaustif des conditions et moyens de la communication prélangagière durant les trois premières années de la vie équivaut-il, pour le moment, à viser la reconstitution d'un puzzle à partir de pièces qui ne sont pas toutes à la même échelle. En outre, le problème des évocations, dont ne rendent pas compte non plus les comportements manifestes, reste entier.

Une autre remarque porte sur l'établissement des dispositifs à support d'objets. Ceux-ci sont issus le plus souvent de mises au point empiriques qui ne semblent pas prendre en compte les connaissances acquises sur le développement de l'intelligence sensori-motrice, notamment en ce qui concerne la construction de l'objet et les intérêts de l'enfant qui y sont liés. Or, si l'objet n'est pas une variable manipulée, et si la situation à observer se veut sociale, il est préférable d'exclure les objets les plus attractifs en raison de leurs propriétés spécifiques, de façon à mettre au premier plan le rôle de médiateur social que peut jouer tout objet. Une autre lacune préoccupante est l'absence d'études systématiques concernant les effets de la nouveauté des objets et de la nouveauté des partenaires, et leur évolution en fonction de l'âge. En particulier, les effets de l'interaction entre ces deux variables sur les échanges sociaux au cours de la prime enfance sont mal connus. Lorsqu'on y ajoute les incertitudes sur les effets de la variable de présence active ou passive de la mère (ou du « caregiver »), on entre dans le domaine des supputations pures et simples. En fait, il semblerait que la plupart des auteurs admettent le bien-fondé d'une ségrégation entre données sensori-motrices et données sociales du développement cognitif. Ceci paraît paradoxal, alors même que l'inter-relation entre ces deux types de données constitue actuellement une base de travail très prisée, et que certains de ces auteurs cherchent à valider l'hypothèse d'une liaison chronologique entre construction de la notion d'objet et de la notion de partenaire social.

BIBLIOGRAPHIE

[1] ABRAMOVITCH R. and GRUSEC J. — Peer imitation in a natural setting. *Child Development,* 49, 60-65, 1978.

[2] ABRAVANEL E., LEVAN-GOLDSCHMIDT E. and STEVENSON M.B. — Action imitation: The early phase of infancy. *Child Development,* 47, 1032-1044, 1976.

[3] BAKEMAN R. and ADAMSON L.B. — Coordinating attention to people and objects in mother-infant and peer-infant interaction. *Child Development,* 55, 1278-1289, 1984.

[4] BAKEMAN R. and BROWNLEE J.R. — The strategic use of parallel play: a sequential analysis. *Child Development,* 51, 873-878, 1980.

[5] BATES E. — *Language and context: The acquisition of pragmatics.* New York: Academic Press, 1976.

[6] BATES E., BENEGNI L., BRETHERTON I., CAMAIONI L. and VOLTERRA V. — *The emergence of symbols: Cognition and Communication in Infancy,* Academic Press, New York, 1979.

[7] BAUDONNIÈRE P.M. — Effect of number of partners on modes of social exchange among 2 1/2-3 year-old peers. *The Journal of Genetic Psychology,* 1985a (sous presse).

[8] BAUDONNIÈRE P.M. — Effet du mode de scolarisation (crèche ou maternelle) sur les échanges entre pairs de 2;6-3;0. *Enfance,* 2-3, 293-307, 1985b.

[9] BAUDONNIÈRE P.M. — Evolution des modes d'échange entre pairs chez l'enfant de 2, 3 et 4 ans. 1985c (sous presse).

[10] BLURTON JONES N. — Characteristic of ethological studies of human behaviour. In: *Ethological Studies of Child Behaviour,* edited by N. Blurton Jones, Cambridge, Cambridge University Press, 1972.

[11] BRAZELTON T.B., KOSLOWSKI B. and MAIN M. — The origins of reciprocity: Early mother-infant interaction. In: *The effect of the infant on its caregiver,* edited by E.D. Lewis and L.A. Rosenblum, New York: Wiley and Sons, 1974, p. 49-77.

[12] BRONSON W.C. — Mother-toddler interaction: A perspective on studying the development of competence. *Merrill-Palmer Quarterly,* 20: 4, 275-301, 1974.

[13] BRUNER J.S. — *Le développement de l'enfant : Savoir-faire, Savoir-dire,* Paris, P.U.F., 1983.

[14] COLLIS G.M. and SCHAFFER H.R. — Synchronisation of visual attention in mother-infant pairs. *Journal of Chilhood Psychology and Psychiatry,* 16, 315-320, 1975.

[15] DELEAU M. — De l'interaction à la communication. In : *La communication,* Symposium de l'A.P.S.L.F., Paris, P.U.F. (sous presse).

[16] DE STEFANO C.T. — Environmental determinants of peer social behavior and interaction in a toddler playgroup. Unpublished doctoral dissertation, Boston University, 1976.

[17] ECKERMAN C.O. and STEIN M.R. — The toddler's emerging interactive skills. In: *Peer relationships and social skills in Childhood,* edited by K.H. Rubin and H.S. Ross, 1982, Springer-Verlag, New York, p. 41-71.

[18] ECKERMAN C.O. and WHATLEY J.L. — Toys and social interaction between infant peers. *Child Development,* 48, 1645-1656, 1977.

[19] ECKERMAN C.O., WHATLEY J.L. and KUTZ S.L. — Growth of social play with peers during the 2nd year of life. *Developmental Psychology,* 11, 1, 42-49, 1975.

[20] EKMAN P. and FRIESEN W.V. — *Manual for the facial action coding system.* Palo Alto, Calif.: Consulting Psychologist Press, 1978.

[21] FOGEL A. — Peer — versus mother — directed behavior in 1-to-3 month old infants. *Infant Behavior and Development,* 2, 214-226, 1979.

[22] GRUSEC J.E. and ABRAMOVITCH R. — Imitation of peers and adults in a natural setting: a functional analysis. *Child Development,* 53, 636-642, 1982.

[23] HAY D.F., NASH A. and PEDERSEN J. — Responses of six-month-olds to the distress of their peers. *Child Development,* 52, 1071-1075, 1981.

[24] HAY D.F., NASH A. and PEDERSEN J. — Interaction between six-month-old peers. *Child Development,* 54, 557-562, 1983.

[25] HAY D.F., PEDERSEN J. and NASH A. — Dyadic interaction in first year of life. In: *Peer relationships and social skills in Childhood,* edited by K.H. Rubin and H.S. Ross, 1982, Springer-Verlag, New York, p. 11-39.

[26] JACOBSON J.L. — The role of inanimate object in early peer interaction. *Child Development,* 52, 618-626, 1981.

[27] LEWIS M. and BROOKS J. — Infant's social perception: a constructivist view. In: *Infant Perception: from sensation to cognition,* Vol. II (perception of space, speech and sound), edited by L. Cohen and P. Salapatek, New York, San Francisco, London, Academic Press INC, 1975, p. 101-147.

[28] LUBIN L. and FIELD T. — Imitation during preschool peer interaction. *International Journal of Behavioral Development,* 4, 443-453, 1981.

[29] MAUDRY M. and NEKULA M. — Social relationships between children of the same age during the first two years of life. *The Journal of Genetic Psychology,* 54, 193-215, 1939.

[30] MUELLER E. and BRENNER J. — The origins of social skills and interaction among play group toddlers. *Child Development,* 48, 854-862, 1977.

[31] MUELLER E. and LUCAS T. — A developmental analysis of peer interaction among toddlers. In: *Friendships and peer relations,* edited by E.D. Lewis and L.A. Rosenblum, New York: Wiley, 1975, p. 223-258.

[32] NADEL J. — *La fonction sociale de l'imitation directe au cours de la troisème année :* une approche fonctionnaliste, Thèse de Doctorat d'Etat, Paris X, 1984.

[33] NADEL J. et BAUDONNIÈRE P.-M. — L'imitation, mode d'échange prépondérant entre pairs. *Enfance,* 1-2, 77-90, 1980.

[34] NADEL J. and BAUDONNIÈRE P.-M. — The social function of reciprocal imitation in 2-year-old peers. *International Journal of Behavioral Development,* 5, 1, 95-109, 1982.

[35] NADEL J., BAUDONNIÈRE P.-M. et FONTAINE A.M. — Les comportements sociaux imitatifs. *Recherches de Psychologie Sociale,* 5, 15-29, 1983.

[36] NEWSON J. and NEWSON E. — Intersubjectivity and the transmission of culture. *Bulletin of the British Psychological Society,* 28, 437-445, 1975.

[37] PARTEN M.B. — Social participation among preschool children. *Journal of Abnormal and Social Psychology,* 27, 243-269, 1932.

[38] RAMEY C.T., FINKELSTEIN N.W. and O'BRIEN C. — Toys and infant behavior in the first year of life. *The Journal of Genetic Psychology,* 129, 341-342, 1976.

[39] ROSS H.S., LOLLIS S.P. and ELLIOTT C. — Toddler-peer communication. In: *Peer relationships and social skills in Childhood,* edited by K.H. Rubin and H.S. Ross, 1982, Springer-Verlag, New York, p. 73-98.

[40] SCAIFE M. and BRUNER J.S. — The capacity for joint visual attention in the infant. *Nature,* 253, N: 5489, 265-266, 1975.

[41] SCHAFFER H.R. — Behavioral synchrony in infancy. *New Scientist,* 62, 124-126, 1974.

[42] SMITH P.K. — A longitudinal study of social participation in preschool children: solitary and parallel play reexamined. *Developmental Psychology,* 14, 517-523, 1978.

[43] STAMBAK M., BARRIÈRE M., BONICA L., MAISONNET R., MUSATTI T., RAYNA S. et VERBA M. — *Les bébés entre eux.* Paris, P.U.F., 1982.

[44] STERN D.N. — The goal and structure of mother-infant play. *Journal of the American Academy of Child Psychiatry,* 13, 402-421, 1974.

[45] STERN D.N., BEEBE B., JAFFE J. and BENNETT S.L. — The infant's stimulus world during social interaction. In: *Studies in mother-infant interaction,* edited by H.R. Schaffer, London, New York, San Francisco: Academic Press, 1977, p. 177-202.

[46] TREVARTHEN C. and HUBLEY P. — Secondary intersubjectivity: Confidence, confiding and acts of meaning in the first year. In: *Action, gesture and symbol,* edited by A. Lock, London: Academic Press, 1978, p. 183-229.

[47] TRONICK E., ALS H. and ADAMSON L. — Structure of early face to face communicative interactions. In: *Before speech: The Beginning of interpersonal communication,* edited by M. Bullowa, Cambridge: Cambridge University Press, 1978, p. 349-372.

[48] UZGIRIS I.C. — Imitation in infancy: its interpersonal aspects. In: *Minnesota Symposium on Child Psychology,* Vol. 17, edited by M. Perlmutter, Erlbaum, 1983.

[49] VANDELL D., WILSON K. and BUCHANAN N. — Peer interaction in the first year of life. *Child Development,* 51, 481-488, 1980.

[50] VINCZE M. — The social contacts of infants and young children reared together. *Early Child Development and Care,* 1, 99-109, 1971.

[51] WERNER H. and KAPLAN B. — *Symbol formation.* New York: Wiley, 1963.

[52] WINNYKAMEN F. et CORROYER D. — Relations sociales entre enfants de 2 à 3 ans. Rôle de l'imitation et étude des interactions, *Bulletin de Psychologie,* 348, 77-84, 1980-1981.

[53] YANDO R., SEITZ V. and ZIGLER E. — *Imitation: a developmental Perspective,* Hillsdale, Laurence Erlbaum, 207 p., 1978.

N.B. Au moment où nous mettons sous presse, sont apparues deux références bibliographiques particulièrement pertinentes, respectivement pour notre propos sur l'intersubjectivité et sur l'attention conjointe. Il s'agit de :

GENTA M.L., TARTABINI A. and COSTABILE A. — Some observations of mother - inpart communication (2-4 months), symposium on child development, spoken paper, 15th international ethological conference, Toulouse, 1985.

SCHAFFER H.R. — *The child's entry into a social world,* NY, London, San Francisco, Academic Pross, 248 p., 1985.

Comportements, n° 3, 1985, 165-181.

CHAPITRE IX

L'EXPÉRIMENTATION ÉCOLOGIQUE DANS L'APPROCHE DES COMPORTEMENTS SOCIAUX DES JEUNES ENFANTS EN GROUPES

Alain LEGENDRE

Laboratoire de psychobiologie de l'enfant
CNRS L.A.315, Ecole Pratique des Hautes Etudes,
41, rue Gay-Lussac, 75005 Paris.

LEGENDRE A. — L'expérimentation écologique dans l'approche des comportements sociaux des jeunes enfants en groupe. In : *Etudier l'enfant de la naissance à 3 ans.* Edité par P.-M. Baudonnière, Collection *Comportements,* Paris, CNRS, 1985, p. 165-181.

Dans l'étude sur les comportements sociaux de jeunes enfants en groupe, la perspective qu'ouvre la psychologie écologique incite à s'interroger sur l'influence qu'exerce l'environnement immédiat. Les notions de site — environnement immédiat où se manifestent les comportements — et de système — qui suppose un réseau d'interdépendances complexes entre les diverses composantes du site — sont présentées. Les moyens d'investigation de ces systèmes d'interdépendances complexes, à l'intérieur desquels se développent les comportements sociaux des enfants, sont discutés. Le modèle d'expérimentation écologique — qui implique la manipulation systématique d'une composante d'un site à l'intérieur du système qu'elle contribue à définir — est introduit à partir de plusieurs études. Un exemple plus détaillé est donné par une recherche sur les effets de transformations d'agencement des espaces d'activités sur les comportements sociaux des enfants (18 mois-3 ans) dans des crèches. Ces exemples permettent d'apprécier la contribution qu'apporte l'expérimentation écologique à une meilleure compréhension des liens qui unissent les comportements sociaux des enfants aux différentes caractéristiques physiques et sociales des sites. Ils font également apparaître l'intérêt que présente cette forme d'expérimentation pour l'étude de la plasticité adaptative des jeunes enfants face aux contraintes du site.

Enfant - Comportements sociaux - Expérimentation écologique - Système - Cadre architectural - Crèches.

LEGENDRE A. — The ecological experimentation in the study of social behaviour of young children in groups. In: *Studying the preschooler from birth to three years of age.* Edited by P.-M. Baudonnière, Collection *Comportements,* Paris, CNRS, 1985, p. 165-181.

In the study of young children's social behaviour in groups, the ecological psychology approach suggest to focus on the influences of the immediate environment. The notions of setting — immediate environment in which behaviours occur — and of system — which supposes a complex network of interdependencies between the various components of the setting — are presented. Methods to investigate this complex network of interdependencies are discussed. The ecological experimentation — which implies systematic manipulations of one component of the setting inside the system that it helps to define — is illustrated by various studies. A more detailed exemple is given with a research on the effects of several transformations introduced in the spatial design of daycare centers, on the social behaviour of 18 months to 3 years old children. The results of these studies lend support to ecological experimentation as an effective means of understanding how the social behaviour of children are linked to the different characteristics of the socio-physical environment. This model of experimentation should allow to investigate the adaptative plasticity of young children to constraints imposed by the settings.

Child - Social behaviour - Ecological experimentation - System - Spatial design - Daycare centers.

INTRODUCTION

Encore peu développée en France [21, 25, 31] la psychologie écologique a connu un essor international important au cours de la dernière décade [1, 49, 54, 55]. Bien que certains travaux effectués dans cette jeune branche de la psychologie aient encore un caractère exploratoire et descriptif, un effort a été entrepris pour développer un cadre théorique et des méthodes appropriées [9, 10, 17]. De fait, comme le souligne Wohlwill [63, 64], un intérêt grandissant est porté par les psychologues de divers horizons à l'environnement physique comme facteur influençant le comportement. Cependant, cet auteur attire notre attention sur ce que Tessier [60] appelle « l'émergence d'un paradigme écologique », qui devrait s'avérer particulièrement pertinent dans l'étude de l'adaptation de l'enfant à son environnement.

L'étude des processus d'adaptation doit, en effet, pouvoir articuler la recherche des caractéristiques environnementales susceptibles d'entraîner des réajustements du comportement de l'enfant, avec les moyens fonctionnels dont cet enfant dispose à un âge donné pour gérer les différentes situations auxquelles il est confronté [39, 40]. La façon dont l'enfant va opérer des réajustements face à des modifications de son environnement sera révélatrice des caractéristiques efficientes de l'environnement, comme des compétences et des objectifs de l'enfant. L'étude de ces réajustements nous renseignera également sur le système d'interdépendances complexes qui relient l'enfant à un environnement particulier.

L'approche écologique cherchera à prendre en compte le système que crée l'inter-relation des différentes composantes humaines et environnementales d'un contexte ou d'un site particulier.

L'action de l'environnement sur l'individu ne peut être envisagée en termes de déterminisme simple et univoque. Certes, certains facteurs peuvent entraîner des effets directs, stables et indépendants du contexte, cependant, dans la plupart des cas, la présence et l'importance de telle ou telle caractéristique de l'environnement (bruit, pollution, configuration spatiale...) n'affectera le comportement qu'en fonction d'autres éléments du contexte. Considérer qu'un aspect de l'environnement ne produise que des effets indirects et n'influe sur l'organisme ou les comportements qu'en combinaison avec d'autres facteurs ne doit pas conduire à négliger l'étude de cet aspect. Par contre, ceci implique que l'on prenne soin, d'une part de définir les caractéristiques des contextes dans lesquels cette variable est efficace, d'autre part d'éprouver la stabilité de ces effets selon les contextes. Si ces précautions sont prises, et que l'on constate qu'une variable dans des contextes différents produit des effets différents, on aura mis en évidence que cette variable environnementale est reliée aux comportements étudiés par un « système d'interdépendances complexes ».

Dans l'étude des comportements sociaux des jeunes enfants avec leurs pairs, l'approche écologique amène à considérer le système d'interdépendance qui unit ces comportements à l'environnement dans lequel ils se développent. Une telle approche incite donc à rechercher dans quelle mesure les comportements socialement orientés et l'organisation sociale des enfants en groupe peuvent être fonction du milieu.

L'étude des compétences sociales des jeunes enfants [16, 20, 38] a connu ces dernières années des développements importants, notamment dans le secteur des moyens de communication interindividuelle entre pairs, et dans le domaine des relations et des formes d'organisation sociales qu'établissent ces enfants dans des groupes stables, en milieux habituels tels que les crèches ou les garderies.

Ainsi il a été établi que des enfants de 2 à 3 ans, réunis en dyades ou en trios, disposent, avec l'imitation immédiate et réciproque, d'un moyen d'échange privilégié [40, 41, 42, 43]. Par ailleurs, des observations menées en grands groupes institutionnels ont montré que les enfants choisissent les partenaires avec lesquels ils interagissent. Ces choix font apparaître des « relations dyadiques stables » [19] à l'intérieur de groupes composés d'enfants de moins de trois ans. L'analyse de ces relations dyadiques permet de dégager des « structures » d'attention et de dominance, ainsi que des réseaux affiliatifs rudimentaires, traduisant l'existence de certaines formes d'organisation sociale de tels groupes [24, 56, 57, 58].

Ces études nous conduisent à nous interroger sur l'influence des supports matériels qu'offre l'environnement, dans l'établissement et le maintien des interactions sociales entre jeunes enfants. Cette question revêt une pertinence particulière pour les enfants de 18 mois à 3 ans, dont les compétences sociales se développent sensiblement avant que le mode de communication verbale ne devienne prépondérant.

Or, si le rôle de l'objet comme médiateur des échanges interindividuels des enfants de cette tranche d'âge a été étudié [3, 61], peu d'attention a été portée à l'influence des autres composantes de l'environnement physique. Les quelques recherches effectuées dans ce domaine se sont surtout intéressées aux effets, sur les comportements sociaux, d'aspects quantitatifs, tels la superficie ou le nombre d'équipements disponibles par enfant. Par contre, des aspects plus qualitatifs de l'environnement ont été négligés. Parmi ceux-ci, la configuration spatiale du cadre architectural a retenu notre attention. Cette composante structurelle des sites où sont regroupés de jeunes enfants (crèche, garderie) est, en effet, susceptible de contribuer à la définition du « système d'interdépendances complexes », qui lie les comportements de ces jeunes enfants au site à l'intérieur duquel ils évoluent.

I. — SITES ET SYSTÈMES

Afin d'introduire de façon concrète les notions de site et de système nous allons présenter les premières études qui se sont intéressées à l'influence de l'environnement physique sur les comportements des enfants (3 à 8 ans). Les difficultés et les écueils auxquels se sont heurtées ces recherches nous aideront à mieux cerner la spécificité de l'approche écologique et les méthodes d'investigation qu'elle suppose.

Ces premières études ont porté sur les effets de la « densité socio-spatiale » [31]. L'aspect quantifiable de cette notion — quantité de surface disponible par enfant — a retenu l'attention des chercheurs. Ceux-ci, à la suite des expériences faites sur l'animal [13], se sont attachés à faire varier systématiquement cette densité socio-spatiale pour en observer les conséquences sur les comportements sociaux, et en particulier agressifs, d'enfants en groupes. Les synthèses effectuées sur cette question [18, 47, 53, 54] font état de résultats différents, voire divergents, obtenus par les auteurs.

Sans doute, le caractère quantifiable de cette variable environnementale a pu masquer les problèmes que soulevait son opérationnalisation, celle-ci pouvant faire intervenir des composantes très variées du site d'étude. La première différence importante réside dans la possibilité de confronter des situations qui diffèrent soit par le nombre d'enfants dans un espace constant — densité sociale —, soit par la superficie disponible pour le même groupe — densité spatiale [34].

Examinons d'abord les études menées sur la densité spatiale. Dans certaines expériences [35] la comparaison du même groupe d'enfants en intérieur et en extérieur est présentée comme une variation de la surface disponible. Il est évident que deux contextes d'activité sont alors comparés, et d'autres facteurs que la densité spatiale peuvent être invoqués pour expliquer les différences observées. D'autres expériences modifient la superficie disponible en interdisant aux enfants l'accès à une partie de la salle [35, 48] ou à certaines zones équipées de l'espace de jeux. Smith et Connolly [53] ont dénoncé l'amalgame fait dans ces expériences entre : la quantité de ressources spatiales et la quantité de ressources en équipements.

Ils ont ainsi été amenés à concevoir un plan expérimental leur permettant d'apprécier l'effet séparé et l'effet croisé de ces deux dimensions du cadre architectural. Rohe et Patterson [50], qui se sont également appliqués à faire varier de façon croisée ces deux types de ressources, s'aperçoivent que l'agencement des locaux interfère également avec ces variables. Hutt et Hutt [23] ont d'ailleurs constaté que l'accroissement du nombre d'enfants dans une salle dont la forme irrégulière dessinait des zones distinctes faisait apparaître des « comportements territoriaux » absents d'observations faites dans de grandes salles peu cloisonnées.

En fait, comme l'exprime W. McGrew [35, p. 189] en conclusion de sa recherche : « number of persons per square mile is a next to useless statistic unless one takes into account others relevant architectural, topographical, and climatological factors in addition to the obvious social and biological ones ». Le défaut de ces expériences est de n'avoir pas considéré comment le site, par l'ensemble des éléments et des qualités qui le définissent, interfère sur les comportements observés avec la (ou les) variables invoquées. L'étude des relations des enfants à leur environnement gagnerait à être abordée par l'intermédiaire des dimensions spatiales, qui, à l'intérieur d'un site, peuvent être manipulées sans impliquer de modification d'autres composantes de ce site. Ceci ne signifie pas que les effets de telles transformations ne soient pas fonction des autres composantes du site ; ceci exprime simplement le fait que, dans ce cas, « l'origine » des effets peut être clairement identifiée.

On s'étonnera que l'influence de la topographie des espaces sur les activités des enfants n'ait été, jusqu'à présent, l'objet que de quelques recherches [37, 45] n'impliquant pas de modifications expérimentales du site. Remarquons que transformer l'agencement d'une pièce conserve sa superficie, ainsi que le nombre et la nature de ses équipements. Certes, cette dimension non quantitative du cadre architectural a pu paraître plus difficilement opérationnalisable. Pourtant une analyse topographique de l'espace permet de distinguer des types d'agencement nettement différenciés [26, 27], dont les effets peuvent être testés auprès des enfants dans un même site.

Examinons maintenant les études qui se sont intéressées à la densité sociale. Dans ces expériences de « crowding » [22, 34], le facteur invoqué semble bien identifié, puisqu'apparemment seul le nombre d'individus occupant un même lieu est modifié.

Remarquons tout d'abord que peu d'études empiriques nous renseignent sur l'effet du nombre d'enfants regroupés, indépendamment de la densité socio-spatiale (variation du nombre d'enfants pour une densité constante). Mais un autre problème plus important est soulevé par ce type d'expérience.

Ainsi, par exemple lorsqu'on fait varier la densité [34] sociale d'une classe de nursery school en ne retenant dans la salle que la moitié du groupe, à quoi doit-on attribuer les effets observés ? A la quantité de surface disponible par enfant, ou à la composition et à l'organisation sociale particulière de cette « moitié » du groupe ?

Négliger le second aspect revient à réduire le groupe d'enfants à une simple collection d'individus anonymes. Or, nous avons déjà signalé (cf. introduction) que certaines recherches menées par des éthologues, sur des groupes stables de jeunes enfants, ont mis en évidence des modes d'organisation sociale de ces groupes : réseaux affiliatifs [24, 57], structure de dominance [14, 56, 59] et d'attention [24] dont la prévalence et la stabilité sont fonction de l'âge [58]. La composition, l'organisation et la stabilité du groupe devront donc être considérées, surtout si, comme Lewin [32], on conçoit que « la définition du groupe est basée sur l'interdépendance de ses membres, ou mieux de ses différents sous-ensembles » [32]. La partition d'un groupe d'enfants, comme celle opérée dans l'expérience de P. McGrew, perturbe probablement l'organisation sociale établie au sein du groupe habituel, ne serait-ce que par la séparation de partenaires privilégiés et l'absence de certains des enfants occupant un rang élevé dans les structures de dominance ou d'attention. De telles perturbations dans l'organisation sociale ne sont certainement pas sans conséquences sur les comportements socialement orientés des enfants et leurs interactions.

Loo [33] tente de contourner cette difficulté en neutralisant cette dimension sociale dans une situation expérimentale de laboratoire. Il compare l'effet de deux situations, faible et forte densité, sur plusieurs « collections » de six enfants non familiers, réunis pendant 45 minutes dans chacune des situations. Les résultats obtenus, notamment en ce qui concerne l'effet d'une forte densité socio-spatiale sur les comportements agonistiques (diminution), contrastent fortement avec ceux des autres recherches. En fait, ce que Loo constate, c'est que des jeunes enfants âgés de 4 à 5 ans, dans un environnement nouveau avec des partenaires non familiers, s'investissent dans des activités solitaires en évitant toute forme d'interaction lorsque la densité socio-spatiale est forte. La confrontation des résultats de cette expérience avec celles effectuées en milieu habituel a pour nous l'intérêt de montrer que les conséquences du niveau de densité socio-spatiale sur les interactions entre enfants dépendent du degré de familiarité de ceux-ci.

Ces quelques exemples auront mis en évidence que les comportements sociaux des enfants s'intègrent au site dans lequel ils se développent. Les diverses composantes de ce site, objets, cadre architectural, occupants..., sont donc liées par un système d'interdépendance complexe.

La notion de système, introduite par Von Bertalanffy [62] en biologie, constitue un modèle dont la valeur heuristique a été précisée par Brunswik [12] dans le domaine d'une psychologie qu'il désigne comme « la science des relations organisme-environnement ». S'appuyant sur les développements apportés par la cybernétique à la notion de système, Brunswik [12] insiste sur le fait que les rétroactions régulatrices ne s'appliquent pas uniquement à l'intérieur des frontières de l'organisme, mais également aux relations de cet organisme avec un environnement. Ce circuit réverbérant, ou cette suite d'actions/rétroactions, définit un système plus large qui englobe et associe d'une part les éléments qui composent l'environnement, et d'autre part l'organisme avec ses caractéristiques (purposive and stability aspect). Reformulé en fonction de notre objet d'étude, ce circuit réverbérant définirait un système associant l'environnement et le jeune enfant avec ses moyens fonctionnels, les objectifs qu'il s'assigne et la plasticité adaptative dont il dispose, face aux contraintes de cet environnement.

Les mécanismes de rétroactions régulatrices peuvent également pour cet auteur rendre compte des comportements de groupe. Nous retrouvons une perspective similaire dans l'œuvre de Lewin [32], qui développe la notion d'inter-relation entre le groupe et son environnement. Lewin insiste sur le fait que cette inter-relation intègre la façon dont le groupe « perçoit » son environnement en fonction de ses activités et de son organisation.

C'est une conception d'interdépendance mutuelle des différentes composantes du site que Lewin [32] défend lorsqu'il indique que la « signification » d'un facteur dépend de sa position dans le site. Il explique que le fait « qu'un certain type de comportement apparaisse ou non ne dépend pas de la présence ou de l'absence d'un seul facteur ou de plusieurs facteurs appréhendés isolément, mais d'une « constellation » (structure et forces) liée à un site particulier (field) pris comme un tout ».

Dans la lignée des travaux de Lewin, Barker [4, 5, 6] a introduit la notion « d'entité écocomportementale » (behavior setting). Ce sont des entités stables et circonscrites, qui peuvent être identifiées et décrites à partir de leurs attributs spatiaux et temporels et des « épisodes comportementaux » qui s'y développent. Ces entités écocomportementales sont autorégulées. Ceci suppose qu'un système de forces maintienne les composantes, habitants et cadre physique, dans des « schémas de fonctionnement » (function pattern) qui régulent les épisodes comportementaux.

Le microsystème que Bronfenbrenner [8] décrit comme le « complexe des relations entre la personne en développement et son environnement immédiat dans un site particulier (foyer, école, atelier...) » développe encore cette notion de système écologique.

Notons que Bronfenbrenner [7, 9] présente la structure de l'environnement humain selon un modèle topologique d'emboîtement. Les systèmes les plus spécifiques auxquels l'individu est confronté directement (micro et mésosystèmes) s'insèrent à l'intérieur de systèmes plus généraux (exo et macrosystèmes) dont l'influence est plus médiatisée. Ce modèle a pour intérêt d'attirer l'attention sur le choix du niveau écologique pertinent dans l'étude d'un aspect de la relation individu-environnement.

Enfin, les concepts « d'adéquation environnementale » (environmental congruence) et « d'optimalisation », proposés plus récemment par Stokol [54], précisent le rôle dynamique des deux pôles de l'inter-relation, ou « relation transactionnelle » individu(s)/environnement. L'adéquation environnementale réfère au rôle de support, facilitant ou contrariant, qu'offre l'environnement au développement des comportements qui correspondent à des objectifs psychologiquement importants pour l'individu ou le groupe. Cette adéquation environnementale met donc l'accent sur les composantes influentes et pertinentes de l'environnement en rapport :

— d'une part avec la spécificité de la situation, et notamment de ses caractéristiques sociales ;
— d'autre part avec l'état psychologique des sujets, en particulier de leur niveau de développement s'il s'agit d'enfants.

Le concept d'optimalisation renvoie plus directement au pôle humain de cette inter-relation ; il recouvre les tentatives d'individus ou de groupes pour s'approprier, transformer ou créer des environnements constituant un support optimum au développement de leurs activités et à la réalisation de leurs objectifs.

II. — VALIDITÉ INTERNE ET VALIDITÉ ÉCOLOGIQUE

Ayant introduit la notion de système écologique, et cherché à en préciser la valeur heuristique dans l'approche des comportements sociaux des jeunes enfants en groupe, il nous faut maintenant examiner les moyens d'étudier ces comportements à l'intérieur d'un système en préservant sa complexité. C'est-à-dire, en préservant l'ensemble dynamique des inter-relations qui se tissent entre les composantes du site.

Barker [4] propose une approche basée sur l'observation passive « in situ », c'est-à-dire dans une situation « intacte » afin d'enregistrer des comportements apparaissant spontanément dans leur contexte. Idéalement, dans ce type d'approche, le psychologue (psychologist as transducer) n'intervient pas dans la définition de la situation ; ainsi, il ne provoque pas et n'induit pas les comportements qui peuvent alors être rapportés au contexte. Des observations sont répétées dans différents sites ayant les mêmes caractéristiques spatiales et institutionnelles, par exemple différentes crèches. Une analyse est menée ensuite sur les similitudes, afin d'extraire certaines régularités des épisodes comportementaux enregistrés dans ces sites. Si de telles régularités sont constatées, alors ces sites peuvent être définis comme entité écocomportementale (behavior setting).

Remarquons que ces régularités enregistrées dans les épisodes comportementaux ne peuvent être rapportées qu'à la totalité des attributs du site, qu'au contexte dans sa globalité. Dans ces conditions, les informations que nous apporte une telle démarche descriptive s'avèrent insuffisantes pour déterminer quelles composantes du site interviennent dans la régulation des comportements, ni a fortiori, pour définir comment et à travers quels réseaux d'interdépendances ces composantes définissent le système décrit. De même cette démarche ne nous autorise pas à interpréter les différences de comportements inter-sites qui pourraient être observées.

Pour dépasser ces limites et identifier les facteurs qui influent sur les comportements dans un type de site, certaines méthodes ont été développées à partir de « l'observation passive ». Schématiquement, il s'agit de constituer, à l'intérieur de l'ensemble que définissent des sites où sont menées les observations, deux ou plusieurs sous-ensembles contrastés sur la base d'un facteur particulier. Les comportements enregistrés dans deux sous-ensembles contrastés sont confrontés, les différences constatées sont alors attribuées au facteur (predictor) à partir duquel ont été constitués ces sous-ensembles.

Neill [44, 45], comme Moore [36, 37], dans leurs études de l'influence du cadre institutionnel sur les activités de jeunes enfants, ont utilisé ce type de méthode. Tous deux effectuent des observations dans plusieurs sites (nursery school, daycare center). Ils opèrent ensuite des regroupements de ces sites à partir de différentes caractéristiques des locaux (acoustique, sécurité, aires ouvertes ou cloisonnées...). Ceci leur permet d'examiner comment les comportements observés (comportements sociaux, mobilité...) varient en fonction de ces caractéristiques.

Les traitements statistiques utilisés [15] permettent d'estimer la probabilité de covariation entre les différents facteurs et les comportements. Ainsi par exemple, Neill [45] a pu rapporter, ou plus exactement associer au type d'aires ouvertes, par comparaison aux aires cloisonnées, un taux élevé de comportements agonistiques et de déplacements erratiques (moving around).

Pour ces recherches n'impliquant pas de manipulations expérimentales de la variable indépendante, la validité interne du plan expérimental réside dans la constitution des sous-ensembles ou groupes de sujets sur lesquels s'appuie la comparaison. Pour pouvoir invoquer le rôle du facteur à partir duquel ont été constitués ces sous-ensembles, il faut prendre soin de répartir de façon équilibrée, entre ces sous-ensembles, les autres sources de variation possibles. En d'autres termes, il faut effectuer un appariement des éléments des sous-ensembles comparés. On conçoit la difficulté de cette tâche dont la réalisation ne peut être qu'approximative, car elle suppose une représentation exhaustive des facteurs susceptibles d'intervenir. En fait, seules les sources de variation présumées pourront être considérées, et pratiquement seules celles perçues comme prédominantes seront retenues. Cette modélisation a priori n'offre pas toujours de garanties suffisantes pour inférer la causalité du facteur sélectionné. Remarquons, de plus, qu'une corrélation significative, si elle a une valeur « prédictive », n'a pas de caractère « explicatif » [12, 46] ; qu'il y ait une forte probabilité pour qu'un phénomène survienne, si tel autre est présent, ne permet pas de définir la nature de leur liaison.

Doit-on alors, pour satisfaire aux exigences de la validité interne de l'expérience, recourir à des situations de laboratoire beaucoup mieux contrôlées, qui permettent de faire varier de façon systématique un seul facteur, mais qui constituent des contextes atypiques ?

Ce point introduit la question de la validité écologique de la recherche [51]. La validité écologique est liée au caractère « représentatif » des contextes d'étude par rapport aux conditions générales, ou spécifiques, dans lesquels le phénomène étudié est amené à se développer.

Pour détecter la présence d'interdépendances entre les composantes d'un système (interacting influences) [46], et en préciser l'importance, la situation expérimentale doit prendre en compte de façon adéquate la complexité de ce système. Si l'on s'intéresse aux échanges et aux comportements sociaux manifestés par de jeunes enfants dans un groupe de pairs, la stabilité du groupe ne peut être négligée, pas plus que les caractéristiques du site où évolue ce groupe. Les institutions d'accueil de la petite enfance constituent non seulement une réalité sociale représentative des expériences collectives des jeunes enfants, mais aussi et surtout les contextes spécifiques où s'actualisent les compétences sociales des enfants dans des groupes stables.

Cependant, il est important de noter que le caractère représentatif du contexte n'est pas réductible à l'aspect familier d'une situation rencontrée dans le quotidien. De telles situations, abusivement qualifiées de « naturelles » par opposition à des situations de laboratoire, ne confèrent pas automatiquement aux observations qui y sont menées une validité écologique indépendamment du phénomène étudié [51].

Par exemple, observer les modalités d'échanges entre jeunes enfants dans un square, où chaque enfant est accompagné par un parent, ne nous autorise nullement à présumer que ces modalités soient celles utilisées par les enfants du même âge dans une crèche. Une telle étude, comme d'autres menées en laboratoire ou dans des situations standardisées, qui nous renseignent utilement sur les « possibilités » des enfants dans le cadre de ces situations, ne nous permettra pas d'estimer la probabilité qu'ont ces comportements d'être utilisés dans d'autres contextes [11, 46]. Dans l'exemple, le fait que le square soit une situation de la vie quotidienne ne lui confère pas pour autant une validité écologique dans l'étude des comportements d'enfants en groupe. Remarquons d'ailleurs que cette situation peut avoir, pour certains enfants, un caractère aussi exceptionnel et atypique que des situations de laboratoire.

Cette remarque nous incite à préciser que les caractéristiques pertinentes d'un environnement ne sont pas définies uniquement par ses propriétés objectives, mais aussi par la façon dont les enfants, ou plus généralement les sujets, perçoivent cet environnement [32].

Comme cela a déjà été souligné (cf. concept « d'adéquation environnementale »), l'importance des différents supports physiques qu'offre un site est fonction des objectifs et des compétences des sujets, ainsi que de la situation sociale dans laquelle ils sont impliqués. De plus, lorsque le site est façonné par l'homme, la composition et l'agencement de ses éléments physiques résultent d'un processus de production sociale et historique. Les options que traduit le cadre architectural constituent donc une forme de transaction sociale indirecte qui se réalise dans l'usage, conforme ou détourné, qu'en font les utilisateurs. En ce sens, l'expression « environnement physique », qui paraît référer aux propriétés objectives du site, nous semble impropre dans la mesure où elle élimine la dimension sociale du cadre architectural et évacue ainsi le délicat problème de l'ajustement entre conception et usages des espaces.

Dans le cadre des études sur les comportements sociaux d'enfants en groupe, en sélectionnant comme sites d'études des sections de crèches que les enfants fréquentent de façon régulière, on s'assure ainsi :

— Premièrement qu'il s'agit bien de situations perçues par les enfants comme des situations collectives habituelles et non comme des regroupements dont le caractère temporaire et nouveau, voire étrange, pourrait induire des comportements atypiques.

— Deuxièmement que le système, à l'intérieur duquel l'expérience est conduite, présente une certaine stabilité, c'est-à-dire que les observations portent sur des groupes constitués, dans un espace que les enfants ont eu le temps de « s'approprier ». Par appropriation, nous entendons l'établissement, après la phase d'exploration, d'usages individuels ou de codes d'usage collectifs, relatifs aux supports qu'offre le cadre architectural.

Ainsi ce que prend en compte la validité écologique, c'est la structure de l'environnement et la valeur adaptative, fonctionnelle, des comportements dans cet environnement.

La prise en considération de la validité interne et de la validité écologique dans l'étude des comportements des enfants en groupe constitue une raison majeure [15] pour développer des recherches sur le terrain avec un modèle expérimental : manipulations contrôlées et systématiques de la variable indépendante à l'intérieur du ou des systèmes écologiques dans lesquels se développe le phénomène étudié.

III. — EXPÉRIMENTATION ÉCOLOGIQUE

Le modèle d'expérimentation écologique [8, 9] tente de répondre à cette double exigence. Il consiste à modifier une composante structurelle particulière à l'intérieur du système écologique qu'elle contribue à définir en interdépendance avec les autres composantes.

Ce modèle expérimental apparaît comme particulièrement pertinent pour étudier les effets de différents aspects de l'environnement socio-physique sur les comportements de jeunes enfants en collectivité.

Par exemple, Smith et Connolly [53] ont manipulé le ratio adultes/enfants, dans des groupes de différentes tailles, en modifiant systématiquement le nombre d'éducateurs présents dans la salle d'activités de nursery schools. Ils montrent, qu'avec des enfants âgés de 2 ans 4 mois à 4 ans, ce ratio a un effet sur la proportion relative des interactions enfant/adulte et enfant/enfant. Dans le cas où le nombre d'adultes présents est faible, les interactions entre enfants sont plus fréquentes et plus soutenues. Les comportements socialement orientés des enfants vers l'adulte sont également plus fréquents mais restent souvent sans réponse : les interactions enfant/adulte sont moins nombreuses et de très courte durée. Ces auteurs concluent qu'un faible ratio adultes/enfants a un effet sur la qualité des échanges entre enfants et éducateurs, ce qui, selon eux, sur ce plan qualitatif, n'est compensé que très partiellement par l'augmentation et le développement des interactions entre enfants.

Shores, Hester et Strain [52], s'interrogeant sur les conditions favorables au développement des interactions sociales de jeunes enfants présentant des troubles psychologiques, ont éprouvé l'effet du niveau d'implication des éducateurs dans les activités de ces enfants en groupe. Trois formes d'implication (A, B, C) successivement adoptées par les éducateurs (A, B, C, A, B) ont été comparées. Il est apparu que l'attitude des éducateurs, consistant à proposer des activités pour ensuite laisser l'initiative aux enfants (C), était la plus favorable au développement des interactions entre ceux-ci. La différence était plus marquée avec les périodes (A) pendant lesquelles les éducateurs ont eu une attitude directive plus soutenue, qu'avec celles (B) où leur faible implication laissait aux enfants l'initiative de leurs activités de façon quasi permanente.

Lelaurin et Risley [30] examinent l'incidence de deux modes d'organisation des activités structurées sur la participation d'enfants de 3 à 5 ans d'un centre d'accueil (daycare center). Ils prennent également en compte le temps que les enfants passent inoccupés ou à attendre. La présence de deux éducateurs leur a permis de comparer une première forme d'organisation, où chacun des adultes prend en charge un groupe d'enfants, à une seconde forme, où chacun assume l'animation d'une « zone », les enfants pouvant librement circuler de l'une à l'autre. Il ressort de l'analyse que cette seconde option s'avère plus satisfaisante par rapport aux critères choisis.

Afin d'expliciter plus en détail ce modèle d'expérimentation écologique, nous prendrons pour exemple la recherche que nous menons sur l'influence de l'agencement des espaces d'activités sur les comportements sociaux d'enfants de 15 mois à 3 ans en groupe.

Ce modèle nous a conduit à opérer des transformations d'agencement du cadre architectural à l'intérieur du site d'étude. Ces transformations d'agencement sont obtenues par déplacement des éléments d'équipement et de mobilier, sans apport ni retrait. La surface disponible reste identique. Les objets et le petit matériel de jeux mis à la disposition des enfants sont conservés. Les autres composantes du site (population, activités, repas, sieste...) restent stables. Ces précautions permettent d'identifier précisément l'origine des effets produits. Les enfants sont observés à leur insu (système vidéo) durant les activités libres, dans les salles de jeux des crèches qu'ils fréquentent régulièrement.

Cette forme d'expérimentation offre ainsi la possibilité de contrôler les effets dus à la manipulation d'une composante structurelle du site, le type d'agencement, sans avoir à isoler cette variable du système écologique qu'elle contribue à définir. En d'autres termes, la manipulation de la variable indépendante, ou plus exactement le « traitement » [15] opéré sur le système, permet de déterminer la force et l'importance de l'interdépendance entre la composante manipulée et les comportements sociaux des enfants au sein de ce système.

La stabilité de cette interdépendance sera éprouvée par la répétition du traitement dans plusieurs sites. C'est une analyse portant sur les « différences intra-site » qui indique l'importance des effets des transformations d'agencement. Alors que la stabilité de ces effets sera établie par l'analyse des « similitudes inter-sites », similitudes des comportements dans un même type d'agencement, similitudes des différences entre deux types d'agencement dans plusieurs crèches. (Il est également prévu d'analyser les similitudes produites par des transformations d'agencement, rigoureusement identiques, dans un même site sur deux groupes d'enfants différents, la population d'une section de crèche étant renouvelée chaque année.)

Ayant contrôlé la source de variations, et vérifié la stabilité de ces effets, il sera possible de préciser comment, sur quelles bases, les enfants réagissent à des modifications du cadre architectural. Les ajustements observés, soit au plan des comportements individuels (fréquence des comportements socialement orientés, fréquence, durée et modalité des interactions), soit au plan de l'organisation sociale (formes de regroupement spatial, choix des partenaires, réseaux affiliatifs), renseignent sur les compétences sociales de ces enfants en groupe. Ces ajustements permettent d'appréhender la plasticité de ces compétences comme les limites de cette plasticité. Ils constituent un indicateur des objectifs poursuivis dans ce contexte.

Certains des résultats que nous avons obtenus avec deux groupes d'enfants âgés de 2 à 3 ans [27, 28] permettront d'illustrer ces propos. Ces résultats montrent que ces enfants ont une préférence marquée pour les zones bien circonscrites, semi fermées, proposant un matériel d'usage souple. A l'intérieur de la salle de jeux, ces zones sont celles qui sont le plus utilisées. Elles constituent les supports privilégiés des interactions affiliatives et favorisent les regroupements stables (durée et répétition) entre deux, trois et parfois quatre partenaires.

Dans les situations où l'agencement de la salle ne présente pas de zones bien circonscrites, les enfants recherchent les emplacements les mieux délimités. Il arrive parfois qu'ils recréent spontanément de petites zones bien circonscrites (déplacement de petit mobilier, utilisation de rideaux...) [29]. L'aménagement de ces zones par les enfants entraîne une augmentation significative des interactions affiliatives. Lorsque la situation n'a pas permis ce type de réajustement spatial, les regroupements entre enfants sont plus rares et moins durables.

Ces résultats sont révélateurs des compétences des enfants de cette tranche d'âge à établir des échanges prolongés en petits groupements de 2 ou 3 partenaires. Ils signalent également les limites de ces compétences lorsque sont absents les supports architecturaux facilitant ces regroupements en petits comités à l'intérieur du groupe. Enfin, la recherche active par les enfants des zones les mieux circonscrites, où se développent les interactions prolongées entre pairs, indique que ces échanges constituent, pour les enfants de cet âge en situation collective, un objectif important.

L'analyse des ajustements des comportements sociaux des enfants face aux transformations d'agencement soulève le problème des processus qui définissent « l'état » du système d'interdépendance entre ces enfants et leur environnement.

L'expérimentation écologique [8] n'a pas pour unique but de tester l'effet de la manipulation d'une variable. Elle vise également à mettre en évidence les propriétés et la dynamique du système. L'expérimentation écologique, en perturbant de façon contrôlée l'état momentané d'un système, permet de mettre en évidence les processus par lesquels le système recouvre une nouvelle stabilité.

Pour reprendre l'exemple traité, notons que des jeunes enfants qui fréquentent régulièrement un espace collectif constituent, après quelque temps, un groupe « stable ». Certaines régularités dans les interactions dyadiques peuvent être observées, elles permettent d'établir l'existence de relations interindividuelles (relationships) [19], dont on peut définir les modalités (dominance, affiliations...). La synthèse de ces relations, selon leurs modalités, fait apparaître des structures, des réseaux qui traduisent la présence d'une organisation sociale du groupe [57]. L'analyse des positions occupées par les enfants montre, par ailleurs, la stabilité de l'utilisation de l'espace par le groupe. Rappelons notamment que certains sous-groupes d'enfants fréquentent de façon privilégiée des emplacements particuliers à l'intérieur de la salle [27]. De plus, la répartition des enfants dans l'espace n'est pas indifférente à la place occupée par les éducateurs. Nous avons même constaté l'existence d'une interdépendance entre le type d'agencement proposé et la façon dont les enfants recherchent la proximité des adultes.

L'ensemble de ces constats incite à penser qu'un groupe d'enfants en présence d'éducateurs, dans une crèche, constitue un système écologique qui présente une relative stabilité.

Lorsque l'on modifie l'agencement du cadre architectural, on modifie une des composantes à partir de laquelle se définit l'état du système. On se donne ainsi les moyens de faire apparaître quelques-uns des processus de régulation interne du système.

Des réajustements, nous l'avons constaté [28], interviennent à court terme dans les comportements socialement orientés et les interactions entre enfants. Ces réajustements comportementaux constituent-ils les seules formes d'adaptation des enfants de cette tranche d'âge face à des modifications du cadre architectural ? A terme, il est possible que ces ajustements comportementaux soient relayés par des mécanismes adaptatifs intervenant au plan de l'organisation sociale du groupe.

Une investigation dans ce sens paraît justifiée par certaines de nos observations.

Ainsi, par exemple, nous avons constaté que la disparition des zones bien circonscrites de l'espace d'activité entraîne, pour les enfants de 18 mois à 3 ans, la désagrégation des petits sous-groupes qui avaient l'habitude de s'y réunir ; ceci pose le problème des conséquences de telles transformations sur la structure des réseaux affiliatifs, encore fragiles à cet âge. Prenons un autre exemple : certaines transformations d'aménagement [27] ont conduit les enfants à s'orienter vers la manipulation d'appareils mobiles et celle-ci s'est accompagnée d'une augmentation significative de la fréquence des compétitions. Une telle situation n'aura-t-elle pas d'effets, à terme, sur la structure de dominance ? L'accès aux ressources limitées de cette situation, qui définit un nouvel enjeu, pourrait entraîner des changements de l'ordre des enfants dans la hiérarchie de dominance. De même la rigidité et la linéarité [2, 14] de cette structure hiérarchique pourraient être renforcées afin de réduire la fréquence des conflits.

De tels constats permettraient d'appréhender certains des processus de régulation qui définissent l'état du système écologique que constitue un groupe d'enfants en présence d'éducateurs, dans un cadre architectural particulier.

L'expérimentation écologique paraît constituer un mode d'approche efficace pour saisir les liens qui unissent les caractéristiques du site aux divers niveaux (comportementaux et structurels) des relations sociales des enfants en groupe. Elle devrait également permettre d'éprouver la plasticité adaptative de ces jeunes enfants, selon leur âge, face aux contraintes de l'environnement.

BIBLIOGRAPHIE

[1] ALTMAN I. and WOHLWILL J.F. — Human Behavior and Environment: Advance in Theory and Reasearch, Vol. 3: *Children and the Environment.* New York: Plenum Press, 1978.

[2] APLEBY M. — The Probability of Linearity in Hierarchies. *Animal Behaviour,* 31, 600-608, 1983.

[3] BAKEMAN R. and BROWNLEE R. — Social Rules Governing Object Conflicts in Toddlers and Preschoolers. In: *Peer Relationships and Social Skills in Childhood,* edited by K.H. Rubin and H.S. Ross. New York, Heidelberg, Berlin: Springer-Verlag, 1982, p. 99-111.

[4] BARKER R.G. — Exploration in ecological psychology. *American Psychologist,* 20, 1, 1-14, 1965.

[5] BARKER R.G. — *Ecological Psychology.* Palo Alto, Calif.: Standford University Press, 1968.

[6] BARKER R.G. — On the nature of environment. In: *Environmental Psychology, people and their physical setting,* second edition, edited by H. Proshamsky, W. Ittelson and L. Rivlin. New York: Holt, Rinhart and Winston, 1976, p. 12-26.

[7] BRONFENBRENNER U. — Developmental Research, Public Policy, and the Ecology of Childhood. *Child Development,* 45, 1-5, 1974.

[8] BRONFENBRENNER U. — Toward an Experimental Ecology of Human Development. *American Psychologist*, 32, 7, 513-529, 1977.

[9] BRONFENBRENNER U. — *The Ecology of Human Development.* Cambridge: Harvard University Press, 1979.

[10] BRONFENBRENNER U. and CROUTER A.C. — The evolution of Environmental models in Developmental Research. In: *Handbook of Child Psychology*, edited by P.H. Mussen, Vol. 1 History, Theory and Methods, edited by W. Kessen. New York: Wiley and sons, 1983, p. 357-414.

[11] BRUNSWIK E. — Organismic Achievement and Environmental Probability. *The Psychological Review*, 50, 3, 255-272, 1943.

[12] BRUNSWIK E. — The Conceptual Framework of Psychology. *International Encyclopedia of Unified Science*, 1, 10, 1-93, 1952.

[13] CALHOUN J.B. — Population Density and Social Pathology. *Scientific American*, 26, 139-146, 1962.

[14] CHEINE J.A and PRABHU A.N. — Development of Social Organisation in Preschool Children: on Dominance Relationships and Linearity of Hierarchies. Pre-print Department of psychology, University of Waterloo. Waterloo Ontario, Canada N2L 3G1, 1984.

[15] COOK T.D. and CAMPBELL D.T. — *Quasi-Experimentation, Design and Analysis Issue for Field Settings.* Boston: Houghton Mifflin, 1979.

[16] ECKERMAN C.D. and STEIN M.R. — The Toddler's emerging interactive skills. In: *Peer Relationship and Social Skill in Childhood*, edited by K.H. Rubin and M.S. Ross. New York: Springer-Verlag, 1982, p. 41-72.

[17] GIBBS J.C. — The Meaning of Ecologically Oriented Inquiry in Contemporary Psychology. *American Psychologist*, 34: 2, 127-140, 1979.

[18] GUMP P.V. — School Environment. In: Human Behavior and Environment: Advances in Theory and Research, Vol. 3 *Children and the Environment*, edited by I. Altman and J. Wohlwill. New York, Plenum, 1978, p. 132-176.

[19] HINDE R. and STEVENSON-HINDE J. — Towards Understanding Relationships: Dynamic Stability. In: *Growing Point in Ethology*, edited by P. Bateson and R. Hinde. Cambridge, Cambridge University Press, 1976, p. 451-479.

[20] HOLMBERG M.C. — The Development of Social Interchange Patterns from 12 to 42 months. *Child Development*, 51, 448-456, 1980.

[21] HURTIG M. — Les milieux de vie de l'enfant. In : *Introduction à la psychologie de l'enfant*, tome 1, edited by J.A. Rondal et M. Hurtig. Bruxelles : Mardaga, 121-139, 1981.

[22] HUTT C. and VAIZEY M.J. — Differential Effects of Group Density on Social Behaviour. *Nature*, 209, 1371-1372, 1966.

[23] HUTT S.J. and HUTT C. — *Direct Observation and Measurement of Behavior.* Springfield, II: C.C. Thomas, 1970.

[24] LA FRENIÈRE P. and CHARLESWORTH W.R. — Dominance, Attention and Affiliation in a Preschool Group: a Nine-Month Longitudinal Study. *Ethology and Sociobiology*, 4, 55-67, 1983.

[25] LECUYER R. — Psychosociologie de l'espace. *L'Année psychologique*, 76, 563-573, 1976.

[26] LEGENDRE A. — Utilisation et appropriation de l'espace-crèche par les enfants. *Le Groupe Familial*, 97: 4, 54-60, 1982.

[27] LEGENDRE A. — *Appropriation par les enfants de l'environnement architectural, ses modalités et ses effets sur les activités dans les grandes sections des crèches.* Parix X Nanterre, thèse de troisième cycle, 1983.

[28] LEGENDRE A. — Appropriation par les enfants de l'environnement architectural. *Enfance*, 4, 389-395, 1983.

[29] LEGENDRE A. — Le jardin d'enfants, utilisation de l'espace. *Médecine et enfance*, 3, 181-191, 1984.

[30] LELAURIN K. and RISLEY T.R. — The Organisation of Daycare Environment: "Zones" versus "Man to Man" Staff Asigments. *Journal of Applied Behaviour and analysis*, 5, 225-232, 1972.

[31] LÉVY-LEBOYER C. — *Psychologie et environnement.* Paris, P.U.F., 1980.

[32] LEWIN K. — *Field Theory in Social Science, selected theoritical papers.* Edited by D. Cartwright. New York, Harper Torchbooks, 1951.

[33] LOO C. — The Effects of Spatial Density on the Social Behaviour of Children. *Journal of Applied Social Psychology,* 2, 372-382, 1972.

[34] McGREW P.L. — Social and Spatial Density Effects on Spacing Behaviour on Preschool Children. *Journal of Child Psychology and Psychiatry,* 11, 129-156, 1969.

[35] McGREW W.C. — *An Ethological Study of Children Behaviour.* New York: Academic Press, 1972.

[36] MOORE G.T. — Some Effect of the Organisation of Socio-physical Environment on the Cognitive Behavior in Child Care Setting. Society for Research in Child Development, Biennal Meeting, Detroit, 1983.

[37] MOORE G.T. — Effect of the Definition of Behavior Setting on Children's Behavior. *Population and Environmental Psychology,* American Psychological Association, Anaheim, California, 1983.

[38] MUELLER E. and BRENNER J. — The Origins of Social Skills and Interactions among Playgroup Toddlers. *Child Development,* 48, 854-861, 1977.

[39] NADEL J. et BEST F. — *Wallon Aujourd'hui.* Paris, éd. Scarabée, 1980.

[40] NADEL-BRULFERT J. — *La fonction sociale de l'imitation directe au cours de la troisième année : une approche fonctionnaliste.* Thèse de doctorat d'Etat, Université de Paris X Nanterre.

[41] NADEL J. et BAUDONNIÈRE P.M. — L'imitation comme mode prépondérant d'échange entre pairs, au cours de la troisième année. *Enfance* 1-2, 77-90, 1980.

[42] NADEL-BRULFERT J. and BAUDONNIÈRE P.M. — The Social Function of Reciprocal Imitation in 2 Year-old peers, *International Journal of Behavioral Development,* 5, 1, 95-109, 1982.

[43] NADEL-BRULFERT J., BAUDONNIÈRE P.M. et FONTAINE A.M. — Les comportements sociaux imitatifs. *Recherches de psychologie sociale* 5, 15-29, 1983.

[44] NEILL R.S. St. J., DENHAM E.J.M., SCHAFFER H.R. and MARJUS T.A. — *Psychological Influences of Spatial Design Factors in Nurseries.* University of Strathclyde, Glasgow, 1977.

[45] NEILL R.S. St. J. — Preschool Design and Child Behaviour. *Journal of Child Psychology and Psychiatry,* 23: 3, 309-318, 1982.

[46] PETRINOVICH L. — Probalistic Functionalism, A Conception of Research Method. *American Psychologist,* 34: 5, 373-390, 1979.

[47] PRESCOTT E. — Relations Between Physical Setting and Adult/Child Behavior Daycare. *Advances in Early Education in Daycare,* Vol. 2. JAI Press Inc., 1981.

[48] PRICE J.M. — *The Effects of Crowding on the Social Behavior of Children.* Phd dissertation, Columbia University, New York, 1971.

[49] PROSHANSKY H.M., ITTELSON W.H. and RIVLIN L. — *Environmental Psychology: Man and his Physical Setting.* New York: Holt, Rinehart and Wilson, 1976.

[50] ROHE W. and PATTERSON A.H. — The Effects of Varied Levels of Ressources and Density on Behaviour in Daycare Center. In: *Man-Environment Interactions,* edited by D. Carson. Milwaukee, Wi. EDRA, 1974.

[51] SCHEIDT R.J. — Ecological-Valid Inquiry: Fait Accompli? *Human Development,* 24, 225-228, 1981.

[52] SHORES R.E., HESTER P. and STRAIN P.S. — The Effects of Amount and Type of Teacher-child interaction on Child-child interaction during free-play. *Psychology in the school,* 13, 171-175, 1976.

[53] SMITH P.K. and CONNOLLY K.J. — *The Ecology of Preschool Behaviour.* Cambridge, Cambridge University Press, 1980.

[54] STOKOLS D. — Environmental Psychology. *Annual Review of Psychology,* 29, 253-295, 1978.

[55] STOKOLS D. — Theoritical Directions of Environment and Behavior Research. *Environment and Behavior,* 15, 3, 259-272, 1983.

[56] STRAYER F.F. and STRAYER J. — An Ethological Analysis of Social Agonism and Dominance Relations among Preschool Children. *Child Development,* 47, 980-988, 1976.

[57] STRAYER F.F. — Child Ethology and the Study of Preschool Social Relations. In: *Friendship and Social Relations in Children,* edited by H. Foot, A. Chapman and J. Smith. New York: John Wiley and Sons, 1980, p. 235-266.

[58] STRAYER F.F. and TRUDEL M. — Developmental Change in the Nature and Function of Social Dominance Among Young Children. *Ethology and Sociobiology*, in press.

[59] STRAYER F.F. and NOEL J.M. — The Prosocial and Antisocial Functions of Preschool Aggression: An Ethological Study of Triadic Conflict Among Young Children. In: *Altruism and Agression: Social and sociobiological origins*, edited by C. Zahn-Waxler. New York, Cambridge University Press, 1984.

[60] TESSIER R. — L'émergence du paradigme écologique en psychologie. Colloque mission de l'écologie humaine (UQAM), Montréal, juin 1983.

[61] VANDELL D.L. and MUELLER E.C. — Peer Play and Friendship during the First 2 Years. In: *Friendship and Social Relations in Children*, edited by H.C. Foot, A.J. Chapman and J.R. Smith. New York: Wiley and sons, 1980, p. 181-208.

[62] VON BERTALANFFY L. — *General System Theory*. New York, 1969.

[63] WOHLWILL J.F. — The Emerging Discipline of environmental Psychology. *American Psychologist*, 25, 303-312, 1970.

[64] WOHLWILL J.F. — The Confluence of Environmental and Developmental Psychology: Singpost to an Ecology of Development? *Human Development*, 23, 354-358, 1980.

Comportements, n° 3, 1985, 183-198.

CHAPITRE X

L'ÉTHOLOGIE SOCIALE DE L'ENFANT : CHOIX DES COMPORTEMENTS, MODES DE RELEVÉ ET DÉMARCHES ANALYTIQUES

Floyd F. STRAYER et Marcel TRUDEL

Laboratoire d'Ethologie Humaine,
Université du Québec à Montréal,
C.P. 8888, Succ. A Montréal, Québec, Canada, H3C 3P8.

STRAYER F.F. et TRUDEL M. — L'Ethologie sociale de l'enfant : choix des comportements, modes de relevé et démarches analytiques. In : *Etudier l'enfant de la naissance à 3 ans.* Edité par P.-M. Baudonnière, Collection *Comportements,* Paris, CNRS, 1985, p. 183-198.

Une présentation du cadre conceptuel de la biologie du comportement permet de traduire les préoccupations de recherche en éthologie sociale. L'approche observationnelle qui est présentée se découpe en trois phases successives :

1) l'analyse descriptive ;
2) la recherche exploratoire ;
3) l'évaluation systématique.

La première phase sert à élaborer une liste descriptive des activités des sujets à l'étude et constitue l'assise de toute démarche subséquente. La phase exploratoire permet de mettre au point un outil descriptif approprié à une étude normative et/ou expérimentale. A cette étape, les questions de recherche, la grille d'évaluation et le type d'enregistrement sont sélectionnés et raffinés durant des périodes d'échantillonnage informel. Enfin, la phase évaluative qui regroupe l'ensemble des décisions méthodologiques plus traditionnelles est discutée sur la base de la validité interne et externe des recherches éthologiques sur les interactions sociales des jeunes enfants.

Ethologie - Ecologie sociale - Observation - Validité - Affiliation - Agonisme - Amitié - Dominance.

Les auteurs tiennent à remercier tous ceux qui ont participé aux activités du Laboratoire d'Ethologie Humaine de l'Université du Québec à Montréal. Leur présence à nos discussions et leur implication dans nos travaux ont réussi à créer le milieu propice à nos recherches en éthologie sociale. Le Laboratoire d'Ethologie Humaine tient aussi à remercier les organismes de subvention qui ont supporté nos travaux : le ministère de l'Education du Québec via ses programmes FCAC et DGES, l'Institut de la Déficience Mentale, le Conseil Québécois de Recherche Sociale, le Conseil National de Recherche en Science Naturelle et Génie du Canada, le Conseil de Recherche en Sciences Humaines du Canada, la Fondation UQAM et le Décanat des Etudes Avancées et de la Recherche de l'Université du Québec à Montréal.

STRAYER F.F. and TRUDEL M. — The social ethology of the child: Choices of behaviors, measures and analytic approachs. In: *Studying the preschooler from birth to three years of age.* Edited by P.-M. Baudonnière, Collection *Comportements,* Paris, CNRS, 1985, p. 183-198.

The conceptual framework from behavioral biology summarizes research preoccupations in social ethology. This approach to the study of behavior is divided into three successive phases: naive observation, exploratory investigation, and systematic evaluation. The first phase provides a descriptive list of the diversity of behavioral activities for the subjects under study. The second phase resolves technical questions related to the choice of both an appropriate coding framework and the most economical measure of target behaviors. Finally, the evaluative phase of research entails resolving more traditional methodological questions about sample size, sampling methods, observation schedules, and data analysis. The results from ethological studies of social behavior are discussed in terms of their demonstrated validity in accounting for developmental changes in children's interactive skills in the peer group setting.

Ethology - Social Ecology - Observation - Validity - Affiliation - Agonism - Friendship - Dominance.

Bien que les questions relatives à la nature de la sélection sociale soient au centre des préoccupations théoriques de la biologie comportementale depuis la dernière décade, les problèmes liés à l'adaptation écologique et ontogénétique sont demeurés un intérêt majeur de la recherche éthologique. Crook [13] a défini l'éthologie contemporaine selon deux approches conceptuelles bien distinctes. La plus connue, l'éthologie classique, se consacre à l'analyse détaillée de « schèmes » comportementaux, de leurs antécédents immédiats et de leurs suites. L'éthologie sociale s'intéresse quant à elle davantage aux questions d'ordre fonctionnel concernant la coordination des « schèmes » d'échanges dyadiques, l'organisation des relations sociales entre les individus, et les variations écologiques dans la nature des structures de groupe.

La diversité des sociétés de primates, les différences qu'elles présentent dans leur niveau de complexité et dans leurs effets sur le développement individuel expliquent les écueils majeurs rencontrés en primatologie, dans l'analyse des différences individuelles. De fait, les échanges sociaux, les relations dyadiques et la structure sociale du groupe ne peuvent être réduits à un simple calcul des différences individuelles au niveau comportemental ; la diversité des caractéristiques sociales des primates non-humains est une des meilleures illustrations de la plasticité phénotypique. L'environnement social immédiat (impliquant les participants et les activités en cours) apparaît comme un déterminant critique du comportement de l'individu. Pour fournir une description plus adéquate des influences contextuelles sur le fonctionnement social, les primatologues ont été amenés à développer des méthodes plus élaborées destinées à analyser l'organisation de groupe [15].

En éthologie sociale, l'importance accordée au groupe comme contexte où ont lieu des adaptations individuelles est comparable à celle attribuée traditionnellement par l'éthologie classique à l'environnement physique comme milieu de développement. L'éthologie sociale souligne cependant que les influences environnementales sur l'individu sont souvent médiatisées par l'écologie sociale du groupe. D'une certaine façon, l'éthologie sociale reformule la dichotomie traditionnelle organisme/environnement en proposant trois systèmes qui sont en interaction continuelle : l'habitat physique, l'écologie sociale du groupe et l'organisme en voie de développement. Dans ce contexte, une explication adéquate de l'adaptation individuelle à l'environnement physique requiert que l'on procède au moins à une analyse de l'organisation du système social dans lequel l'individu se développe.

Kummer [23] nous offre un cadre conceptuel de base qui regroupe les différentes perspectives de l'analyse du comportement en éthologie selon 5 critères :

1) la structure ;
2) la causalité ;
3) la fonction ;
4) le développement et
5) l'évolution.

Le premier aspect regroupe toutes les questions relatives à l'organisation du comportement. Une part importante de la contribution de l'éthologie à la compréhension des activités de l'enfant se situe au niveau de la description des « schèmes » comportementaux. L'élaboration d'un éthogramme ou d'une liste descriptive détaillée des divers « schèmes » comportementaux observables est un pré-requis à toute recherche en éthologie. En utilisant cet inventaire comportemental, l'éthologue est à même d'aborder les questions relatives aux causes et aux fonctions immédiates des divers types d'activités. Même si ces deux volets explicatifs ont toujours été importants en psychologie, ceux-ci exercent un rôle supplémentaire en éthologie. Pour l'éthologue, un des principaux objectifs est de fournir un critère de classification afin de réorganiser l'inventaire des « schèmes » observés en un système descriptif composé de catégories plus larges souvent définies en termes de facteurs causaux [49] ou selon leurs fonctions immédiates [17]. Les deux autres perspectives explicatives, qui sont situées sur un continuum temporel historique, examinent le développement et l'adaptation individuelle durant le cours de la vie et l'évolution des activités spécifiques et communes des espèces de même lignée. A partir de l'une ou l'autre de ces deux perspectives, l'éthologue s'intéresse aux facteurs contrôlant l'émergence de ces activités ainsi qu'à leurs fonctions adaptatives à plus long terme.

Ce cadre conceptuel s'applique aussi bien à l'approche classique qu'à l'approche sociale en éthologie humaine. Cependant, compte tenu de son intérêt pour les questions concernant l'organisation du groupe, l'éthologie sociale met un accent particulier sur l'analyse structurelle. Son analyse de l'organisation sociale distingue quatre niveaux de description des activités :

1) les « schèmes » comportementaux,
2) les interactions dyadiques,
3) les relations sociales,
4) les structures de groupe [18, 19, 20, 39, 41].

Le niveau des « schèmes » de comportements décrit l'ensemble des gestes dirigés vers une cible sociale. L'analyse des échanges récurrents entre les individus permet d'isoler les formes principales d'interactions sociales parmi les membres d'un groupe stable. La distribution différentielle de ces interactions dans l'ensemble des contextes dyadiques suggère des regroupements de classes d'activités utilisables comme mesures qualitatives des relations sociales. Enfin, l'analyse des principes généraux qui caractérisent l'organisation de ces relations observées fournit la base empirique nécessaire pour identifier les structures sociales du groupe [43, 45].

En somme, l'éthologie sociale prend en compte les cinq grandes perspectives explicatives d'une approche biologique, mais porte plus particulièrement son intérêt sur la description structurelle des divers niveaux d'organisation du comportement. La description détaillée constitue la base empirique nécessaire à l'identification des « schèmes » comportementaux, à l'étude de ces structures dans une perspective causale et fonctionnelle, à l'analyse des modifications qualitatives et quantitatives de ces activités au travers du développement, ainsi qu'à l'examen de l'évolution des comportements, des relations et des structures de groupe. Depuis 20 ans, cette démarche éthologique a été appliquée de façon concertée pour mieux comprendre le fonctionnement et la compétence sociale des jeunes enfants. Les résultats les plus récents en éthologie sociale sont redevables sans aucun doute aux recherches préalables effectuées dans la perspective classique. Pour mieux comprendre la contribution de l'éthologie sociale à nos connaissances sur le jeune enfant, il est essentiel de connaître les démarches méthodologiques qui sont à l'origine même des recherches actuelles. En éthologie, la pierre angulaire de la recherche est la description des comportements, effectuée à partir de l'observation directe qui débute avec des séances informelles et procède progressivement pour en arriver à une évaluation de plus en plus systématique du fonctionnement social.

1. — OBSERVATION DIRECTE DU COMPORTEMENT

Dans la perspective éthologique l'observation directe du comportement suppose a priori que le comportement est observé et décrit en termes de mouvements et d'activités observables. Dès lors, l'observateur ne s'attarde pas à inférer la présence de motivations, d'intentions ou d'émotions sous-jacentes. Contrairement à ce qui est souvent le cas en psychologie, le comportement n'est pas utilisé comme mesure indirecte d'un processus motivationnel. Il est en effet moins intéressant pour un éthologue d'aborder les problèmes de causalité et de modification du comportement sans une appréciation détaillée du répertoire comportemental : le contenu à expliquer ou à modifier. La phase descriptive en éthologie peut être divisée en trois étapes successives qui visent essentiellement à élaborer la description la plus exhaustive et cohérente possible du répertoire comportemental des sujets étudiés.

A. Observation naïve

La première étape de la phase descriptive implique une observation informelle où l'observateur identifie et décrit le comportement des individus à l'étude. L'observation est informelle parce que le but visé n'est pas de mesurer le comportement, mais d'entrer en contact avec les sujets et leurs milieux. Les périodes d'observation ne sont pas structurées et se distribuent tout au long du cycle d'activités des individus observés. Les divers comportements sont alors identifiés et décrits tant en termes de gestes moteurs que des parties du corps impliquées lors de leur émission (description morphologique). Cette description des schèmes comportementaux s'élabore en regroupant les mouvements élémentaires émis de façon simultanée ou en séquences hautement prévisibles. Le but visé par ce regroupement est d'obtenir un schème d'actions, de façon constante et décrit de façon économique par l'utilisation d'une étiquette qui chapeaute une description plus détaillée des mouvements impliqués (eg. : mordre, pousser, sourire, embrasser). Ce processus d'identification des comportements fournit une liste descriptive d'activités décrites en termes morphologiques. Cette liste s'élabore au fur et à mesure de l'observation naïve et contient l'ensemble des divers comportements observés chez plusieurs individus durant plusieurs périodes d'observation, ainsi que les critères permettant de les identifier.

B. Elaboration d'une liste descriptive

L'élaboration d'une liste descriptive lors de la période d'observation naïve peut se poursuivre jusqu'à ce que l'ensemble du répertoire comportemental ait été décrit. Toutefois, notre méconnaissance initiale de ce répertoire nous amène à décider du moment où la liste descriptive est suffisamment élaborée. Cette décision soulève des questions concernant la validité descriptive de cette liste : « La liste est-elle suffisante pour rendre compte de la majorité des activités de nos sujets ? » A titre d'exemple, Blurton Jones [9] a constitué une liste descriptive de 29 gestes morphologiquement différents chez les enfants d'âge pré-scolaire, tandis que McGrew [27] a élaboré une liste de 111 items. Une stratégie intéressante est de laisser la liste ouverte et d'y ajouter au cours du déroulement de la recherche les nouveaux comportements observés. Altman [4] a d'ailleurs utilisé cette stratégie dans son étude sur les Macaques rhésus et a obtenu une liste comprenant 123 items alors qu'initialement celle-ci n'incluait que 36 schèmes comportementaux différents. Notre familiarité avec les sujets, notre habileté à identifier de nouveaux comportements et notre appréciation du répertoire d'une espèce s'accroissent généralement avec le temps d'observation. Dans ce sens, il faut se méfier des décisions hâtives concernant la validité descriptive de la liste. Devant l'incertitude, il est préférable de poursuivre l'observation naïve car le but visé n'est finalement pas d'obtenir un nombre record de comportements, mais bien de rendre compte le plus possible des activités caractéristiques des sujets.

Il est souhaitable que l'observation naïve vise plusieurs individus et ce, dans plusieurs contextes sociaux et physiques. La validité de la description se reconnaît au fait qu'on peut appliquer la liste descriptive d'un milieu à un autre. Par exemple, dans une étude d'enfants déficients mentaux, bien que le milieu institutionnel soit plus accessible que le milieu familial, il est possible que le comportement des enfants varie selon ces deux contextes. Dans l'élaboration d'une liste descriptive qui vise une validité descriptive optimale, la flexibilité de l'observation naïve nous permet de décrire les diverses activités comportementales dans les contextes spécifiques où les sujets se développent (groupe scolaire, centre d'accueil, milieu familial).

C. Organisation de la liste descriptive

Afin d'élaborer une grille appropriée à une recherche évaluative, les éléments de la liste descriptive sont ensuite regroupés en catégories de schèmes comportementaux. Ce regroupement est effectué selon une ou plusieurs des cinq perspectives biologiques déjà discutées : 1) morphologique, 2) causale, 3) fonctionnelle, 4) ontogénétique et 5) phylogénétique. Une liste organisée selon un critère unique de classification est qualifiée de taxonomie comportementale [9, 10] tandis qu'un catalogue de comportements est défini par l'utilisation mixte de plusieurs critères de regroupement [38]. Enfin, une taxonomie qui est basée sur une liste descriptive exhaustive et regroupée selon un critère morphologique constitue l'éthogramme de l'espèce étudiée [27]. Dans une approche éthologique, une taxonomie ou un catalogue constitue le produit final de la phase descriptive et fournit la base empirique essentielle à la mise sur pied de la recherche subséquente qui vise à déterminer l'influence de différentes variables sur le comportement.

Il va sans dire que cette phase descriptive requiert un investissement majeur en temps d'observation et en travail méthodique de description. Mais le processus d'élaboration d'une telle liste contribue, grâce à l'observation naïve, à poser un regard neuf sur des activités qui autrement seraient passées inaperçues. L'observation de différents contextes physiques et sociaux permet de focaliser notre attention sur différentes composantes de l'écologie où évoluent nos sujets. Bref, l'élaboration et l'organisation de la liste descriptive au cours de la première phase de recherche en éthologie nous permet de développer un ensemble de critères précis et systématiques fondant l'appartenance des mouvements moteurs à un schème comportemental, des schèmes à une catégorie d'activité et des catégories à une classe de fonctionnement. Heureusement, cet investissement initial de temps et d'énergie est cumulatif et contribue à l'avancement des autres recherches éthologiques sur l'adaptation des enfants normaux et atypiques [9, 21, 27, 33, 34, 39, 40, 50].

II. — LA RECHERCHE EXPLORATOIRE

La phase exploratoire implique une réorientation des intérêts concernant la description comportementale pure vers l'évaluation systématique des relations qui existent entre les individus, le groupe et l'environnement. L'objectif visé lors de cette seconde phase de la recherche est comparable à celui retenu par d'autres approches exploratoires en sciences du comportement. Lors de la phase descriptive initiale, un effort substantiel a été accordé à la constitution d'une liste exhaustive des schèmes d'action ainsi qu'au regroupement de ces activités dans des catégories plus générales afin de constituer un système descriptif cohérent du répertoire comportemental. Le chercheur a de plus été exposé au cours de l'observation naïve à une multitude de facteurs contextuels dont l'impact sur la nature du comportement a pu être suggéré lors de ces observations informelles répétées. Les questions qui furent soulevées pendant la phase descriptive à propos du comportement et de son contexte constituent pour l'éthologue l'occasion d'établir les propriétés et l'orientation que prendra la phase exploratoire de la recherche, et de résoudre un certain nombre de problèmes techniques avant d'entreprendre une évaluation systématique. A des fins pratiques, ces problèmes seront discutés sous quatre grands thèmes.

A. La formulation de questions de recherche précises

Une erreur courante et fort onéreuse que l'on retrouve dans certaines études éthologiques préliminaires est de ne formuler des questions précises de recherche qu'une fois les données recueillies. Les solutions techniques qui auraient pu être envisagées au cours de l'élaboration d'un plan optimal de recherche ne peuvent alors être apportées. Les problèmes associés à la formulation de questions ambigües, et plus spécifiquement dans le domaine du fonctionnement social, ont été énumérés par J. Altman [3]. Sa discussion qui porte sur des questions relatives aux différences de sexe dans l'agression fournit un exemple classique de la contribution de la phase exploratoire dans l'élaboration de stratégies de recherche plus adéquates puisqu'elle contraint le chercheur à formuler clairement des objectifs spécifiques de recherche.

A partir d'observations naïves, plusieurs chercheurs ont suggéré par exemple que les garçons sont plus agressifs que les filles. Cette formulation de la question n'apparaît pas suffisamment précise pour sous-tendre un effort sérieux de recherche qui évaluerait les différences entre l'agressivité des mâles et des femelles. En effet, ces différences supposées d'agression entre les deux sexes peuvent être l'effet d'une et même de plusieurs des propositions suivantes : 1) il existe une différence dans les taux d'activités agressives, 2) ces différences s'expriment selon l'intensité des gestes agressifs, 3) ces différences se situent au niveau de la durée des épisodes agressifs, 4) les différences sont relatives à l'utilisation différentielle de gestes agressifs et non-agressifs, ou encore 5) il existe des différences dans la probabilité de réagir à l'agression (i.e. contre-attaque). Il va de soi qu'avant d'entreprendre une étude systématique des différences liées au sexe dans l'agression, le chercheur se doit de clarifier quelle composante de sa question originale est la plus pertinente à étudier.

Une seconde erreur commune à plusieurs études observationnelles concerne l'élaboration d'un projet de recherche trop vaste qui veut répondre à trop de questions. Ce type de recherche est extrêmement coûteux puisqu'il requiert habituellement un investissement déraisonnable de temps et de ressources humaines et ne réussit que très rarement à satisfaire le critère scientifique ultime de reproductibilité. En se dotant d'informations supplémentaires acquises sur le terrain durant l'observation exploratoire, l'éthologue vise à préciser les variables indépendantes et les comportements les plus aptes à répondre à sa question initiale. En outre, avant d'entreprendre un programme de recherche plus élaboré, il peut préciser la démarche à suivre dans ses analyses ultérieures.

B. Observation Ad Lib

Le type d'observation directe utilisé durant la phase exploratoire diffère de l'observation naïve qui caractérise la phase descriptive d'une étude éthologique. En effet, durant cette deuxième phase, l'observation est davantage centrée sur le sous-ensemble de la liste descriptive des comportements qui fera l'objet des analyses ultérieures. La procédure d'observation privilégiée, décrite par Altman [3] comme l'échantillonnage Ad Lib, demeure relativement souple en regard des protocoles d'échantillonnage et d'enregistrement du comportement. La flexibilité de l'observation Ad Lib permettra au chercheur d'accumuler des informations informelles qui serviront par la suite à guider ses choix techniques pour la phase finale d'évaluation.

En reprenant l'exemple des différences dans l'agression chez les jeunes enfants, l'observation Ad Lib pourrait fournir les renseignements préliminaires permettant de réduire de façon substantielle l'éventail des questions à examiner. Ce type d'observation pourrait par exemple indiquer l'intérêt d'une évaluation systématique de l'influence du facteur sexe dans les différences concernant le taux d'agression. Cette forme d'observations préliminaires correspond à la pré-expérimentation ou projet pilote d'une approche plus traditionnelle en sciences du comportement. En utilisant un échantillon restreint de sujets et selon un nombre limité de contextes, le chercheur peut à la fois évaluer la « faisabilité » de la recherche planifiée, raffiner les techniques de mesures proposées et, dans certains cas, préciser davantage sa question initiale.

C. Choix des unités comportementales

La phase de sélection des unités comportementales qui seront utilisées dans une recherche évaluative est aussi importante que celle qui aboutit à la définition des variables dépendantes dans une analyse expérimentale. La familiarisation intensive avec le répertoire comportemental développé durant la phase descriptive fournit les connaissances fondamentales pour guider le choix de ces unités. Par contre, aucune liste descriptive, si exhaustive soit-elle, ne peut raisonnablement être utilisée dans une évaluation systématique ponctuelle. L'éthologue est donc contraint de sélectionner, dans l'inventaire de tous les comportements décrits, un sous-ensemble spécifique d'éléments comportementaux pertinents à ses questions de recherche. La plupart de ces unités comportementales ont habituellement été identifiées lors de la formulation de la question centrale du projet de recherche. Toutefois, durant l'observation Ad Lib de la phase exploratoire, une décision finale doit être prise concernant à la fois le nombre et le niveau des unités comportementales qui seront employées. Si la grille d'évaluation est adaptée pour représenter adéquatement les comportements à l'étude, elle ne doit cependant jamais surcharger l'observateur au cours du processus de cueillette de données. Même des observateurs bien entraînés ont beaucoup de difficultés à utiliser de façon fiable une grille d'évaluation comprenant plus de 30 activités différentes. Dans les recherches éthologiques, le regroupement des schèmes moteurs définis morphologiquement dans des catégories causales, fonctionnelles ou structurelles plus générales offre la flexibilité nécessaire pour déterminer la forme finale de la grille d'évaluation.

D. Choix d'un type d'enregistrement

Le dernier problème technique à résoudre dans la phase exploratoire d'une recherche éthologique concerne le choix des composantes du comportement qui seront enregistrées durant la phase évaluative. Encore une fois, les questions spécifiques posées par le chercheur auront un effet déterminant sur le type d'enregistrement sélectionné. De façon générale, trois types distincts d'enregistrement sont possibles. L'enregistrement d'événements suppose simplement de noter chaque apparition des unités comportementales retenues dans la grille d'évaluation. Ce type d'enregistrement nous permet de recueillir l'information nécessaire pour calculer une mesure de fréquence ou mieux encore le taux d'émission des comportements. L'enregistrement d'états requiert par contre un chronométrage de la durée des comportements à l'étude et procure une mesure du temps absolu ou relatif dévolu à différentes activités. Enfin, l'enregistrement de séquences a pour objet de dégager la position relative des divers éléments comportementaux selon un continuum défini par la production comportementale. Ce dernier type d'enregistrement nous donne une mesure de l'organisation séquentielle des comportements, généralement exprimée en termes de probabilités transitionnelles [4]. Bien que les différentes modalités d'enregistrement puissent être appliquées de façon concomitante, l'utilisation d'une seule de ces modalités suffit habituellement à répondre à la question de recherche. Après avoir examiné la pertinence relative de chaque type d'enregistrement, le chercheur pourra choisir avec le maximum de garanties les caractéristiques comportementales les plus appropriées à noter.

En résumé, la phase exploratoire d'une recherche éthologique représente une étape décisive, étant donné qu'elle marque la transition entre la phase descriptive et la phase évaluative des phénomènes comportementaux. Durant cette phase exploratoire de l'étude, l'observation naïve de la diversité comportementale fait place à une forme légèrement plus systématique d'observation directe. L'observation Ad Lib aide 1) à clarifier les nuances parmi les questions de base de la recherche, 2) à explorer les facteurs spécifiques susceptibles d'influencer le comportement, tout en identifiant la valeur des paramètres retenus pour les études ultérieures, 3) à finaliser le choix d'une grille d'évaluation qui servira à effectuer l'évaluation systématique et 4) à sélectionner le type d'enregistrement le plus susceptible de répondre à la question centrale de la recherche. Bien que l'observation Ad Lib ne fournisse pas de données systématiques, celle-ci complète substantiellement les informations informelles nécessaires pour prendre des décisions scientifiques plus valables.

III. — L'ÉVALUATION SYSTÉMATIQUE

La troisième phase d'une analyse éthologique s'apparente davantage à la méthodologie scientifique traditionnelle en sciences sociales. La préoccupation centrale du chercheur au cours de cette phase finale porte sur le choix d'un échantillonnage de sujets qui permet de généraliser les propositions concernant des relations particulières qui ont déjà fait l'objet d'un examen informel durant la phase exploratoire.

Deux types d'évaluation systématiques en éthologie sociale se distinguent à partir des questions de fond concernant l'activité comportementale. Ainsi l'évaluation normative est utilisée pour estimer les tendances comportementales générales d'une population donnée. Les travaux récents sur l'universalité de l'expression des émotions [14], aussi bien que ceux portant sur l'analyse du développement social de l'enfant en bas âge [39, 40, 48], nous fournissent de bons exemples d'évaluations normatives en éthologie. Ces études visent entre autres à établir une description comportementale des normes des diverses populations. Un prérequis de base essentiel à ce type de recherche est la sélection d'échantillons qui soient suffisamment importants et diversifiés pour justifier une généralisation des résultats relatifs à l'organisation comportementale. Le deuxième type d'évaluation en éthologie correspond davantage à la recherche traditionnelle qui utilise des dispositifs expérimentaux et quasi-expérimentaux [12]. Ce dernier type d'évaluation permet d'étudier les différences comportementales attribuables à des facteurs organiques ou environnementaux pour une population donnée. Bien que ces deux types d'évaluation systématique du comportement empruntent directement leurs principes généraux aux sciences du comportement, ils soulèvent un certain nombre de questions importantes qui n'ont pas, à l'heure actuelle, reçu une attention suffisante de la part des chercheurs d'orientation expérimentale.

Les questions méthodologiques les plus importantes à considérer sont celles relatives aux méthodes et techniques qui sont les mieux appropriées à l'observation directe et à la mesure du comportement. Ces questions ont considérablement capté l'attention des méthodologistes des années trente et quarante travaillant entre autres sur les procédures d'échantillonnage temporel [5, 6, 16, 32]. Par contre, peu d'attention à l'étude systématique de ces questions apparaît dans la littérature spécialisée en sciences comportementales avant l'analyse exhaustive des méthodes d'échantillonnage publiée par Altman [3] en 1974. Le point essentiel à souligner dans son travail est que l'évaluation observationnelle systématique requiert plus qu'un choix adéquat de sujets et d'unités comportementales, mais suppose également un horaire d'observation bien organisé, lequel garantit l'estimation non-biaisée des paramètres comportementaux étudiés. Bien qu'une discussion détaillée sur les diverses méthodes d'échantillonnage dépasse le cadre du présent article, il est nécessaire de mentionner qu'une connaissance de modalités d'application de chacune de ces méthodes, et du type de mesures comportementales qu'elle privilégie, constitue un apport essentiel à une recherche évaluative en éthologie [3, 26].

Le second ensemble de questions posées par l'éthologue qui s'implique dans une recherche évaluative concerne la généralité des résultats de la recherche. Ces questions ont été considérées trop souvent comme un problème de fiabilité inter-observateurs. Pour l'éthologue, la fiabilité joue un rôle important lors de la période d'entraînement des observateurs dans la mesure où leur accord fournit un index du niveau de précision atteint par la grille d'évaluation. Mais un accord élevé entre observateurs n'assure pas pour autant que les résultats d'une évaluation systématique seront généralisables.

La validité d'une évaluation éthologique est relative et repose essentiellement sur le niveau de reproductibilité des résultats à la fois dans des contextes similaires et dans des contextes différents. Lorsqu'une équipe reproduit le même résultat dans des conditions semblables ou avec un nouvel échantillon équivalent de sujets, elle s'assure que le résultat possède au moins une bonne validité interne. Souvent l'évaluation de la validité interne est effectuée en divisant les données d'observation en deux sous-ensembles distincts puis en vérifiant la présence de résultats analogues pour chacun. La validité externe offre une base beaucoup plus importante pour assurer que les résultats de l'évaluation systématique peuvent être généralisés à d'autres contextes. Dans ce cas, des résultats similaires doivent être obtenus par des chercheurs différents travaillant sur des échantillons indépendants. En fait, le concept de validité externe correspond au critère scientifique ultime de reproductibilité qui a toujours servi de principe de base dans l'élaboration des théories bien assises des sciences physiques et biologiques.

Cependant, comme on le souligne souvent en sciences sociales, la validité des résultats scientifiques est encore plus complexe lorsqu'on étudie le comportement humain. Même si la validité descriptive d'une grille d'évaluation est bien établie, et même si la validité interne et externe des résultats obtenus est bien démontrée, cela n'assure pas nécessairement que les informations issues de la démarche évaluative représentent adéquatement les phénomènes étudiés. Ce dernier problème rejoint directement la question de la validité écologique soulevée dans les recherches sur l'écologie du développement humain [7, 11]. En éthologie sociale, la validité écologique d'une recherche dépend plutôt de la capacité à bien représenter le système social étudié, à partir du choix des concepts et des techniques d'analyse. En effet, la plupart des controverses actuelles parmi les chercheurs en éthologie de l'enfant se situent au niveau de la validité écologique des différents résultats obtenus.

IV. — L'ANALYSE ÉTHOLOGIQUE DES INTERACTIONS SOCIALES

L'étude éthologique des interactions de l'enfant peut être caractérisée selon deux approches qui impliquent un choix de concepts et de démarches d'analyse fort différents. Ces approches mettent l'accent soit sur l'écologie comportementale d'un groupe soit sur son organisation sociale. Ainsi, l'écologie comportementale fait référence à la qualité de l'activité comportementale observée dans le groupe. Les mesures les plus fréquemment associées à ce type d'analyse concernent le taux d'actions ou de classes d'actions spécifiques et la durée relative des différentes formes de participation sociale. Ces mesures s'apparentent assez bien aux indices généralement retenus dans la recherche psychologique sur les différences individuelles. En contraste, l'analyse de l'organisation sociale s'intéresse davantage aux différences dans les relations sociales entre les membres du groupe. Dans cette perspective, l'attention première est donnée à l'observation des échanges dyadiques. Une telle centration repose sur l'hypothèse tacite que les processus interactifs influencent le comportement social de l'individu ; les relations entre pairs impliquent que la conduite d'un enfant est toujours contingentée par les activités de ses différents partenaires au cours des divers épisodes d'interactions sociales. Malgré ces différences, les recherches en éthologie sociale de l'enfant ont pour caractéristiques communes de s'intéresser aux mêmes thématiques du développement social : les activités conflictuelles, les activités affiliatives et la coordination des diverses formes de participation sociale.

A. Echanges agonistiques et rapports de force

L'extension systématique du concept de dominance sociale à l'étude de l'adaptation des enfants dans un groupe stable s'est faite parallèlement aux courants déjà existants en primatologie. Depuis les années 70, plusieurs chercheurs ont recueilli indépendamment des informations empiriques qui confirment l'importance des hiérarchies de dominance sociale comme caractéristiques de l'organisation des groupes d'enfants d'âge préscolaire [1, 2, 31, 37, 46, 52]. Plus récemment, La Frenière et Charlesworth [24] ont confirmé l'hypothèse selon laquelle l'établissement d'une hiérarchie de dominance contribue à la réduction de l'agression intra-groupe. Leurs résultats indiquent que l'organisation des conflits entre pairs sous forme de relations stables de dominance entraîne leur réduction progressive au cours de l'année scolaire. Enfin, les études éthologiques réalisées auprès d'enfants plus âgés suggèrent que la dominance sociale persiste comme un aspect unifié de l'organisation sociale des groupes de pairs à travers toute la période scolaire et même au cours de la période d'adolescence [30, 35, 53, 54].

Toutefois, étant donné les âges étudiés, la plupart des recherches sur la dominance n'apportent pas d'informations directes au sujet des changements développementaux dans la nature et la fonction de la dominance durant la période préscolaire. Récemment, quelques recherches ont suggéré que l'organisation des activités agonistiques diffèrent systématiquement avec l'âge et l'expérience des groupes. Ainsi, Missakian [28] rapporte des patterns distincts de conflits sociaux chez les enfants appartenant à des groupes d'âge composite. Des chercheurs de notre laboratoire ont mis en évidence des rapports de force et des hiérarchies de dominance stables chez les enfants de 1, 2 et 3 ans. Ils constatent que ces relations de dominance sont encore plus apparentes que celles observées chez les enfants de quatre et cinq ans [22, 47]. Malgré ces études récentes, nos connaissances empiriques concernant l'âge exact à partir duquel les relations de dominance dyadiques et les structures hiérarchiques de groupes émergent comme caractéristiques stables sont encore préliminaires.

Généralement, l'examen de l'ensemble des relations agonistiques établies dans le groupe stable nous permet d'extraire une structure linéaire du statut qui caractérise les rapports de force à l'intérieur du groupe. Souvent les enfants les plus agressifs occupent des positions hiérarchiques dans le groupe inférieures à celles de membres moins agressifs. Une telle situation met en évidence la nécessité de bien distinguer l'agressivité individuelle et les relations de pouvoir dans un groupe. Ainsi, il arrive que l'enfant le plus agressif, qui déclenche le plus souvent des gestes de soumission de la part des autres, ne dirige jamais de gestes agressifs, ou d'échanges de dominance, vers certains membres du groupe. Si, cependant, il répond toujours à l'agression de ces individus en se retirant ou en se soumettant, il établit alors une relation dyadique de dominance qui n'est pas en sa faveur. Une telle relation, dans laquelle un enfant moins agressif domine un pair plus belliqueux, est souvent observée chez les enfants de cinq ans et reflète le fait qu'une haute fréquence d'agression ou de réussite dans les échanges de dominance n'est pas nécessairement une mesure valide du statut de dominance sociale. Cette conceptualisation de la dominance sociale correspond cependant assez peu à celle adoptée par certains autres chercheurs dans le domaine. Le concept de dominance est par exemple souvent défini et mesuré comme un trait individuel et non comme une caractéristique de l'adaptation immédiate face au processus de construction sociale du groupe [8, 29, 30, 31, 53, 54]. Par exemple, Montagner [29] identifie l'enfant dominant à partir de mesures centrées davantage sur les profils individuels et les échanges sociaux. De la même façon, Barner-Barry [8] utilise des mesures individuelles dans sa caractérisation des enfants autoritaires. Il ressort de ces analyses une ambiguïté méthodologique et conceptuelle qui soulève des questions de validité des résultats présentés sur les rapports de pouvoir social en groupe de pairs.

B. Echanges affiliatifs et liens d'amitié

Une seconde composante majeure du développement humain concerne les activités affiliatives ou d'attachement entre pairs. La tradition éthologique concernant l'étude de cette thématique est beaucoup plus récente que celle qui concerne la recherche de dominance. Au contraire, la psychologie développementale s'est intéressée à la question des rapports amicaux depuis les premiers travaux de Parten [32]. Cependant ces chercheurs ont rarement exploré l'affiliation comportementale sous l'angle de l'organisation des interactions affiliatives à l'intérieur du groupe stable. Des évaluations éthologiques récentes sur l'organisation de l'affiliation en milieu collectif semblent offrir de nouveaux horizons analytiques en cette matière. Des études observationnelles réalisées au cours des derniers dix ans ont en effet permis de dégager certaines tendances développementales au plan affiliatif telle la complexification croissante des réseaux sociaux en fonction de l'âge des groupes [51]. Ces liens affiliatifs organisés émergent vers la fin de la deuxième année. A un et deux ans, les enfants semblent encore manquer de spécificité sociale dans leurs choix de cibles affiliatives.

Cependant, les préférences pour les pairs de même sexe augmentent de façon linéaire avec l'âge, et, déjà à deux ans, les filles s'associent davantage entre elles. Les enfants plus âgés manifestent une préférence affiliative de plus en plus grande pour des partenaires sociaux de même sexe et à cinq ans les garçons dépassent largement le niveau de discrimination manifesté par les filles [25].

C. Coordination entre les activités en groupe

Suite à ces efforts initiaux pour apporter des éléments à l'organisation des activités agonistiques et affiliatives, plusieurs chercheurs ont commencé à explorer si d'autres formes d'activités sociales sont organisées en fonction des structures sociales observées dans le groupe. Des résultats préliminaires indiquent qu'effectivement la dominance sociale peut être reliée à l'amitié et à l'altruisme parmi les pairs [40], à l'attention sociale dirigée et reçue [2], à l'imitation et au leadership [36, 40, 42]. Cependant, d'autres études remettent en question ce rôle primordial de la dominance en tant que principe intégrateur de l'organisation sociale du groupe [52]. Encore une fois, les tentatives d'exploration de cette problématique dans une perspective ontogénétique sont toutes récentes. Ainsi, nos travaux empiriques ont abordé, au plan transversal, la coordination entre le statut de dominance et la distribution des activités affiliatives chez l'enfant de un à cinq ans. Cette recherche montre que la convergence entre ces deux dimensions de l'organisation sociale émerge pendant la période à l'étude. Chez l'enfant de un et deux ans, n'apparaît pas de coordination entre les systèmes comportementaux agonistique et affiliatif. A partir de trois ans, ces deux systèmes sont de plus en plus coordonnés, et à cinq ans, les enfants les plus dominants se révèlent être aussi les plus populaires du groupe [44]. De quelle façon les diverses activités sociales sont organisées et coordonnées dans un groupe stable demeure une problématique importante et contemporaine dans la recherche éthologique sur le développement des jeunes enfants.

CONCLUSION

Fondamentalement, les recherches en éthologie sociale du jeune enfant sur les rapports de dominance et d'affiliation soulèvent d'importantes questions développementales concernant l'organisation des activités dispersives et cohésives.

Des résultats tendent à montrer que la structuration des rapports de dominance ne facilite pas seulement la réduction de l'agression dans le groupe mais contribue directement à la coordination de l'ensemble des autres activités sociales. Des analyses répétées montrent que l'attention sociale et les gestes altruistes reçus sont reliés au statut de dominance chez les enfants de 5 ans. Cependant, ces liens n'apparaissent pas de façon consistante parmi les enfants plus jeunes. D'autre part, les travaux qui ont tenté de mettre en relation l'affiliation et la dominance ont identifié une certaine coordination entre ces deux composantes puisqu'on observe que les enfants dominants du groupe sont significativement plus choisis par les partenaires subordonnés. Cette tendance émerge vers la troisième année mais se révèle beaucoup plus évidente à quatre et cinq ans. Quoique préliminaires, ces observations des activités sociales tendent à suggérer qu'il y a peu de relations affiliatives privilégiées à un et deux ans ; à cet âge, seuls les rapports de force semblent être organisés de façon stable et linéaire.

Les efforts grandissants de la recherche en éthologie sociale depuis les dix dernières années ont mis en évidence les principes de base de l'organisation sociale chez les enfants de quatre et cinq ans en situation de groupe stable. La validité descriptive, interne et externe, de ces résultats ne soulève plus aujourd'hui de difficultés. Cependant, la validité écologique de ces résultats en terme du fonctionnement social dans les regroupements moins institutionnalisés, par exemple la vie sociale dans le voisinage et même à l'intérieur de la famille, demeure une question importante dans la recherche à venir. Compte tenu de l'intérêt récent des chercheurs pour le développement social des très jeunes enfants (1 à 3 ans) en situation de groupe, ces résultats préliminaires exigent que l'on procède à un examen plus approfondi des origines de la vie sociale en groupe. Malgré les assurances concernant la validité interne des observations rapportées, la validité externe et écologique des résultats reste à évaluer d'une façon plus extensive. De plus, les concepts de base retenus pour l'analyse éthologique de la vie sociale de l'enfant avant trois ans doivent être réexaminés pour mieux discerner les hypothèses implicites aux approches qui abordent soit les changements développementaux des caractéristiques de l'individu, soit les influences du contexte social immédiat sur l'adaptation ponctuelle et la socialisation à plus long terme.

BIBLIOGRAPHIE

[1] ABRAMOVITCH R. — The relation of attention and proximity to rank in preschool children. In: *The social structure of attention*, edited by M. Chance and R. Larsen. London: Wiley, 1976, p. 153-176.

[2] ABRAMOVITCH R. and STRAYER F.F. — Preschool social organization: Agonistic spacing and attentional behaviors. In: *Recent advances in the study of communication and affect*, edited by P. Pliner, T. Kramer and T. Alloway. New York: Plenum Press, 1978, p. 197-215.

[3] ALTMANN J. — The observational study of behaviour: sampling methods. *Behaviour, 49*, 227-267, 1974.

[4] ALTMANN S.A. — Sociobiology of rhesus monkeys. II: Stochastics of social communication. *Journal of Theoretical Biology, 8*, 490-522, 1965.

[5] ARRINGTON R.E. — Time sampling studies of child behaviour. *Psychological Monographs, 51 (2)*, 1939.

[6] ARRINGTON R.E. — Time sampling in studies of social behaviours: a critical review of techniques and results with research suggestions. *Psychological Bulletin, 40*, 81-124, 1943.

[7] BARKER R.G. — Exploration in ecological psychology. *American Psychologist, 20*, 1-14, 1965.

[8] BARNER-BARRY C. — The structure of young children's authority relationships. In: *Dominance relations: An ethological view of human conflict and social interaction*, edited by D.R. Omark, F.F. Strayer and D.G. Freedman. New York: Garland STPM Press, 1980, p. 177-190.

[9] BLURTON JONES N. — Characteristics of ethological studies of human behaviour. In: *Ethological Studies of Child Behaviour*, edited by N. Blurton Jones. Cambridge: Cambridge University Press, 1972, p. 3-33.

[10] BRANNIGAN C.R. and HUMPHRIES D.A. — Human non-verbal behaviour, a means of communication. In: *Ethological Studies of Child Behaviour*, edited by N. Blurton Jones. Cambridge: Cambridge University Press, 1972, p. 37-64.

[11] BRONFENBRENNER U. — Toward an experimental ecology of human development. *American Psychologist, 32*, 513-529, 1977.

[12] CAMPBELL D.I. and STANLEY J.C. — *Experimental and Quasi-experimental Designs for Research.* Chicago: Rand McNally, 1963.

[13] CROOK J.H. — Social organisation and the environment: aspects of contemporary social ethology. *Animal Behaviour, 18*, 197-209, 1970.

[14] EKMANN P. and FRIEZEN W.V. — *The Facial Action Coding System.* Palo Alto: Consulting Psychol. Press, 1978.

[15] DE WAAL F. — *Chimpanzee politics: power and sex among apes.* New York: Harper and Row, 1982.

[16] GOODENOUGH F.L. — Inter-relationships in the behaviour of young children. *Child Development, 1*, 29-47, 1930.

[17] HINDE R.A. — *Animal behaviour: A synthesis of Ethology and Comparative Psychology.* New York: Mc Graw-Hill, 1970.

[18] HINDE R.A. — *The Biological Bases of Human Social Behaviour.* New York: Mc Graw-Hill, 1974.

[19] HINDE R.A. — Interactions, relationships and social structure. *Man, 11*, 1-17, 1976.

[20] HINDE R.A. and STEVENSON-HINDE J. — Towards understanding relationships: dynamic stability. In: *Growing Points in Ethology*, edited by P. Bateson et R. Hinde. Cambridge: Cambridge University Press, 1976, p. 451-480.

[21] HUTT S.J. and HUTT C. — *Behaviour Studies in Psychiatry.* Oxford: Pergamon Press, 1970.

[22] JACQUES M., TRUDEL M., GAUTHIER R. et STRAYER F.F. — L'organisation sociale chez les enfants en garderie : II. Conflits sociaux et rapports de dominance. *Apprentissage et Socialisation*, sous presse, 1985.

[23] KUMMER H. — *Primate Societies: Group Techniques in Ecological Adaptation.* Chicago: University of Chicago Press, 1971.

[24] LA FRENIERE P.J. and CHARLESWORTH W.R. — Dominance, affiliation and attention in a preschool group: A nine-month longitudinal study. *Ethology and Sociobiology, 4*, 55-67, 1983.

[25] LA FRENIERE P.J., STRAYER F.F. and GAUTHIER R. — The emergence of same-sex affiliative preferences among preschool peers: A developmental/ethological perspective, *Child Development, 55*, 1958-1965, 1984.

[26] LEHRER P.N. — *Handbook of Ethological Methods.* New York: Garland Press, 1979.

[27] Mc GREW W.C. — *An ethological study of children's behaviour.* New York: Academic Press, 1972.

[28] MISSAKIAN E.A. — Gender differences in agonistic behavior and dominance relations of synanon communally reared children. In: *Dominance relations: An ethological view of human conflict and social interaction*, edited by D.R. Omark, F.F. Strayer and D.G. Freedman. New York: Garland STPM Press, 1980, p. 397-414.

[29] MONTAGNER H. — *L'enfant et la communication* (21e édition), Paris : Pernoud/Stock, 1978.

[30] OMARK D.R., OMARK M. and EDELMAN M.S. — Formation of dominance hierarchies in young children: Attention and perception. In T. Williams (Ed.), *Psychological Anthropology.* The Hague: Mouton Press, 1976, p. 616-630.

[31] OMARK D.R., STRAYER F.F. and FREEDMAN D. — *Dominance relations.* New York: Garland Press, 1980.

[32] PARTEN M.B. — Social participation among pre-school children. *Journal of Abnormal Social Psychology, 27*, 243-269, 1932.

[33] RICHER J. and RICHARDS M. — Reacting to autistic children: the danger of trying too hard. *British Journal of Psychiatry, 197*, 526-529, 1975.

[34] RICHER J. — The partial noncommunication of culture to autistic children. An application of human ethology. In: *Autism: A reappraisal of concepts and treatment*, edited by M. Rutter and E. Schopler. New York: Plenum Press, 1977, p. 217-230.

[35] SAVIN-WILLIAMS R.C. — An ethological study of dominance formation and maintenance in a group of human adolescents. *Child Development, 47*, 972-979, 1976.

[36] SAVIN-WILLIAMS R.C. — Dominance and submission among adolescent boys. In: *Dominance relations: An ethological view of human conflict and social interaction*, edited by D.R. Omark, F.F. Strayer and D.G. Freedman. New York: Garland STPM Press, 1980, p. 217-230.

[37] SLUCKIN A. and SMITH P. — Two approaches to the concept of dominance in preschool children. *Child Development, 48*, 917-923, 1977.

[38] SMITH P.K. and CONNOLLY K.J. — *The ecology of preschool behaviour*. Cambridge: Cambridge University Press, 1981.

[39] STRAYER F.F. — L'organisation sociale chez des enfants d'âge préscolaire. *Sociologie et Société, 10*, 43-64, 1978.

[40] STRAYER F.F. — Social Ecology of the Preschool Peer-Group, In: *Development of Cognition, Affect, and Social Relations*, edited by W.A. Collins. Hillsdale N.J.: Lawrence Erlbaum, 1980, p. 165-196.

[41] STRAYER F.F. — Child ethology and the study of preschool social relations. In: *Friendship and social relations in children*, edited by H.C. Foot, A.J. Chapman and J.R. Smith. New York: John Wiley and Sons, 1980, p. 235-266.

[42] STRAYER F.F. — The organization and coordination of asymmetrical relations among young children: A biological view of social power. *New Directions for Methodology of Social and Behavioral Science, 7*, 33-49, 1981.

[43] STRAYER F.F. and HARRIS P.J. — Social cohesion among captive squirrel monkeys *(Saimiri scieureus). Behavioral Ecology and Sociobiology, 5*, 93-110, 1979.

[44] STRAYER F.F. and TRUDEL M. — Developmental changes in the nature and function of social dominance among young children. *Ethology and Sociobiology, 5*, 279-294, 1984.

[45] STRAYER F.F., BOVENKERK A. and KOOPMAN R.F. — Social affiliation and dominance in captive squirrel monkeys *(Saimiri scieureus). Journal of Comparative and Physiological Psychology, 89*, 308-318, 1975.

[46] STRAYER F.F., CHAPESKIE T.R. and STRAYER J. — The perception of preschool social dominance relations. *Aggressive Behavior, 4*, 183-192, 1978.

[47] STRAYER F.F., JACQUES M. et GAUTHIER R. — L'évolution du conflit social et des rapports de force chez les jeunes enfants. *Recherches de Psychologie Sociale, 5*, 57-73, 1983.

[48] THELEN E. — Rythmical stereotypes in normal human infants. *Animal Behavior, 27*, 699-715, 1979.

[49] TINBERGEN N. — *The study of instinct*. London: Oxford University Press, 1951.

[50] TINBERGEN N. — Ethology and Stress Disease, *Science, 185*, 20-27, 1974.

[51] TRUDEL M., GAUTHIER R., JACQUES M. et STRAYER F.F. — L'organisation sociale chez les jeunes enfants en garderie : I. Les rapports et les rôles affiliatifs au sein du groupe. *Apprentissage et Socialisation, 6*, 233-247, 1983.

[52] VAUGHN B. and WATERS E. — Attention structure, sociometric status and dominance: Interrelations, behavioral correlates and relationships to social competence. *Developmental Psychology*, 17, 275-288, 1981.

[53] WEISFELD G.E. — Social dominance and human motivation. In: *Dominance relations: An ethological view of human conflict and social interaction*, edited by D.R. Omark, F.F. Strayer and D.G. Freedman. New York: Garland STPM Press, 1980, p. 273-286.

[54] WEISFELD G.E., OMARK D.R. and CRONIN C.L. — A longitudinal and cross-sectional study of dominance in boys. In: *Dominance relations: An ethological view of human conflict and social interaction*, edited by D.R. Omark, F.F. Strayer and D.G. Freedman. New York: Garland STPM Press, 1980, p. 205-216.

Comportements, n° 3, 1985, 199-211.

CHAPITRE XI

CONSCIENCE DE SOI ET MÉTHODE DES DOUBLES PERCEPTIFS

René ZAZZO

Laboratoire de Psychobiologie de l'enfant,
41, rue Gay-Lussac, 75005 Paris.

ZAZZO R. — Conscience de soi et méthode des doubles perceptifs. In : *Etudier l'enfant de la naissance à 3 ans.* Edité par P.-M. Baudonnière. Collection *Comportements.* Paris, CNRS, 1985, p. 199-211.

L'auteur considère qu'en toute méthode, le chercheur procède par conduites de comparaison et par mise à l'épreuve de ses notions initiales (explicites ou non) en fonction du but à atteindre dont il peut d'ailleurs s'écarter en cours de route. L'usage méthodique des doubles perceptifs (reflet spéculaire, ombre, photo) a pour but de découvrir les étapes et les processus de construction de l'image de soi. L'auteur illustre sa démarche par la description des comparaisons inter-doubles, et des variations intra-doubles qui visent à savoir quelles informations permettent à l'enfant de s'identifier en ses doubles perceptifs. L'identification dans le reflet spéculaire est la plus précoce (entre 18 et 24 mois) mais aussi la plus ambiguë.

Comparaison - Conscience de soi - Espace - Jumeau - Miroir - Ombre - Reconnaissance de soi - Reflet.

ZAZZO R. — Self awareness and the "Perceptual doubles" method. In: *Studying the preschooler from birth to three years of age.* Edited by P.-M. Baudonnière. Collection *Comportements.* Paris, CNRS, 1985, p. 199-211.

In all experimental methods, in the writer's view, the researcher proceeds by making comparisons and by testing his initial ideas (explicit or not) as a function of the goal to be achieved, which may be modified in the process. The systematic use of perceptual doubles (mirror reflection, shadows, photos) is designed to discover stages and processes in the construction of self awareness. The writer illustrates his approach by describing comparisons between responses to different kinds of duplicated images (inter-doubles) as well as variations within the same kind of duplicated image (intra-doubles). These comparisons are intended to determine which aspects of available information allow the child to identify himself in images of himself. Self-identification in mirror reflections appears first (between 18 and 24 months), but is also the most ambiguous.

Comparison - Image - Mirror - Reflection - Self-awareness - Self-recognition - Shadow - Space - Twin.

A l'origine cette contribution devait avoir pour titre « La méthode du reflet ». Mais il m'a paru bon d'indiquer l'objectif de la méthode et d'ajouter au reflet spéculaire d'autres doubles perceptifs : l'ombre et la photographie. Non seulement pour donner son dû à ma collaboratrice Anne-Marie Fontaine qui a comparé les réactions des mêmes enfants au reflet et à l'ombre, et à J.L. Jezequel qui a comparé reflet et photographie. Mais aussi, et surtout, parce que l'analyse comparative des réactions suscitées par ces trois doubles perceptifs illustre la méthode de notre équipe, parce qu'elle en est, à ce jour, la dernière étape. On pourrait, bien sûr, en imaginer d'autres dans l'esprit que je vais maintenant définir.

Le discours général sur la méthode peut revêtir plusieurs formes selon l'expérience personnelle du discoureur, sa propre tournure d'esprit, et le langage de l'époque ; voir, par exemple, Bacon, Descartes et Claude Bernard. Pour ma part, je soutiendrai qu'en toute matière scientifique la méthode, c'est-à-dire littéralement la démarche, suppose toujours *comparaison,* une ou multiple, et un lexique des *notions-clés,* notions d'autant plus strictes qu'elles sont sujettes à révision, à abandon en cours de route ou en fin de parcours. Les notions initiales sont souvent l'aveu de ce que le chercheur croit avant de savoir. Du moins en certains domaines encore mal explorés, ou encombrés de préjugements, de fausses évidences.

Bien entendu, la méthode, la démarche, consiste aussi et d'abord à bien marquer le point, la ligne de départ, le « starting-gate », dans le jargon du turf, et le point d'arrivée encore que celui-ci soit défini, la plupart du temps, dès la ligne de départ. En effet, la mise en marche suppose un but, indépendamment du fait qu'on puisse ne pas y parvenir, ou bien par maladresse, ou bien parce que c'était un mirage, mais alors on peut aboutir en un point, en un lieu imprévu. C'est souvent une chance.

Dans une recherche où le résultat est conforme à l'hypothèse privilégiée (en fait *thèse* beaucoup plus qu'hypothèse), il s'agit d'une confirmation ou d'une extension ou d'un affinement de ce que l'on savait déjà pour l'essentiel. Ce qui d'ailleurs peut avoir grande importance. Dans une recherche où les notions basculent, où le décor change en cours de route, où le point d'arrivée n'est pas le but qu'on avait visé, il s'agit alors, si menue soit-elle, d'une découverte.

J'ajouterai seulement, au risque de paraître cuistre, qu'au commencement est une question, ou un réseau de questions. Une question formulée comme telle, une phrase avec point d'interrogation. Non pas, comme c'est fréquent chez les apprentis chercheurs, un titre, un thème.

Ainsi, au début de mes recherches spéculaires je n'ai pas affiché « Genèse de la conscience de soi » (ce qui serait éventuellement titre d'article), je me suis demandé « à quel âge et comment l'enfant parvient-il à la conscience de soi ? » Ce point d'interrogation n'a l'air de rien, et il est difficile d'en faire comprendre la nécessité aux apprentis-chercheurs. La question, pour eux, est d'opter pour un maître à penser et de s'installer à l'intérieur d'un cadre théorique. C'est la sécurité. Et d'ailleurs ce qu'on leur enseigne d'emblée à l'Université ce sont, en général, des théories, des auteurs, rarement les cheminements de la découverte, la science en train de se faire. Bref, le métier de chercheur avec ses impératifs et ses risques : la vulnérabilité de nos notions premières, les préjugés ou maladresses possibles de nos questions et des comparaisons qui s'ensuivent.

Sur la notion et la conduite de comparaison, sur les principes de comparabilité, j'ai exposé naguère tout ce que j'avais à dire [19]. Je n'en retiendrai ici qu'une seule remarque relative à la comparaison au plan scientifique : la distinction que j'ai proposée entre *comparaison-explication* (ou nomothétique) et *comparaison-confrontation* (ou idiographique), encore que celle-ci soit rarement pure. La tendance à expliquer, à comprendre est toujours plus ou moins présente. C'est donc non pas à une dichotomie, mais à une théorie des *niveaux* d'explication qu'il faudrait pouvoir recourir. Nous en ferons l'ébauche tout à l'heure avec nos propres exemples.

Quant au problème des notions-clés, de leurs définitions, nous le traiterons *in fine* lorsque nous pourrons évaluer le contrecoup de nos observations sur notre terminologie initiale.

Pour traiter de la méthode des doubles perceptifs je me limiterai aux seuls travaux de notre équipe et je commencerai par le reflet spéculaire parce que c'est le premier « double » que nous avons étudié et qui a fait surgir de nouvelles interrogations que le recours à d'autres doubles, l'ombre et la photographie, nous permettait d'opérationnaliser.

Pour l'étude de la conscience de soi chez le jeune enfant, le miroir est utilisé depuis une quinzaine d'années par de très nombreux auteurs, américains pour la plupart : B. Amsterdam, B. Bertenthal, A. Bigelow, G. Boulanger-Balleyguier (Fr.), J. Brooks, J. Dickie, J. Dixon, Th. Gouin Décarie (Canada), M. Lewis, L. Mans, P. Mounoud (Suis.), H. et M. Papousek, D. Poulin (Canada), Th. Pouliot (Canada), A. Schulman, A-M. Fontaine et R. Zazzo (Fr.).

Le lecteur trouvera une sélection de textes anciens et récents, relatifs à l'image spéculaire, dans les recueils publiés par P. Mounoud et A. Vinter [14] et par J. Corraze [2], ce dernier ouvrage comportant une très riche introduction historique et critique.

Commencer par le commencement et me limiter à ce que je connais directement, c'est déjà d'ailleurs question de méthode. Cela ne suppose pas que le reflet ait plus d'importance que d'autres doubles perceptifs ou que nos travaux soient les meilleurs ; mais je peux dire, pour les nôtres, comment la méthode a fonctionné. Ce que je ne sais pas, en toute rigueur, pour les autres auteurs : ils ne nous renseignent pas d'habitude sur leurs détours et leurs ratés éventuels.

Pour situer nos investigations systématiques qui ont démarré en 1972, et en cerner provisoirement l'objet, un bref rappel historique me paraît utile.

L'observation des réactions du jeune enfant aux reflets du miroir est ancienne. La plus célèbre est celle faite par Charles Darwin avec son fils et qu'il publia quarante ans plus tard en 1877 [5], comme contribution aux débats provoqués par la publication de l'ouvrage de Taine : *L'Intelligence* . C'est ce texte de Darwin qui sera invoqué, sans aucune mise en doute, pendant trois quarts de siècle, et qui l'est même encore aujourd'hui, pour admettre que l'enfant se « reconnaît » dans le miroir vers l'âge de 9 mois (ou même 6 mois selon la lecture qu'en a faite Jacques Lacan [11 et 21].

Cependant l'étude du reflet, la conduite du miroir analysée de façon méthodique, c'est-à-dire dans le but de résoudre un problème, est récente : elle date d'une quinzaine d'années seulement.

Ce qui est étonnant, et d'autant plus que « La méthode du reflet » a d'abord été utilisée avec des singes avant de l'être avec les enfants de l'homme.

Mais dans ce surcroît d'étonnement se trouve peut-être l'ébauche d'une explication.

Tout s'est passé comme si la « self recognition » faisait problème pour l'animal et pas pour nous, pour nos enfants. J'en trouve un début de preuve dans les résultats d'une large enquête (1976-78) centrée sur cette question : « A quel âge, selon vous, l'enfant se reconnaît-il dans le miroir ? » Plus de 60 % des 124 personnes interrogées (n'ayant pas de formation de psychologie) ont répondu en substance « dès qu'il est capable de voir nettement (et ici l'âge variait entre 2 et 6 mois) l'enfant se reconnaît ».

Une question subsidiaire était posée : « Se reconnaît-il en même temps qu'il reconnaît sa mère dans le miroir, ou plus tôt ou plus tard ? » « En même temps ». Telle est la réponse donnée par une bonne moitié des personnes interrogées. La plupart des autres hésitent, puis répondent qu'il n' y a pas de grande différence, un mois ou deux peut-être. Mais alors la réponse « l'enfant se reconnaît *avant* de reconnaître sa mère », est plus fréquente que la réponse : après.

En somme tous ces gens expriment un sentiment d'*évidence.* Quand on est devant la glace on se voit, il suffit d'ouvrir les yeux. Se rapportant à sa propre expérience l'adulte ne peut imaginer qu'il fut un temps où le miroir n'était pas son miroir. Et lorsqu'on lui dit « notre propre visage nous est invisible directement » il en est d'accord, mais après une réaction d'étonnement et un moment de réflexion.

Si je ne me trompe, Diderot fut le premier, dans sa fameuse *Lettre sur les aveugles* (1749) à substituer à l'évidence naïve cette évidence réfléchie : « On ne peut voir son visage, dit-il, quoiqu'on puisse le toucher » [6].

Mais l'évidence naïve concerne aussi le reflet de n'importe quel objet, une évidence dont seuls les aveugles de naissance ne sont pas victimes. « La facilité que nous avons de créer, pour ainsi dire, de nouveaux objets par le moyen d'une petite glace, est quelque chose de plus incompréhensible pour eux que des astres qu'ils sont condamnés à ne voir jamais. » Le problème du double perceptif est donc posé par Diderot. Et il formule des hypothèses. Et il entreprend une investigation dont la *méthode est de comparer,* par exemple sur la façon d'imaginer l'espace d'un cube ou d'un cercle, *aveugles et voyants.* Et les principales de ses observations il les publie dans ses « additions à la lettre sur les aveugles » en 1783 [6]. Voici donc deux siècles.

Au début des années 70, dans l'ignorance totale, semble-t-il, de la *Lettre* et de ses « additions », les psychologues s'attaquent au problème du double visuel, selon une méthode d'ailleurs différente de celle de Diderot : ils ne comparent pas le voyant à l'aveugle, ils se placent dans une perspective génétique. A quel âge l'enfant se reconnaît-il dans le miroir et, question corollaire pour certains auteurs, à quel âge reconnaît-il le reflet de sa mère ? La technique du miroir peut varier d'un auteur à l'autre, il y a parfois divergence sur la datation de certaines conduites spéculaires, plus fréquentes sont les différences d'interprétation.

Mais l'accord est à peu près parfait sur l'âge de la « reconnaissance » de soi : 20 mois en moyenne. Quant à la reconnaissance de la mère, on considère qu'elle est accomplie au plus tard à 6 mois. Nous sommes loin des estimations données par notre sondage d'opinions.

Précisons que cet accord vaut surtout pour « le critère de la tache » : l'enfant porte la main sur son visage pour toucher ou effacer une tache dont on l'a maculé à son insu. C'est la technique du « visage maculé » imaginée en 1970 par Gallup [8] à la recherche de la *self recognition* chez les chimpanzés.

Selon les cinq auteurs (et leurs collaborateurs) qui ont, à ma connaissance, utilisé ce critère, la « réussite » apparaît dans les marges d'âges suivants :

20 à 24 mois : Amsterdam [1]
18 à 22 mois : Gouin Décarie [9]
15 à 24 mois : Lewis [12, 13]
19 à 24 mois : Schulman [15]
17 à 26 mois : Zazzo [18].

Nous sommes seuls, avec T. Gouin Décarie, à avoir poursuivi l'investigation au-delà de 24 mois.

Si « méthode » est pris en son sens originel de cheminement, elle déborde le « méthodique » qui est recherche conduite selon des règles générales et certains procédés rationnels. Ces procédés variables d'une recherche à l'autre et selon les hypothèses qu'il s'agit d'éprouver, constituent la technique : la création ou l'adoption d'une technique est l'opérationnalisation d'une hypothèse. Par laxisme on confond souvent méthode et technique. Ainsi il n'est guère plus juste de parler de « méthode du miroir » ou méthode des doubles perceptifs que de parler, comme tout le monde le fait, de méthode des tests. C'est « technique » qu'il faudrait dire.

Mon cheminement a été déterminé par une question que je me suis posée à propos d'une réaction totalement inattendue d'un de mes fils alors âgé de 2 ans : placé devant une glace murale il s'en détourne et rougit subitement à la question « qui c'est ça ? » Pour la première fois j'observais la réaction d'*évitement* spéculaire et l'ai alors interprétée comme l'ébauche encore incertaine de la « reconnaissance » de soi.

Ayant tenu le « journal » des activités de ce garçon dès ses premiers jours, j'y recherchai tout ce que j'avais pu noter sur ses conduites devant le miroir. Et dans les mois qui suivirent mon observation, de neutre qu'elle était, devint interrogative. Pour prendre date, je publiai l'ensemble de mes données en 1948 dans la revue *Enfance* qui venait de naître [16]. Mon observation princeps de l'évitement datait de février 1947. Je laissais la question ouverte. Pris par d'autres tâches, et mon fils ayant parfaitement résolu l'énigme de son reflet, je ne m'occupai plus de miroir.

Cet article ancien, sous-titré « Matériaux pour une étude expérimentale de la conscience », n'avait pas pour substrat une recherche planifiée et pourtant la conduite de comparaison s'y trouve, comme par nécessité interne : comparaison, avec datations, des réactions de l'enfant aux reflets spéculaires, aux photographies, aux images d'un film ; comparaison de ses propres doubles perceptifs avec ceux d'autrui ; le tout confronté aux progrès de son langage, notamment à l'apparition des « doubles verbaux » que sont les pronoms personnels et son propre prénom. A partir d'un cas singulier le canevas d'une recherche était déjà dessiné avec des jalons chronologiques provisoires, et la tentative d'un passage de la comparaison-confrontation à la comparaison-explication.

Mais la comparaison non-dite, parce que non délibérée, parce qu'on n'a pas l'habitude de percevoir l'étonnement en son processus, ce fut la confrontation entre ce que je voyais (l'évitement) et ce que jusqu'alors je croyais, sur la foi de Darwin, transmis de génération en génération jusqu'à moi. Non, l'enfant ne se reconnaissait pas en son reflet à l'âge de 9 mois, ou de 6 mois comme venait de l'affirmer mon ami Lacan. Il ne se reconnaissait pas et il me paraissait même absurde, maintenant, qu'on ait pu croire à une performance cognitive si précoce. Mais si je n'avais pas partagé cette croyance, si je n'avais eu ce « savoir » de psychologue, la conduite de mon fils ne m'aurait pas choqué, sans doute je ne l'aurais même pas remarquée. Il y a là un enseignement à retenir. Non seulement se méfier des idées reçues, ce qui doit aller de soi pour tout chercheur : c'est le doute méthodique. Mais s'attendre à l'inattendu, qui peut surgir hors du cadre théorique qu'on s'est éventuellement donné, ou tout simplement sur les bas-côtés du chemin à quoi toute recherche bien ordonnée nous oblige.

J'avais clos, ou je pensais avoir clos, le dossier miroir en 1948. Je me réveillai (au sens littéral du terme) un beau matin de 1971, avec en tête l'idée d'une méthode propre à résoudre, me semblait-il, le problème que j'avais laissé en plan vingt-trois ans plus tôt. Le fruit, peut-être, de ce que les anciens auteurs désignaient comme cérébration inconsciente. Et aussi, sans doute, une conséquence de ma longue fréquentation des jumeaux qui, profondément, s'inscrivaient dans la même « problématique » : « Comment l'individu parvient-il à s'identifier, même dans le cas du couple gémellaire où chacun des partenaires indiscernables fait obstacle à l'identité de l'autre ? » Le double gémellaire me faisait retrouver le thème du double spéculaire. Je m'en suis expliqué longuement dans mon article « Des jumeaux devant le miroir : questions de méthode » [17].

En bref : le méthode consistait à combiner deux dispositifs de comparaison. Pour le matériel : une vitre et un miroir. Pour les populations d'étude : un groupe de jumeaux monozygotes [MZ], un groupe de jumeaux dizygotes [DZ]. En substituant subrepticement le miroir à la vitre (ou l'inverse) en cours d'expérience, je voulais voir à quel âge l'enfant réagirait différemment à l'image spéculaire et à la perception de son partenaire posté de l'autre côté de la vitre. Je savais, d'expérience ancienne, que le tout jeune enfant croit percevoir dans le reflet un autre enfant ; c'est l'illusion spéculaire. Je faisais l'hypothèse que la différence de réaction (entre situation-vitre et situation-miroir) marquerait la « reconnaissance » de soi. Le choix de jumeaux comme sujets d'expérience avait pour but de rendre aussi semblables que possible (s'agissant des jumeaux MZ) les deux stimuli : la *perception* d'autrui et le *reflet* de soi. Stimuli identiques, à l'exception du mouvement. A l'exception aussi de l'artifice de la tache de fard que j'appliquais, en fin de séance, sur le nez du jumeau expérimental. Mon hypothèse était que la perception du synchronisme, de la solidarité dynamique entre son propre mouvement et le mouvement du reflet, serait le critère de la « reconnaissance » de soi.

Les jumeaux DZ servaient de groupe contrôle : je supposais que par rapport à eux la réussite des MZ serait plus tardive, par difficulté à discriminer les deux stimuli quasi identiques.

Les trois hypothèses furent infirmées : une différence de réaction apparaissait effectivement (vers l'âge de 10-12 mois), l'enfant manifestait bien un certain étonnement en prenant conscience de sa solidarité avec l'image spéculaire, mais il ne se reconnaissait pas pour autant : c'était encore pour lui son frère qu'il désignait explicitement.

Enfin, pour autant que nos faibles effectifs permettaient de conclure, les MZ ne manifestaient aucun retard, en quelque réaction que ce soit, sur les DZ.

Hypothèses rejetées. Mais observations anciennes confirmées, comme la conduite d'évitement présente chez tous les sujets, aux environs de 2 ans. Et observations nouvelles obligeant à vérification et suscitant de nouvelles hypothèses. Elimination de la perception du synchronisme comme critère d'identification de soi et, par contre, adoption de l'artifice de la tache sur le visage à condition toutefois de perfectionner cet artifice. Enfin un descriptif détaillé (obtenu en coupes longitudinales et quelques longitudinales brèves) des conduites spéculaires se succédant de l'âge de 10 mois jusque vers 3 ans.

Cette première recherche avait déblayé le terrain : une dizaine d'autres allaient suivre par enchaînements successifs jusqu'en 1983. Et sans faire appel, désormais, aux sujets rares que sont les jumeaux. Ils avaient joué leur rôle. On savait, grâce à eux, que la perception du synchronisme apparaissait au même âge chez les MZ et chez les DZ, donc que la réaction différentielle entre vitre et miroir n'était pas due à la différence d'apparence entre le reflet de soi et la perception d'autrui. Ils nous avaient servi de témoins en des conditions privilégiées et leur témoignage avait valeur universelle. On pouvait, dès lors, puiser dans le tout-venant de la population. Nous avons ainsi mobilisé des centaines d'enfants dans une fourchette d'âge variant, d'une expérience à l'autre, de 6 mois à 7 ans.

Il n'est pas question ici de retracer notre itinéraire avec ses accidents de parcours et ses bifurcations, ni d'exposer, même brièvement, nos résultats. Le lecteur trouvera l'exposé minutieux de chacune de nos étapes dans les articles et thèses donnés en références.

Nous nous bornerons à illustrer notre méthode par l'énumération de nos dispositifs de comparaison, de quelques-uns parmi les plus importants.

Sans doute est-il artificiel d'abstraire ces dispositifs du déroulement d'ensemble. Nous tenterons de pallier en partie cet inconvénient en classant ces comparaisons selon les variables qu'elles sont destinées à éprouver.

Comparaisons par diversité des miroirs

J'énumère sans aucun ordre logique ou chronologique :

— Comparaison entre miroir à champ réduit (miroir circulaire de 50 cm de diamètre) et grand miroir allant jusqu'au sol, de sorte que l'espace spéculaire semble prolonger l'espace réel.
— Comparaison entre miroir encastré dans la cloison et miroir que l'enfant peut contourner.
— Comparaison entre grand miroir indéplaçable et petite glace que l'enfant peut manipuler (expérience amorcée par J. L. Jezequel).

La conduite de l'évitement-désarroi, retrouvée dans toutes nos expériences, et la conduite du contournement du miroir, nous suggèrent d'autres investigations, d'autres comparaisons.

Les conduites de contournement

L'étude en est faite par la comparaison entre le contournement lorsqu'il s'agit de l'image de soi et le contournement lorsqu'il s'agit du reflet d'autrui.

Le contournement se produit jusqu'à l'âge de 3 ans chez la plupart des enfants lorsqu'il s'agit de leur propre reflet. Beaucoup plus tard, jusqu'à l'âge de 5 ans, pour 20 % des enfants, pour le reflet d'autrui, en l'occurrence la mère ou l'institutrice. A noter que l'enfant persévère dans cette étrange conduite alors qu'il se « reconnaît » depuis plus d'un an. Mais la conduite est encore plus insolite pour la mère qu'il est capable de reconnaître dès l'âge de 6 mois. Au lieu de *se retourner* vers sa mère lorsqu'il la perçoit, il se précipite pour aller la chercher derrière le miroir.

Il convient de signaler, et même de souligner, que jusqu'à ce jour nous sommes les seuls, A.-M. Fontaine [7] et moi [18], à avoir observé cette conduite de contournement à un âge si tardif. T. Gouin-Décarie et ses collaborateurs, reprenant *à peu de choses près* nos dispositifs, l'ont recherchée en vain [9]. Excellente occasion de formuler la nécessité d'une nouvelle démarche de comparaison : celle des situations et dispositifs mis en œuvre par des chercheurs qui n'aboutissent pas au même résultat, tout en ayant un même objectif. Qu'on soit en désaccord sur l'interprétation d'un fait est une chose. Qu'un tel observe un fait, qu'un tel ne l'observe pas, c'est autre chose. Ce n'est plus question d'opinion. La différence de résultat peut tenir (sauf biais expérimental) à une différence infime, imperceptible à première vue, de technique. La différence de technique peut alors constituer, sans qu'on l'ait voulu, une variation expérimentale, propre à analyser les conditions de production du phénomène. C'est ce que j'espère de mon « désaccord » avec Thérèse Gouin-Décarie.

Et j'ai bien besoin de multiples variations expérimentales. La conduite de contournement est probablement la plus importante de toutes mes trouvailles fortuites, la plus difficile à interpréter. Elle m'amène à m'interroger, de façon toute nouvelle, sur les rapports qui peuvent exister entre la construction de l'espace et la conquête de son identité chez l'enfant. Elle me conduit à distinguer entre représentation de l'espace et espace des représentations, à mieux prendre conscience de tout ce qui oppose double perceptif et double mental, présentation et représentation. Enfin, à propos du processus d'identification de soi, à faire l'hypothèse de deux moments : celui de *l'objectivation* (l'enfant identifie son image visuelle dans l'espace du miroir), celui de l'*ap-*

propriation (l'enfant raccorde, assimile cette perception visuelle à ses sensibilités protopathiques — proprio et interoceptives — et tactiles, à la conscience de son corps propre). L'image du miroir est une perception réelle dans un espace irréel. Les conduites de l'enfant, déroutantes pour nous, m'incitent à croire que malgré la construction déjà avancée d'un espace des représentations, l'enfant perçoit l'image en sa réalité. Ce n'est plus l'illusion spéculaire de sa première année. C'est le *réalisme* de l'image. Il sait bien que c'est lui, il se nomme.

Ce qui ne l'empêche pas d'aller se chercher derrière le miroir.

Pour l'image de soi, il parvient à rompre assez tôt le charme grâce au contre-pouvoir de ses sensibilités protopathiques, à l'ancrage sur son propre corps. Mais rien de tel pour l'image d'autrui. Il y a conflit entre la perception et la représentation, et pendant longtemps résolu au bénéfice de la perception. C'est le temps où l'on peut dire à l'enfant « va voir là-bas si j'y suis » et il y va. Ubiquité ? Etre en un seul lieu, en un même temps, c'est cela l'identité.

Le désarroi et l'évitement : Comparaisons entre l'enfant et l'animal

On s'en souvient : mes dix années de recherches spéculaires furent déclenchées par l'observation fortuite de la conduite d'évitement. Je l'avais alors interprétée, très prudemment, comme l'aube de la « reconnaissance » de soi dans le miroir.

En fait, deux questions étaient confondues pour moi à l'origine :

1. la réaction de désarroi et d'évitement est-elle un signe de « reconnaissance » de soi ?
2. la capacité de *représentation* de soi est-elle spécifiquement humaine ?

Les investigations dans lesquelles se sont engagées deux de mes élèves ne pouvaient répondre, en fait, qu'à la première question.

Les réactions devant le miroir ont été étudiées avec des macaques rhésus [4], avec des bergers allemands [3]. Le dispositif miroir-vitre a été utilisé pour ces animaux comme pour nos populations d'enfants. Les résultats sont nets. Les singes, les chiens présentent, comme les enfants, des réactions de désarroi quand on passe de la situation-vitre à la situation-miroir.

L'attitude du chien est la plus spectaculaire : il gémit, il hurle, éventuellement il défèque. Un véritable syndrome de peur. Alors qu'avec le congénère qu'il perçoit de l'autre côté de la vitre, c'est une communication qui s'établit : jappements, jubilations, puis pauses et reprises de « dialogue ».

Avec le miroir, rien ne va plus. Tout se passe « comme si » l'animal était déconcerté puis effrayé par un congénère dont la conduite est inhabituelle, qui bouge quand il bouge, qui s'arrête quand il s'arrête. L'animal est pris au piège de son reflet.

Et cela ne se produit chez les chiens (qui ont été observés en longitudinale dès leur premier mois) qu'à l'âge de 2 ou 3 mois. Auparavant, comme pour l'enfant, on observe la phase de l'illusion spéculaire. Ils réagissent à leur reflet par gambades et jappements joyeux comme lorsqu'ils voient un congénère derrière la vitre.

La réaction de désarroi nous démontre donc, a contrario, que l'animal acquiert la « conscience » de ses échanges avec l'autre, qu'il éprouve comme telle sa relation avec un autre. Puisqu'il sait discriminer entre la conduite inhabituelle de l'étrange vis-à-vis et la conduite habituelle du congénère.

La comparaison enfant-animal nous prouve donc que la réaction de désarroi, d'évitement, est infra-humaine. Nous l'avons même observée ultérieurement, avec un dispositif analogue, chez le poisson combattant du Siam.

Mais de là nous ne pouvons pas conclure que l'homme est la seule espèce capable de représentation. Ne passons pas sous silence que la technique de la tache sur le visage, nous l'avons empruntée à Gallup. Et que Gallup l'a imaginée pour étudier la self-recognition chez les chimpanzés. Dans certaines conditions, le chimpanzé touche la tache, et tente de l'effacer, lorsqu'il se voit dans le miroir [8].

Comparaisons reflet - ombre - photographie

Les recherches personnelles d'A.-M. Fontaine sont centrées sur l'ombre [7]. A quel âge l'enfant va-t-il se l'approprier ? Les recherches de J.-L. Jezequel sont centrées sur la photographie [10]. Mais leur intention n'est pas uniquement d'étudier ou l'ombre ou la photographie pour elle-même. Leur intention est comparative. Pas seulement d'ailleurs pour établir l'éventuelle priorité chronologique de tel double comme « révélateur » de l'image mentale de soi que l'enfant porte en lui (... par hypothèse).

Avec l'étude conjointe de ces trois doubles perceptifs notre équipe franchit une nouvelle étape explicative.

A partir d'une analyse minutieuse des caractéristiques de chacun des doubles, il s'agit d'inventorier les *informations* qu'il offre à l'enfant. De savoir en somme selon quels indices il s'approprie le double. Certaines de ces informations peuvent être communes à deux ou à trois des doubles perceptifs en question. D'autres sont spécifiques. Par exemple l'ombre n'a pas de visage, la photographie n'a pas de mouvement. Si tel double est reconnu plus tôt que tel autre, on pourra faire l'hypothèse d'informations plus riches et tenter de les identifier. La comparaison inter-doubles est affinée par des comparaisons intra-doubles grâce à des variations expérimentales. Ainsi A.-M. Fontaine fait varier la forme de l'ombre (ou horizontale ou verticale). Jezequel fait varier le stimulus photo : format, cadrage, etc.

Les résultats de cette analyse par comparaison des informations nous ont fait beaucoup progresser. Je n'en dirai rien d'autre, laissant à nos deux auteurs le soin de les publier. Sauf le constat majeur que j'avais pressenti en 1948 : l'identification dans le reflet spéculaire est la plus précoce, mais aussi la plus ambiguë. L'identification de l'ombre est la plus tardive, pas avant 3 ans.

La longueur de mon inventaire de comparaisons m'oblige à écourter mes propos relatifs à une autre conduite de la méthode : définir les notions. Les définir au départ et surveiller ce qu'elles deviennent en cours de route. On peut se passer de cadre théorique, on peut même en réprouver l'emploi, mais les notions qu'on utilise peuvent en faire fonction à notre insu, ce qui est plus à craindre qu'un cadrage assumé et, de toute façon, dans l'import de toute notion il y a toujours peu ou prou de la théorie. Elle ne saurait être le décalque d'un fait, elle est pour reprendre l'expression de Wallon, une ultra-chose qui désigne elle-même, la plupart du temps, un « abstrait ».

Je ne développerai pas ce que j'ai dit ailleurs [20], notamment la distinction entre définition opératoire et définition décisoire, celle-ci consistant à limiter conventionnellement l'expression d'un mot, de la notion qu'il recouvre afin qu'il y ait, entre discutants, accord sur les mots sinon sur le fond des choses.

L'inventaire des notions utilisées au cours de nos recherches spéculaires serait aussi long, sinon plus, que l'inventaire des comparaisons. D'ailleurs toute comparaison est plus ou moins solidaire de notions-clés, et le sort de toute notion dépend des résultats de la comparaison.

Je prendrai un échantillon disparate de notions, de vocables employés en ce qui précède.

Objectivation et *appropriation* pour commencer. Ce sont là des mots qui connotent des constats et qui prétendent les interpréter. Ce sont des notions-hypothèses. Rien de plus pour l'instant.

Autre genre de notions, qui font constellation entre elles : conscience, reconnaissance de soi, identification. Paul Guillaume a énoncé cette règle que le mot conscience devait toujours être employé avec un complément : *conscience de.* Comment ne pas être d'accord. Mais il convient de distinguer grosso modo entre conscience organique (que Piaget désigne aussi comme conscience protoplasmique) et conscience d'un objet extérieur (qui est alors discrimination perceptive) et conscience réflexive.

Lorsque l'enfant se rend compte que son reflet est en synchronisme avec son propre mouvement, c'est conscience discriminative, mais pas encore nécessairement conscience de soi. Dans mon hypothèse initiale j'avais confondu les deux.

Le mot reconnaissance nous est trop familier pour n'être pas suspect. Dans ce texte je l'ai souvent employé, mais toujours entre guillemets. Ce mot a obscurci, depuis Darwin et jusqu'à ce jour, une bonne partie des observations spéculaires.

La reconnaissance suppose connaissance antérieure ; on ne peut parler de reconnaissance le jour où, pour la première fois, il comprend que le reflet dans le miroir c'est lui. De toute évidence il n'y a pas, pour lui, de reconnaissance *visuelle,* mais résultat d'une longue construction, ce que j'ai désigné par le mot d'*identification,* à la fois processus et aboutissement.

Cependant, après avoir dénoncé l'emploi abusif du terme reconnaissance, on peut le reprendre avec prudence. L'enfant reconnaît visuellement ce qu'il connaissait déjà depuis fort longtemps, par le consensus de ses sensibilités protopathiques et tactiles. En somme, c'est un nouveau niveau de conscience, inter-sensoriel qui s'ajoute à la conscience du corps propre. Le miroir révèle cette conquête et, dans une certaine mesure, il y a contribué. Cette conscience est réfléchie, au premier degré, au plan perceptivo-moteur, elle n'est pas encore réflexive. Celle-ci viendra bien plus tard lorsque l'individu sera capable de se poser la question : « Qui suis-je ? » sinon d'y répondre.

PRODUCTIONS DE L'EQUIPE PARISIENNE

Articles et thèses

COULOMME-LABARTHE G. — Les réactions du chien à son image spéculaire. Thèse inédite, Univ. Paris X Nanterre, 1981.

DAGUE C. — Les réactions du macaque rhésus et de l'enfant humain devant le miroir. Thèse inédite, Univ. Paris X Nanterre, 1981.

FONTAINE A.-M. — L'ombre et le reflet. Thèse inédite, Univ. Paris X Nanterre, 1982.

FONTAINE A.-M. — Les réactions du jeune enfant (de 9 à 36 mois) à son ombre et à son image spéculaire. *Enfance*, 3, 297-303, 1983.

JEZEQUEL J.-L. — L'identification de sa photographie chez l'enfant de 16 à 31 mois. Thèse inédite, Univ. Paris X Nanterre, 1984.

ZAZZO R. — Images du corps et conscience de soi. *Enfance*, 1, 29-43, 1948.

— Des jumeaux devant le miroir : questions de méthode. *Journal de Psychologie Normale et Pathologique*, 4, 389-413, 1975.

— La genèse de la conscience de soi (la reconnaissance de soi dans l'image du miroir). In : *Psychologie de la connaissance de soi*, éd. par P. Fraisse, Paris : Presses Universitaires de France, 1975, 145-211.

— Image spéculaire et image anti-spéculaire (enfants de 3 à 7 ans. Image vidéo en direct et en différé). *Enfance*, 2-4, 223-230, 1977.

— Image spéculaire, conscience de soi. In : *Psychologie Expérimentale et Comparée. Hommage à Paul Fraisse*, éd. par G. Oléron, Paris : Presses Universitaires de France, 1977, 325-338.

— Des enfants, des singes et des chiens devant le miroir. *Revue de Psychologie Appliquée*, 2, 235-246, 1979.

— Les dialectiques originelles de l'identité. In : *Identité individuelle et personnalisation*, éd. par P. Tap, Toulouse : Privat, 1980, 207-218.

— Miroirs, images, espaces. In : *La reconnaissance de son image chez l'enfant et l'animal*, éd. par P. Mounoud et Annie Vinter, Paris : Delachaux et Niestlé, 1981, 77-110.

— La comparaison. *Enfance*, 4, 229-249, 1982.

— The person : objective approaches. *Review of Child Development Research*, Chicago: The University of Chicago Press, vol. 6, 147-290, 1982.

— A propos de Darwin... à propos de miroir. *Raison présente*, 66, 41-50, 1983.

Films extraits des enregistrements de recherche

ZAZZO R. et FONTAINE A.-M. — *A travers le miroir* (première recherche, 1972), 16 mm, sonore, noir et blanc, 23 minutes. Paris : Service du film de recherche scientifique, bd Raspail, 1973.

ZAZZO R. et FONTAINE A.-M. — *« C'est moi quand même »* (l'exp. vidéo), 16 mm, piste optique, couleur, 57 minutes. Ivry : CNRS-audiovisuel, 1976.

ZAZZO R. et FONTAINE A.-M. — *L'image qui devient un reflet* (sur l'identification de l'image de soi et l'image d'autrui), 16 mm, couleur, piste optique, 25 minutes. Ivry : CNRS-audiovisuel, 1981.

ZAZZO R. et FONTAINE A.-M. — *Un autre pas comme les autres* (sur la conduite d'évitement chez l'enfant, le macaque rhésus et le chien), 16 mm, couleur, pistes optique et magn. Ivry : CNRS-audiovisuel, 1983.

BIBLIOGRAPHIE

[1] AMSTERDAM B. — Mirror behavior in children before age two. *Developmental Psychobiology*, 5, 297-305, 1972.

[2] CORRAZE J. — *Image spéculaire du corps*, Toulouse : Privat, 1980.

[3] COULOMME-LABARTHE G. — *Les réactions du chien à son image spéculaire*. Thèse inédite, Univ. Paris X - Nanterre, 1981.

[4] DAGUE C. — *Les réactions du macaque rhésus et de l'enfant humain devant le miroir*. Thèse inédite, Univ. Paris X - Nanterre, 1981.

[5] DARWIN Ch. — A biographical sketch of an infant. *Mind*, 2, 285-294, 1877.

[6] DIDEROT D. — *Lettre sur les aveugles à l'usage de ceux qui voient*. Paris, 1749.

[7] FONTAINE A.-M. — Les réactions du jeune enfant (9 à 36 mois) à son ombre et à son image spéculaire. *Enfance*, 3, 297-303, 1983.

[8] GALLUP G. — Chimpanzee: self-recognition. *Science*, 176, 86-87, 1970.

[9] GOUIN DÉCARIE Th., POULIOT Th. et POULIN D. — Image spéculaire et genèse de la reconnaissance de soi : une analyse hiérarchique. *Enfance*, 1-2, 99-115, 1983.

[10] JEZEQUEL J.-L. — *L'identification de sa photographie chez l'enfant de 16 à 30 mois*. Thèse inéd., Univ. Paris X - Nanterre, 1984.

[11] LACAN J. — Le stade du miroir. In : *Ecrits*, Paris : Le Seuil, 1966, 93-100.

[12] LEWIS M. and BROOKS J. — Infant's social perception. In: *Infant perception: from sensation to perception*, edited by L.B. Cohen and P. Salapatek, vol. II, New York: Academic Press, 1975, 101-148.

[13] LEWIS H. and BROOKS J. — *Social cognition and the acquisition of self*. New York: Plenum Press, 1979.

[14] MOUNOUD P. et VINTER A. — *La reconnaissance de son image chez l'enfant et l'animal*. Neuchâtel: Delachaux et Niestlé, 1981.

[15] SCHULMAN A. and KAPLOWITZ C. — Mirror image responses during the first two years of life. *Developmental Psychobiology*, 10, 133-142, 1977.

[16] ZAZZO R. — Images du corps et conscience de soi. *Enfance*, 1, 29-43, 1948.

[17] ZAZZO R. — Des jumeaux devant le miroir : questions de méthode. *Journal de Psychologie*, 4, 389-413, 1975.

[18] ZAZZO R. — Miroirs, images, espaces. In : P. Mounoud, cf. référ. n° 14, 77-110, 1981.

[19] ZAZZO R. — La comparaison. *Enfance*, 4, 229-249, 1982.

[20] ZAZZO R. — The person: objective approaches. *Review of Child Development Research*. Chicago: The University of Chicago Press, vol. 6, 247-290, 1982.

[21] ZAZZO R. — A propos de Darwin... à propos de miroir. *Raison présente*, 66, 41-50, 1983.

Comportements, nº 3, 1985, 213-221.

CHAPITRE XII

SYNTHÈSE DE LA SECONDE PARTIE : LES MÉTHODES D'ÉTUDE DE LA PRIME ENFANCE

Pierre-Marie BAUDONNIÈRE

Laboratoire de Psychobiologie de l'enfant
L.A. 315 CNRS - 3e Section EPHE
41, rue Gay Lussac, 75005 Paris

BAUDONNIÈRE P.M. — Synthèse de la seconde partie : les méthodes d'étude de la prime enfance. — In : *Etudier l'enfant de la naissance à 3 ans*. Edité par P.-M. Baudonnière. Collection *Comportements*. Paris, CNRS, 1985, p. 213-221.

Les méthodes d'étude de la prime enfance, présentées dans les six chapitres de la deuxième partie, suscitent plusieurs débats. Un premier porte sur le contraste entre le nombre restreint des paradigmes expérimentaux des études sur le nourrisson et la diversité des méthodes d'étude de l'enfant de 6 mois à 3 ans. Le deuxième débat concerne le choix des réponses comportementales et des moyens de mesure (en raison, notamment, de la faible tolérance du bébé de plus de 6 mois, aux contraintes expérimentales). Un troisième débat est mené entre deux options de recherche, celle qui privilégie l'étude des acquisitions et celle qui tente d'appréhender les adaptations momentanées au cours du développement.

Méthodes - Nourrisson - Enfant - Adaptation - Développement cognitif - Développement social.

BAUDONNIÈRE P.M. — Synthesis for the 2nd part: Methods for studying early Childhood. — In: *Studying the preschooler from birth to three years of age*. Edited by P.-M. Baudonnière. Collection *Comportements*. Paris, CNRS, 1985, p. 213-221.

The six chapters of this second part illustrate various approaches in the study of toddlers and preschoolers. Three remarks can be developed with regard to this variety. First, it appears in striking contrast with the limited number of experimental paradigms used in the study of infant development. Secondly, it stresses the importance of the link between choices concerning methods (constrainted by the child's responsiveness) and choices concerning dependant variables. Thirdly, it puts forward the methodological issues of two main purposes in child study: to enlighten the acquisitive processes, or to analyze those behaviors whose adaptative functions are temporarily prevalent.

Methods - Infant - Toddler - Preschooler - Adaptation - Cognitive development - Social development.

Les chapitres qui composent cette seconde partie montrent à quel point les problématiques et les méthodes d'étude de la prime enfance sont nombreuses et en plein essor, comme en témoignent les bibliographies des auteurs. Que ce soit dans le domaine du développement cognitif, du développement social ou dans celui du développement moteur, les recherches se multiplient au travers d'approches relevant de courants théoriques et méthodologiques différents. Psychologie expérimentale de l'enfant, écologie expérimentale, éthologie sociale, observations naturalistes sont autant de modes d'approche qui, sans toujours s'accorder, concourent cependant à une meilleure connaissance des capacités, des potentialités mais aussi des limites de cette période de l'enfance. (Le terme de « prime enfance » sera, dans cette synthèse, utilisé pour désigner l'enfant de 6 mois à 3 ans, faute d'un terme français pour désigner cette période.)

Certes, les chapitres qui composent cette seconde partie auraient dû être beaucoup plus nombreux, si l'on avait voulu prétendre à l'exhaustivité. Tel n'était pas le but, impossible sans doute dans le cadre d'un seul ouvrage. Malgré cette limitation, l'attention est immédiatement attirée par le fait que les méthodes présentées sont d'une diversité plus grande, en regard de celles utilisées pour les études sur le nouveau-né et le nourrisson.

Est-ce un effet dû à une présentation tronquée de la panoplie méthodologique disponible dans les études du nourrisson ?

A consulter les quelques revues internationales où sont publiées la plupart des recherches sur le nourrisson, on constate immédiatement que tel n'est pas le cas. En effet, la quasi-totalité d'entre elles ont actuellement recours à l'une ou simultanément à plusieurs des méthodes présentées dans la première partie : temps de fixation relatif, habituation, rythme cardiaque ou succion non-nutritive, associée parfois au conditionnement opérant. Il est donc probable que la diversité accrue des méthodes et des problématiques après 6 mois résulte d'une prise en compte à la fois de l'existence d'un répertoire comportemental plus aisément interrogeable mais aussi de la complexification de l'organisme auquel on s'adresse.

Comme le soulignent Bresson et De Schonen, dans leur synthèse, le répertoire des réponses du nouveau-né et même du nourrisson est très limité. Cette limitation conduit les auteurs à recourir à des méthodes similaires pour des questions ou pour des problématiques éventuellement très hétérogènes. Ainsi, la succion non-nutritive pourra être utilisée pour questionner le bébé sur ses possibilités de discrimination auditive, pour la reconnaissance de sa mère, ou encore pour la mise à l'épreuve de l'hypothèse de l'a-modalité de certaines perceptions. Une certaine souplesse existe donc entre problème abordé et méthode retenue : une même technique, un même paradigme pouvant ainsi fournir des réponses à des questions relevant de domaines de recherches très différents (Cf. le chapitre H. Bloch sur l'Habituation).

Cette indépendance relative entre type de stimulations proposées et réponses comportementales mesurées ne va cependant pas sans poser de problèmes. En effet, lorsqu'une même réponse peut être mise en relation avec des stimulations de nature très différente (visuelle, auditive, tactile...), il n'est pas certain qu'un lien précis puisse alors être établi entre spécificité de la stimulation d'une part et spécificité de la réponse, d'autre part. Si des stimulations diverses provoquent des réponses comportementales voisines, on est en droit de s'interroger sur le sens à attribuer à cette réponse, en l'absence d'un lien fonctionnel manifeste qui permettrait de relier clairement le canal sensoriel stimulé et la réponse comportementale analysée. Certains résultats étonnants, interprétés comme des transferts inter-modaux par exemple, relèvent peut-être de ce type d'interrogation.

A cette période du développement, où le langage ne peut être utilisé ni pour poser les questions, ni pour recueillir les réponses, il est parfois difficile de savoir si le bébé répond strictement à la question qu'on a décidé de lui poser, ou si l'on est en présence d'une réponse diffuse à un contexte multi-dimensionnel.

Dans la plupart des études sur la prime enfance, les problèmes se posent différemment. Peu d'auteurs envisageraient d'utiliser comme variable dépendante, un comportement qui n'aurait pas de lien manifeste ou fonctionnel avec la nature de la stimulation. La perception de la distance, par exemple, est le plus souvent évaluée par la préhension ou par les déplacements, et beaucoup plus rarement en fonction de modifications éventuelles du rythme cardiaque. De même, l'étude des capacités d'interactions précoces a le plus souvent recours à l'analyse des émissions socialement orientées comme les sourires, les regards ou les contacts tactiles. Cela n'est possible qu'en raison de l'existence d'un répertoire de réponses plus étendu et plus accessible.

Encore faut-il être prudent. Même si la limitation de ce répertoire est moins importante, en regard de celle du nouveau-né, le degré de maîtrise des différents segments corporels et des systèmes moteurs n'est encore que très partiel. Dans de nombreux cas, le chercheur est en droit de s'interroger sur le statut des réponses obtenues, surtout lorsqu'il se trouve en présence de réalisations partielles ou de réponses inadéquates. Lorsqu'un enfant ne fournit pas la réponse correcte à la question qui lui est posée, plusieurs explications peuvent être avancées, qui conduisent à penser que l'analyse des types d'erreurs est souvent plus importante que la datation des réussites.

Prenons l'exemple des études sur la différenciation perceptive [6] lorsqu'on demande à un enfant de comparer deux objets présentant une différence sur une propriété particulière, dans le but de dire s'ils sont « pareils » ou « pas pareils ». Cet enfant peut alors se trouver dans ces différentes situations : le concept de « pareil » n'a pas de sens pour lui, la propriété testée est infraliminaire, l'exploration faite est mal organisée ou incomplète, ou encore les classes d'équivalences dont il dispose ne permettent pas d'y intégrer la différence perçue. Cet exemple, pris dans le domaine du développement cognitif, peut parfaitement trouver son équivalent en ce qui concerne le développement social. Dans les études sur les interactions entre dyades d'enfants d'âges différents [1], nombreux sont les cas où le plus jeune des deux (un enfant de 2 ans observé avec un de 3 ans, par exemple) semble ne pas comprendre les émissions sociales du plus âgé. A d'autres moments, l'émission semble comprise mais les moyens comportementaux pour y répondre ne sont pas disponibles, ou le sont de manière tellement incomplète que la réponse n'est pas reçue comme telle par l'émetteur qui, lassé de tant de lenteur, est déjà investi dans d'autres activités.

Si l'existence d'un répertoire comportemental plus diversifié permet une meilleure adéquation entre questions posées et réponses interrogées, en contraste des recherches sur le nouveau-né, il s'accompagne aussi de certains inconvénients. Selon les questions, les auteurs sont tentés de sélectionner des paradigmes expérimentaux tellement spécifiques que les comparaisons entre recherches deviennent pratiquement impossibles, trop de variables changeant simultanément d'une étude à l'autre. L'exemple que nous donnent Gouin Décarie et Ricard dans leur contribution (cf. leur tableau 1) en comparant les listes des unités comportementales retenues par les différents auteurs, est particulièrement illustratif à ce sujet. Or, il est essentiel, lorsque l'on veut progresser dans les connaissances, de pouvoir confronter des résultats, et d'être en mesure de rapporter des différences éventuelles aux effets de telle ou telle variable. Si trop de facteurs covarient, il devient impossible de situer les différences entre recherches. Il s'agit là d'un problème très important, car même dans les cas où, sans constituer des duplications complètes, deux études tiennent compte des mêmes variables, les différences de résultats ne sont pas toujours aisément analysables. L'exemple que fournit Zazzo, dans son chapitre, à propos des divergences de résultats entre les recherches de son équipe et celles de Gouin Décarie [2], est intéressant à cet égard. L'existence de conduites de contournement du miroir, dans des études sur la reconnaissance de soi au travers de l'image spéculaire, n'a pu être mise en évidence que par l'équipe de Zazzo. Bien que, dans les deux cas, les procédures expérimentales soient correctement décrites, Zazzo est contraint d'invoquer des raisons diverses pour tenter de rendre compte de ces divergences : « Biais expérimental, différences infimes de technique sans qu'on l'ait voulu, provoquant une variation expérimentale, désaccord d'interprétation. »

On pourrait ainsi regretter l'absence, ou le faible nombre de duplications expérimentales dans nos domaines, mais ce n'est pas là, nous semble-t-il, le problème le plus urgent. Trop souvent, dans les études sur la prime enfance, la construction d'un nouveau paradigme expérimental est justifiée par le fait que, sur la même question, des études réalisées dans des conditions différentes ont fourni des résultats différents. En procédant ainsi, on multiplie les variations expérimentales plutôt qu'on ne tente d'analyser les causes de ces différences de résultats. Ces variations expérimentales successives dispersent les informations, ce qui conduit Nadel à dire « qu'il s'agit de la construction d'un puzzle dont les différentes pièces ne sont pas toutes à la même échelle », et ne permettent que difficilement la construction d'un corps de connaissances structurées.

Ce morcellement des résultats ne provient pas seulement d'une absence d'accord entre auteurs sur quelques paradigmes expérimentaux qui seraient à la fois particulièrement féconds et polyvalents. Il provient aussi de divergences dans le choix des variables dépendantes pertinentes et de leur niveau d'intégration (de la cellule aux représentations). Deux questions que nous devons aborder maintenant.

Ces divergences ne sont, à mon avis, pas spécifiques des recherches sur la prime enfance (entendue comme période de 6 mois à 3 ans), et dépassent largement le seul cadre méthodologique. On pourrait croire que l'homogénéité des paramètres et le degré de technicité atteint par les études sur le nouveau-né et le bébé, mettent à l'abri de telles difficultés. Ceci n'est que très partiellement juste, car les variations possibles à l'intérieur de paradigmes expérimentaux comme l'habituation ou la succion non-nutritive sont malgré tout très nombreux : durée de présentation des stimulus, écarts entre essais, présentations à nombre d'essais constant ou selon un taux d'habituation, précision plus ou moins grande dans les mesures des fixations oculaires du bébé ou de son rythme de succion, etc.

Ces deux questions, choix des variables dépendantes et choix de leur niveau d'intégration, sont présentes dans cette seconde partie, au travers de la mise en place de répertoires comportementaux (Gouin Décarie et Ricard, Strayer et Trudel), des datations proposées quant à l'émergence dans le répertoire de telle ou telle capacité (Mounoud et al., Nadel et al., Zazzo), ou concernant les effets d'une propriété particulière du milieu physique sur les comportements sociaux des jeunes enfants en groupe (cf. Legendre).

Le choix d'un niveau d'analyse et des variables dépendantes constitue souvent, il ne faut pas le cacher, un compromis entre des exigences parfois contradictoires : pertinence des variables eu égard aux hypothèses proposées, possibilités de mesures, minimum de contraintes imposées aux sujets, fiabilité des indicateurs et moindre rapport signal/bruit.

La sélection des variables pertinentes n'est pas simple dans bien des cas, en raison notamment de la limitation relative du répertoire comportemental disponible à un âge donné, mais pas seulement. Souvent, le degré de précision des hypothèses mises à l'épreuve ne guide pas le chercheur vers un niveau d'intégration comportemental défini, ou même vers le choix d'un type de mesure en particulier. Ainsi, on trouvera des questions encore très générales ou pas assez ciblées, du point de vue des âges les plus pertinents, par exemple, qui, pour être traitées de façon économique demanderaient le recours à des pré-observations sans sophistication technique, et qui sont malgré tout effectuées avec les plus délicats et les plus récents instruments de mesure. Il n'est, par exemple, pas toujours nécessaire d'enregistrer les mouvements des yeux d'un enfant pour savoir ce qu'il prend en compte et ce qu'il néglige. De simples manipulations au niveau des choix de stimuli, ou dans les procédures expérimentales peuvent parfois fournir autant de résultats, et de manière beaucoup moins coûteuse. Dans d'autres cas, le recours à des moyens techniques est indispensable, y compris lors de pré-expérimentations, pour calibrer les mesures, notamment. L'analyse des interactions sociales ne se conçoit plus actuellement sans le recours à la vidéo, qui seule permettra de rejouer une même scène plusieurs fois, tant il est vrai qu'en raison de leur complexité ces situations ne sont, le plus souvent, pas appréhendables à l'œil nu.

Prenons l'hypothèse de l'existence d'une structure hiérarchique dans les groupes stables de jeunes enfants (cf. Strayer et Trudel). Cette hypothèse peut parfaitement être mise à l'épreuve au moyen de variables dépendantes très différentes : fréquence des comportements agonistiques, intensité des conflits, analyses des réseaux affiliatifs, choix systématiques entre partenaires... sont autant de mesures qui peuvent éventuellement témoigner de l'existence ou de la non-existence d'une structure hiérarchique dans un groupe d'enfants.

Les possibilités de mesure ne sont évidemment pas étrangères au choix des variables, indépendantes et dépendantes. « La science évolue en fonction des progrès de la mesure », déclarait P. Fraisse lors d'une réunion scientifique sur les méthodes d'étude des mouvements oculaires. On peut se demander si cela est vrai quel que soit le domaine, mais il est certain que peu de progrès auraient pu être accomplis dans les études sur le nourrisson sans le recours à des instruments très précis et de haute technologie (Cf. les chapitres de Malcuit et Pomerlau pour le rythme cardiaque, ou Bullinger et Rochat pour la succion non-nutritive, ou encore celui de Haith sur le temps de fixation relatif). Il est manifeste que le niveau technologique des recherches sur la prime enfance est le plus souvent moindre, les indices retenus étant plus liés à des comportements observables qu'à des indices physiologiques ou électrophysiologiques. Que faut-il en conclure : que ces indices sont secondaires ? qu'ils n'apportent que peu d'information eu égard aux stricts aspects comportementaux, éventuellement même des réponses contradictoires vis-à-vis des réponses comportementales, comme le soulignent Bresson et De Schonen dans leur contribution ? ou encore, qu'ils constituent des instruments dont l'utilisation est trop coûteuse pour le bénéfice qu'ils procurent ? Mounoud et al. ont utilisé des indices électrophysiologiques pour étudier les activités de préhension chez les nourrissons, mais dans leur chapitre ils n'accordent que peu de place à ce type d'analyse. Une autre interprétation de ce moindre recours aux instruments de mesure sophistiqués dans l'étude de l'enfant de 6 mois à trois ans, nous paraît devoir être proposée : l'impossibilité d'imposer des contraintes importantes aux enfants de ces âges.

Le minimum de contraintes à imposer aux sujets est une préoccupation que l'on rencontre plus fréquemment chez les auteurs qui étudient la prime enfance que chez ceux qui s'intéressent à d'autres périodes, y compris la période néonatale. Ceci n'est d'ailleurs pas sans soulever des questions lorsque l'on constate le taux de rejet de bébés que provoquent certaines études. Les enfants, entre 6 mois et 3 ans, sont d'une grande sensibilité à la composition de leur environnement physique (Legendre) et de leur environnement humain, et le problème ne se pose pas exclusivement en termes de privilège pour les comportements spontanés au détriment des comportements dits provoqués.

Avant toute expérimentation, le chercheur doit consacrer beaucoup de temps à se familiariser avec ce petit être et son environnement, pour parvenir simplement à pouvoir le « questionner ». Dans les études sur les interactions entre pairs, il est pratiquement impossible d'observer les enfants dans un lieu nouveau sans adulte avant 2 ans. Quels sont les effets de la présence de partenaires adultes sur la nature et la densité des interactions entre enfants ? Le problème reste entier.

L'importance accordée à la fiabilité des indicateurs ne recueille pas toujours l'attention souhaitable. Ce problème trouve de nombreuses illustrations dans le chapitre de Mounoud, Vinter et Hauert, plus axé sur le développement cognitif, mais aussi dans le chapitre de Nadel et Baudonnière à propos des possibilités d'attention conjointe entre le bébé et sa mère, notamment en ce qui concerne les datations proposées par différents auteurs. Ces datations sont parfois fort différentes et les raisons invoquées ne sont pas toujours de même nature. Ainsi, on présentera ces divergences comme provenant de niveaux d'exigences différents quant à la réponse, l'on évoquera des biais expérimentaux, ou encore une absence de contrôle de certains paramètres essentiels.

Le débat abordé par Gouin-Décarie et Ricard relève aussi de ce type de préoccupations. Il concerne la définition et la délimitation du répertoire comportemental à prendre en compte. Ce répertoire doit-il être spécifique à une question particulière, ou à un âge précis, ou général ? C'est un problème que l'on rencontre aussi chez les éthologistes, comme on l'a vu dans le chapitre de Strayer et Trudel. Il est clair que les réponses proposées sont différentes dans les deux cas. Mais, on pourrait aussi s'interroger sur l'utilisation en général des unités comportementales. S'agit-il vraiment dans tous les cas de variables dépendantes fiables ? D'un auteur à l'autre, les listes sont différentes, et le degré de précision de chacune de ces unités n'est que rarement homogène. L'argument selon lequel l'accord entre plusieurs juges serait une bonne garantie de fiabilité ne me parait pas suffisant. Les listes des unités comportementales étant définies a priori, une forte corrélation entre juges ne procure aucune sécurité sur l'exhaustivité du relevé, mais seulement sur le fait que les critères d'établissement de cette liste étaient sans ambiguïté et que les juges étaient vigilants lors du codage.

Le problème du moindre rapport signal/bruit constitue un autre point de débat important. Il s'agit notamment du débat déjà ancien qui concerne l'utilisation d'un comportement moteur comme témoin d'une activité dont il est le support ou le moyen (Cf. le chapitre de Mounoud et al.). Leplat et Pailhous [4] ont été parmi les premiers à rappeler que toute activité motrice témoigne avant tout des propriétés particulières de ce système. Ainsi, l'oculomotricité, même utilisée comme variable dépendante dans une tâche de résolution de problème, témoignera avant tout des propriétés du système visuel et non du mode de résolution adopté par le sujet concerné. Il en est de même pour l'utilisation de la préhension lorsqu'on la retient comme indice de traitements cognitifs.

Mais, ce problème du moindre rapport signal/bruit peut aussi s'entendre d'une autre manière : celle des choix des situations expérimentales. Dans bien des cas, les situations sont choisies de telle sorte que non seulement l'expérimentateur assigne un but au sujet, mais qu'il sélectionne les moyens possibles pour l'atteindre. Si pour certaines recherches, cela peut paraître justifié, pour d'autres le résultat sera tel que le bruit dépassera largement le signal escompté. Ce n'est pas toujours en simplifiant un phénomène qu'on se trouve en mesure de le comprendre. Les exemples proposés par l'écologie expérimentale (cf. chapitre de Legendre) me paraissent de nature à constituer une voie prometteuse, puisque loin de réduire la complexité des interactions en présence, elle l'intègre en en faisant l'objet même de la recherche.

Un constat mérite d'être souligné à la fin de cette synthèse : le manque relatif de paradigmes expérimentaux spécifiques de la deuxième année. Je ne pense pas que cette lacune soit exclusivement attribuable à l'absence de possibilité de questionnements verbaux. Trop souvent, les recherches ont recours à des méthodes qui laissent peu de place aux solutions habituelles de l'enfant. Vieille querelle entre partisans de l'observation et partisans de l'expérimentation, penseront certains, ou s'agit-il plutôt du débat entre tenants d'une psychologie du développement et partisans d'une psychologie qui étudierait le présent de l'enfant à chaque période de son développement ? En effet, à ne s'interroger que sur le devenir de l'enfant, à privilégier l'étude des acquisitions successives, on finit par oublier que l'activité quotidienne du nourrisson comme de l'enfant est guidée par d'autres objectifs que ceux de devenir un adulte. Nadel [5] a fort justement défendu cette option qu'elle illustre par une étude sur la fonction momentanée d'un comportement, au cours de la troisième année de la vie, l'imitation directe. Regarder l'enfant comme un être disposant à chaque instant d'objectifs particuliers et de moyens plus ou moins adéquats pour les atteindre, c'est se poser la question de ses possibilités adaptatives, c'est s'interroger sur les objectifs momentanés les plus fréquemment recherchés, c'est analyser les moyens disponibles, les solutions comportementales les plus pertinentes à l'âge considéré.

Si l'on ne s'intéresse qu'à l'histoire des acquisitions, on se trouve dans le cas de privilégier l'étude de comportements qui par définition sont rares, à la période choisie, puisque témoins d'acquisitions non encore réalisées. L'exemple de l'intérêt pour l'imitation différée, que Guillaume [3], puis Wallon [7], ont appelée « imitation vraie », au détriment de l'imitation immédiate ou directe, est particulièrement illustratif. Considérant que seule l'imitation différée constituait l'indice du passage à la fonction sémiotique, ces auteurs, et bien d'autres après eux, ont délaissé l'imitation immédiate, alors que sa fréquence de survenue est nettement plus importante aux mêmes âges.

Le problème n'est pas spécifique des études sur la prime enfance. On le trouve de manière tout aussi importante dans les études sur le nouveau-né, lorsque l'on interroge le bébé sur les capacités de ses différents systèmes sensoriels. Etre en mesure de montrer que le bébé est capable de telle ou telle discrimination entre deux stimuli auditifs, visuels... n'implique pas pour autant que ces capacités soient utilisables dans d'autres cas, et pour d'autres objectifs que ceux qui ont été testés.

BIBLIOGRAPHIE

[1] BAUDONNIÈRE P.M. — Dyadic interactions in same - versus mixed-aged Groups among 2 and 3 years-old Children. 1985 (sous press, in *the Journal of Genetic Psychology).*

[2] GOUIN DECARIE T., POULIOT T. et POULIN D. — Image spéculaire et genèse de la reconnaissance de soi : une analyse hiérarchique. *Enfance,* 1-2, 99-115, 1983.

[3] GUILLAUME P. — *L'imitation chez l'enfant,* Alcan, 1926, 2e édition, Paris, PUF, 1968.

[4] LEPLAT J. et PAILHOUS J. — Conditions cognitives de l'exercice et de l'acquisition des habiletés sensori-motrices. *Bulletin de Psychologie,* 321, XXIX, 513-520, 1976.

[5] NADEL J. — *La fonction sociale de l'imitation directe au cours de la troisième année : une approche fonctionnaliste,* Thèse de Doctorat d'Etat, Paris X, 1984.

[6] VURPILLOT E. — *Le monde visuel du jeune enfant,* Paris, PUF, 1972.

[7] WALLON H. — *De l'acte à la pensée,* Paris, Flammarion, 1942, rééd., 1970.

No 3 COMPORTEMENTS 1985

ÉTUDIER L'ENFANT DE LA NAISSANCE à 3 ANS
Les grands courants méthodologiques actuels
ÉDITEUR : Pierre-Marie BAUDONNIÈRE

STUDYING THE PRESCHOOLER FROM BIRTH TO THREE YEARS OF AGE
Present methodological issues
Edited by Pierre-Marie BAUDONNIÈRE

TABLE DES MATIÈRES

CONTENTS

IMPRIMERIE LOUIS-JEAN
Publications scientifiques et littéraires
05002 GAP — Tél. : 92.51.35.23
Dépôt légal : 560 — Novembre 1985